Damas de Ouro

Copyright© 2013 by Editora Ser Mais Ltda.
Todos os direitos desta edição são reservados à Editora Ser Mais Ltda.

Presidente:
Mauricio Sita

Capa e Projeto Gráfico:
Danilo Scarpa

Diagramação:
Wenderson Silva

Revisão:
Equipe da Editora Ser Mais

Gerente de Projeto:
Gleide Santos

Diretora de Operações:
Alessandra Ksenhuck

Diretora Executiva:
Julyana Rosa

Relacionamento com o cliente:
Claudia Pires

Impressão:
Imprensa da Fé
Dados Internacionais de Catalogação na Publicação (CIP)
(Câmara Brasileira do Livro, SP, BRASIL)

Damas de Ouro – A inteligência felicidade em ação! / Coordenação editorial: Malu
Monteiro e Mauricio Sita – São Paulo: Editora Ser Mais, 2013.

Bibliografia
978-85-63178-34-3

1. Desenvolvimento Pessoal e Profissional. 2. Carreira profissional - Desenvolvimento. 3. Treinamento e Desenvolvimento. 4. Sucesso profissional
- Administração I Título.

CDD 158.7

Índices para catálogo sistemático:
1. Desenvolvimento Pessoal e Profissional. 2. Carreira profissional - De-
senvolvimento. 3. Treinamento e Desenvolvimento. 4.Sucesso profissional
- Administração I.
Editora Ser Mais Ltda
rua Antônio Augusto Covello, 472 – Vila Mariana – São Paulo, SP – CEP 01550-060
Fone/fax: (0**11) 2659-0968
Site: www.editorasermais.com.br   e-mail: contato@revistasermais.com.br

Índice

Apresentação...7

Virei chefe, e agora?
Malu Monteiro...9

A liderança no futuro será feminina
Adriana Fellipelli...17

Liderar por uma causa
Ana Cristina Ferreira..25

Desenvolvendo a missão e gerando resultados melhores: uma forma de liderar
Anailza Meirelles de Oliveira Silva...................................33

Liderando seu destino
Andressa Santos Andrade Correa....................................41

Mulher: suas conquistas e desafios do século XXI
Antonia Braz...49

A jornada de uma jovem empreendedora rumo ao sucesso
Carine Göettert...57

Caminhos de autodescobertas e de seu propósito de vida em uma viagem inesperada
Carla Morgado..65

Experiências de sucesso com o desenvolvimento da liderança feminina
Carmen Janssen..73

As características de um bom líder podem ser aprendidas
Celiane Gonçalves..81

A inspiradora história da mulher
Dulce Magalhães...89

Seja semente e árvore!
Elis Busanello..97

Defina o seu propósito
Heloísa Capelas..105

Liderança inspirada na minha história!
Irlei Hammes Wiesel..111

EMPREENDEDORAS.COM e suas relações com a economia criativa
Karen Reis...119

A fórmula do sucesso: trabalhar no que gosta
Kátia Brunetti..127

Um líder de excelência sabe ler... pessoas
Leticia Belia Rodrigues...135

As damas de papeis coloridos
Lisbeth Paulinelli...143

Transformando suas paixões em um negócio lucrativo
Maju Limiyarti...151

Valores e ética
Margarida Ranauro..159

Metais e caráter são forjados no fogo / Damas saem de cena na hora certa
Maria Rita Sales Régis...165

Mulher: vaidosa, mãe, executiva, dona de casa, parceira etc. Um eterno desafio!
Marisa Fernandes..171

Relacionamento com o poder
Mônica Bastos...179

O poder do amor
Nadia Gomide...187

A liberdade de ser feminina
Priscila Lima de Charbonnières..195

Empresa gentil = lucro maior (Mundo gentil = felicidade maior)
Rosana Braga..203

Vantagem de ser mulher no mundo dos negócios — Lembrando...
Sandra Mayumi Nakamura & Vanessa Fernandes.....................................211

Motivação para liderar
Sandra Regina Rüdiger Ayyad..219

Uma mulher moderna "veste" sua profissão como a um traje de gala e se torna um verdadeiro camaleão entre os melhores
Sandra Santos...227

Eu, Autor ou Vítima da História?
Sara Vargas..235

Passaporte para as mudanças
Sueli Batista...243

Desenvolvimento intelectual e inteligência interpessoal
Vitória Goulart...251

Encerramento..257

Apresentação

"Tudo muda exceto a própria mudança." Heráclito (540-470 a.C)

"Eu prefiro ser
Essa metamorfose ambulante
Do que ter aquela velha opinião formada sobre tudo." Raul Seixas

Pouca coisa mudou tanto nos últimos cinquenta anos, como a posição da mulher, principalmente no ocidente.

Não vou me alongar sobre os questionamentos do papel das mulheres na sociedade e nem da exigência da igualdade de direitos em relação aos homens. Apesar de muitas desigualdades ainda persistirem, não seria na abertura deste livro que eu trataria disso. Há muitos "fóruns" mais qualificados e apropriados para quem quer se aprofundar nesse importantíssimo tema.

Damas de Ouro foi concebido para escancarar o ideário feminino, responsável pela "mulherização" do mercado de trabalho.

As Damas de Ouro, escritoras deste livro, demonstram que a mulher de hoje não precisa mais utilizar o modelo masculino, para sobreviver e ter sucesso.

Há poucas décadas só as "mulheres de ferro", que mais pareciam homens de saia, é que conseguiam ocupar os espaços tradicionalmente masculinos.

A mulher exorcizou o paradigma do machão, baseado em muita objetividade, agressividade e autocracia, para impor o seu estilo próprio de agir e liderar. Metaforseou todos os ambientes em que atua. Ainda bem, não é?

Tenho a certeza de que você leitora ou leitor, irá reverenciar ainda mais as mulheres, após a leitura dos textos das Damas de Ouro.

Agradeço pela participação e faço um elogio a todas as escritoras. Vocês são verdadeiras Damas de Ouro.

Os livros da Coleção Ser + têm uma característica criativa e inovadora. Eles não terminam na última página. Através do site www.editorasermais.com.br você se manterá atualizado, uma vez que todos os livros têm um blog, e você poderá interagir com os escritores, ampliar suas análises e discussões, e tirar suas dúvidas.

Boa leitura!

Mauricio Sita
Coordenador da Coleção Ser +
Presidente da Editora Ser Mais

Damas de Ouro

1

Virei chefe, e agora?

A liderança é o processo social onde as relações se estabelecem por meio das pessoas e das influências que exercem umas nas outras. O núcleo desse processo é composto pelos líderes, liderados, um fato e um momento. Líderes chamam para si a responsabilidade da solução; às vezes a solução mais óbvia não é a melhor para o todo e conseguem extrair o melhor de cada pessoa

Malu Monteiro

Malu Monteiro

O foco de sua atuação está no desenvolvimento e implementação de projetos e ferramentas que viabilizem o desenvolvimento de pessoas e organização. Desenvolve coaching pessoal e de carreira. Instrutora de treinamentos, aplica programas de desenvolvimento para gerentes e supervisores e demais colaboradores: liderança, *feedback*, integração de novos funcionários, comunicação, vendas, atendimento, plano de negócios e empreendedorismo. Escreve sobre temas de interesse corporativo e de desenvolvimento profissional para revistas, sites e publicações corporativas. Como executiva, desenvolveu trabalhos na área financeira, tecnológica e de educação profissional. Responsável pela gestão e desenvolvimento de treinamentos na área de TI e qualificação profissional nas diversas áreas do conhecimento para mais de 4.000 profissionais. Especialista em novas tecnologias. Bacharel em educação. Membro da Sociedade Brasileira de Coaching.

Contatos
www.malumonteiro.com.br
(11) 99678-3271

Malu Monteiro

Lembro-me como se fosse hoje, trabalhava em uma grande companhia do segmento financeiro. Já era graduada e a única forma de construir uma carreira era através de processo seletivo interno estadual. Bem, isso não acontecia sempre, então quando essas vagas eram abertas a concorrência era muito grande **(alguma semelhança com os dias de hoje?).**

Esperei oito anos por essa oportunidade e junto com ela chegou um plano de estudos **(busca de oportunidade e iniciativa),** afinal eu queria muito ser aprovada. A partir daquele momento se abririam novos horizontes e oportunidades. Imaginem a vida que eu queria ter. Com uma remuneração maior e com a chance de me tornar gerente no futuro.

Liguei para um amigo e perguntei a ele quanto ele estava querendo ser promovido, ele me deu uma resposta pouco convincente. Eu prontamente disse - eu quero muito uma das vagas e vou começar a estudar os procedimentos com afinco e dedicação **(objetivo claro e definido).**

Dediquei todos os meus dias, inclusive os finais de semana até a véspera da prova **(comprometimento).** O grupo de um virou um grupo de dez colegas de trabalho com a mesma determinação, compartilhávamos nossos estudos, comentários, e buscávamos juntos aos nossos colegas supervisores e gerentes orientação quando aos procedimentos **(persuasão e rede contatos).** Ampliar os horizontes, enxergar a função com outros olhos e observar cada etapa do trabalho compunham o escopo do nosso estudo **(visão sistêmica).**

O tão sonhado dia da prova chegou e como fazem os estudantes, fomos em grupo para o local designado. Nesse dia, após quatro horas de plena concentração, roubaram meu carro, a minha ingenuidade não se preocupou em me avisar que em locais de provas longas os carros se tornam alvos fáceis de roubo.

Bem, chateações à parte, e outras fases concluídas, pude ler o meu nome na lista de aprovados. Alguns colegas de estudo ficaram para trás. Junto com a lista de aprovados também veio um novo local de trabalho. Ai meu Deus, tudo novo!

O primeiro dia no novo cargo começou com uma reunião na gerência regional, conhecemos o nosso gestor e de lá partirmos para o novo local de trabalho. Eu teria uma equipe de doze pessoas em um departamento de atendimento ao público e onde eu nunca tinha sequer feito nenhuma atividade. Estava literalmente no zero a zero. Que desafio! Aliás, que frio na barriga, que medo! Nem amigos eu tinha naquele departamento. Era tudo novo mesmo.

Chegando ao meu novo local de trabalho, fui recepcionada por um colega designado para me ensinar o trabalho e me acompanhar. Era um profissional com muita experiência e que de forma paciente

Damas de Ouro

e atenciosa ensinou-me os primeiros passos da gestão operacional na minha nova atividade. Tive cursos e treinamentos para aprender a me tornar chefe, técnicas e estratégias para gerenciar equipes e, sobretudo entregar resultados. Segundo o dicionário, uma pessoa em cargo de liderança destaca-se pelas qualidades de autoridade, competência, poder de decisão. E eu era lá essa pessoa?

Hoje, a palavra chefe foi substituída pela palavra gestor e baseia-se em três pilares: estratégias, processos e resultados. Basicamente a empresa se organiza para através desses mecanismos orientar e conduzir as pessoas (capital humano) ao trabalho.

Teoricamente eu estava pronta para assumir o meu papel de gestora. Mas eu sabia que não, a empresa também. Naquele momento eu tinha apenas alguns conhecimentos, habilidades e atitudes que se lapidadas fariam de mim uma boa gestora.

A minha equipe estava curiosa para saber quem eu era. Os clientes queriam saber quem eu era. E eu queria saber quem eles eram. O **comportamento das outras pessoas foi motivo para me sentir imobilizada.** Queria causar uma boa impressão, ser a gestora legal, a que todos gostam e têm como referência e logo no primeiro dia descobri que isso era uma utopia. Você assume um papel e nele vai se moldando utilizando as suas características pessoais com as necessidades do trabalho (percebi que era preciso ter firmeza para entregar resultados e ao mesmo tempo a sutileza, a educação, a gentileza e o afago não podem sair de cena, nunca!). Essa talvez seja a lição mais difícil de ser vivida, já que não há manual de "como ser um gestor legal". Junto com essa sensação veio também a percepção de que alguns colegas conseguiam ter o comportamento que eu queria ter (em PNL – Programação Neurolinguística isso se chama metamodelagem) e então foi através da observação e muita conversa que comecei a delinear a minha forma de gestão.

Ainda no meu primeiro dia de trabalho, com um grande volume de pessoas para serem atendidas perguntei a um colaborador se ele poderia ficar além do seu expediente. Ele me perguntou como eu trataria aquelas horas extras, em dinheiro ou com banco de horas. E eu sabia?

Pronto! Estava diante de uma **negociação.**

De acordo com Junqueira (2003), vice-presidente do Instituto M. Vianna Costacurta (MVC):

Negociação é o processo de buscar aceitação de ideias, propósitos ou interesses visando ao melhor resultado possível, de tal modo que as partes envolvidas terminem a negociação conscientes de que foram ouvidas, tiveram oportunidade de apresentar toda a sua argumentação e que o produto final seja maior do que a soma das contribuições individuais.

Malu Monteiro

Para Bernabeu (2008), "Negociação é um processo de comunicação interativo, no qual duas ou mais partes buscam um acordo, durante uma transação, para atender a seus interesses".

A todo instante surgiam novos elementos. Agora era a tal da comunicação.

A **comunicação** é cada vez mais exigida, especialmente hoje com as inúmeras mídias disponíveis, somos todos produtores de conteúdos por mais diferentes que sejam os contextos. A postura, a maneira como sentamos, sorrimos, falamos com as outras pessoas, como nos envolvemos com o ambiente, demonstram interesse pelo que ocorre à nossa volta. Será essa a razão pela qual aquele funcionário foi escolhido para estender sua jornada de trabalho e não outro? Aquele que deseja estar à frente dos diversos grupos precisa ficar atento também ao não verbal. Detalhes fundamentais muitas vezes para uma tomada de decisão.

O mundo tornou-se globalizado e esperamos uma boa comunicação para aprimorar empresas, equipes, e pessoas. Uma frase desastrosa, uma palavra mal empregada ou um tom mal compreendido pode ser o estopim para uma série de reações prejudiciais e sentimentos negativos. A boa comunicação é fundamental aos líderes, pois são estes que têm o poder de influenciar outras pessoas. Segundo o Papa Francisco, líder da igreja católica romana, que solicitou a retirada dos vidros laterais do papa móvel para sua visita ao Brasil – é impossível comunicar-se dentro de uma caixa de vidro. Há de se criar mensagens claras, objetivas e empáticas para estabelecer uma conexão profunda com o próximo.

Havia começado a minha trajetória como líder e podem ter certeza, ainda passaria por muitos desafios.

Inesquecível é saber que você precisa entregar resultados e que estes não dependem apenas de você. Dependem da produção da sua equipe. Como influenciar as pessoas a fazerem o que você precisa? Tá aí, essa receita ninguém passa. As pessoas estão em uma organização ou grupo, no meu entendimento, primeiro para atender aos propósitos dela e depois aos propósitos da empresa. Estabelece-se uma parceria, uma relação de negócio.

Que razões você tem para ir ao trabalho todos os dias?

Que razões a empresa tem para manter você no quadro de colaboradores?

Escolheram suas profissões, teoricamente estão fazendo aquilo que gostariam de estar fazendo, mas isso não é bem assim. Por razões diversas, o que deveria ser simples fica difícil. O ambiente de trabalho é um espaço favorável para o surgimento de **conflitos**. A personalidade de cada um, os pontos de vista, a expectativa de desempenho e as metas (mais resultados) podem destruir as relações entre as pessoas.

Tive uma colaboradora que se destacava por seu resultado em

Damas de Ouro

vendas. Era o que ela queria fazer, porém tinha outras atividades que eram sempre deixadas de lado. Por conta desse seu lado arrojado, fazia operações audaciosas, entregava resultados o que para mim era maravilhoso. Ufa, uma preocupação a menos na minha rotina de gestão e administrativa. Tudo seriam flores se essa colaboradora não tivesse uma personalidade classificada por muitos como difícil. Os clientes dela eram dela e os dos outros também, se o colega não estivesse, ela atendia o cliente, vendia, tomava posse do resultado e não comunicava o gestor daquele cliente. Não raro, gerentes ficavam de "saia justa" quando ofertavam um produto e lhes era informado que tinha adquirido com a senhora M. Outro traço da nossa personagem era o temperamento explosivo: não admitia ser chamada atenção, não compartilhava informação, pouco colaborativa e sobretudo não levava desaforos para casa, o que em geral acabava estourando na minha mesa e às vezes até no serviço de atendimento ao cliente. Essa colaboradora era uma profissional que ninguém queria na equipe.

Mas ela entrega resultados eu pensava. O que eu poderia fazer? Os comportamentos dessa profissional estavam comprometendo todo o time e a visão que eles tinham sobre a minha gestão. Minha primeira posição foi eliminar o problema. Como? Solicitei a substituição da funcionária e me surpreendi com a resposta da nossa gerência regional. Podemos transferi-la, porém não haverá substituição.

Impasse! Como poderia ficar com menos um? Teria eu o direito de comprometer um time já tão enxuto? Além disso, a colaboradora era a minha melhor vendedora.

Como **solucionar esse conflito**? Aquietei o coração.

Chamei para mim a responsabilidade da solução; às vezes a solução mais óbvia não é a melhor para o todo. Busquei razões bem fundamentadas, impedindo que o poder dos meus próprios sentimentos em relação àquela situação ofuscasse o meu olhar.

Evitei o confronto. Fui buscar um café ou água, caminhei, fui para casa e somente voltei ao assunto quando as minhas emoções estabilizaram e a minha racionalidade foi reestabelecida. Estava descobrindo a **inteligência emocional.**

Olhar as questões sobre outras perspectivas é um aprendizado importante. Sua visão sobre uma questão enriquece muito quando você coloca-se no lugar do outro e tenta vê-lo sobre a perspectiva da outra pessoa. Em uma cultura multidisciplinar e com a diversidade cultura como a que vivemos hoje, desenvolver habilidades de relacionamento e tomada de decisões é sinônimo de vantagem competitiva.

Estudos revelam que liderança é um tema que não se esgota, que retorna ao seu ponto de partida, processo que pode ser indefinidamente continuado e discutido. É algo sempre presente na história da humanidade.

Muitos escrevem sobre as características importantes para ser um bom líder. É difícil determinar um modelo de sucesso, são muitas as variáveis. Encontramos ao longo da nossa caminhada pessoas, empresas e grupos que nos inspiram por sua missão e valores. A liderança carrega consigo a autenticidade. É flexível, mutável, construída.

Grandes lideranças marcam o cenário de cada época, mas algo me chama a atenção: visualizam os obstáculos como uma oportunidade de aprendizado, a experiência com o fracasso as leva a fazer diferente na próxima vez. São ousadas, corajosas e flexíveis e adaptáveis.

Liderança não se trata apenas de uma técnica a ser a ser aprendida, mas de uma **atitude para ser vivenciada, conforme circunstâncias e propósitos.**

E o que é liderar? Compartilho com você leitor uma definição, uma das muitas que você vai encontrar, esta me inspira, às vezes para estar em cena ou às vezes para sair dela.

A liderança é o processo social onde as relações se estabelecem por meio das pessoas e das influências que exercem umas nas outras. O núcleo desse processo é composto pelos líderes, liderados, um fato e um momento. Tal processo ocorre em várias unidades sociais como em famílias, instituições, política, trabalho, esporte e organizações. Em qualquer um desses espaços é possível observar que toda pessoa é capaz de exercer influência sobre as outras, ou seja, toda pessoa é, potencialmente, um líder. (LIMONGI-FRANÇA; ARRELANO, 2002).

Com as inúmeras mídias disponíveis hoje, e um mundo sem fronteiras para alcançar resultados é preciso que as pessoas das diversas unidades sociais tenham um objetivo comum. E esse ainda é um dos principais desafios da liderança.

Liderar pessoas é desafiador. As relações são mutantes e somente um dia após o outro é que gera o amadurecimento de um líder. Por mais diferente que sejam os contextos, mantenha-se em constante aprendizado. Lembre-se que a menor distância entre dois pontos é uma reta. Tenha objetivos!

Um líder é respeitado pelo que é, pelo acredita, e pelo que pratica.

E em toda a sua trajetória como líder, qual foi o seu maior desafio até hoje? Que aprendizados você teve?

Se você está começando agora:

Quem são seus líderes inspiradores? O que eles têm em comum com você?

Damas de Ouro

Ah! Minha carreira seguiu em frente, fui gerente em várias áreas e empresas. Eu venho superando obstáculos, mantendo o otimismo e me realizando profissionalmente. Vivo novos horizontes.

Referências

BERNABEU, Francisco. *Negociadores da Sociedade do Conhecimento*. Rio de Janeiro: Ed Ciência Moderna, 2008.

JUNQUEIRA, L. A. C. *Negociação: inverdades perigosas*. Instituto MVC Estratégia e Humanismo. Disponível em:

<http://www.institutomvc.com.br/costacurta/artla10_neg_inverdades.htm >. Acesso em: 31. jul. 2013.

LIMONGI-FRANÇA, Ana Cristina et al. *As pessoas na organização*. São Paulo. Gente 2002.

2

A liderança no futuro será feminina

Uma liderança com traços mais femininos é uma liderança humanista, que valoriza o tempo livre e entende que a felicidade é um valor a ser perseguido. Neste artigo, o leitor conhecerá os benefícios dessa gestão e como a sociedade do trabalho estará organizada por conta das mudanças que ela traz

Adriana Fellipelli

Adriana Fellipelli

Formada em Psicologia, com especialização em Psicanálise e Pós-graduação em Marketing de Serviços. Em 1988 foi uma das fundadoras da consultoria de Recursos Humanos Saad-Fellipelli, especializada em transição de carreira e desenvolvimento organizacional, adquirida pela Right Management e 2000. Em Maio de 2008, com 20 anos de experiência na área de consultoria, Adriana inaugurou a Fellipelli Instrumentos de Diagnóstico e Desenvolvimento Organizacional, da qual é Diretora Geral. Foi Adriana quem trouxe o MBTI para o Brasil, assim como é responsável por trazer ao Brasil vários outros instrumentos de diagnóstico tais como: EQi 2.0 (inteligência emocional), Team Management Profile, entre outros.

Adriana Fellipelli

Estudioso das relações de trabalho na sociedade contemporânea, o sociólogo italiano Domenico De Masi vem se dedicando a prever cenários para os próximos anos no estudo chamado "2020 – Dez Tendências", feito em conjunto com especialistas de várias partes do mundo, inclusive do Brasil. Entre as tendências apontadas está o que ele chama de "feminilização" da liderança no ambiente de trabalho. Com isso, De Masi, que iniciou essas reflexões há dez anos com um grupo de estudiosos em Pequim, chama a atenção não apenas para a presença mais expressiva das mulheres em postos de mando e na produção de conhecimento (a estimativa é de elas serão 60% dos estudantes de pós-graduação em sete anos). Ele aponta para uma mudança de paradigma nas organizações, que passarão a privilegiar os chamados "valores femininos" de estética, subjetividade, emotividade e flexibilidade. Segundo ele, características conhecidas das mulheres, como a capacidade de ser multitarefa e de levar em conta a intuição e a emoção na hora de tomar decisões, estarão em alta. E serão desenvolvidas também pelos homens.

Essa "feminilização" está relacionada, de acordo com o estudo, à valorização cada vez maior do trabalho criativo, em oposição ao trabalho manual e intelectual repetitivo (burocrático) e executivo. Um número crescente de pessoas se dedicará a atividades criativas e, para elas, será cada vez mais difícil distinguir entre estudo, trabalho e lazer, causando uma desestruturação dos horários de trabalho, do famoso expediente. Uma consequência direta será o enfraquecimento dos sistemas de controle de produção. Exercer esse controle da forma mais tradicional, baseada no poder da hierarquia, em que o líder concentra todo o poder de decisão e os subordinados apenas acatam as ordens, não será mais eficiente. A produtividade precisará, então, ser incentivada de outra forma: pela motivação e compartilhamento de metas, por exemplo, estímulos mais identificados com o jeito feminino de liderar.

De fato, pesquisas sobre liderança apontam o estilo conhecido como transformacional, no qual o comando é exercido por alguém carismático, que motiva a sua equipe com base na inspiração e no estímulo intelectual, como sendo mais comum entre as mulheres do que entre os homens. Também seria uma característica mais frequente em líderes mulheres a propensão a exercer uma relação mais democrática com seus liderados, em que o consenso é valorizado, enquanto os homens líderes seriam mais autocráticos. É evidente que nem todas as mulheres são democráticas na sua forma de liderar e nem todos os homens têm inclinações despóticas. Mas o que esses estudos apontam são tendências de comportamento mais identificadas com o feminino e o masculino, com base em longa tradição cultural, e que podem, evidentemente, se manifestar em mulheres

Damas de Ouro

ou homens. Outras características tipicamente femininas de liderança seriam a facilidade de ouvir, a capacidade de empatia, a boa comunicação, as habilidades interpessoais e de resolução de conflitos.

Até bem pouco tempo, essas eram qualidades menosprezadas no ambiente corporativo. Como as organizações funcionavam de uma forma muito hierarquizada, liderança era sinônimo de "pulso firme", de controle. E o líder era quem detinha o saber e a palavra final. Hoje, estruturas assim são vistas como "engessadas", com menos condições de sobrevivência em um ambiente muito competitivo e globalizado. O que se percebe é que organizações mais horizontais, em que se valorizam os diversos saberes e pontos de vista, estão mais aptas a enfrentar os desafios do mundo contemporâneo. Ganham importância modelos em que se trabalha mais em equipe, em parceria, em grupos multidisciplinares, com rotatividade de liderança em função das necessidades e da expertise exigida em cada momento. E as mudanças se sucedem, cada vez mais rápidas e desafiadoras. É a flexibilidade de que fala De Masi.

Assim como as estruturas verticalizadas, perde força a ideia de que assuntos de empresa devem ser regidos exclusivamente pela razão, pela lógica linear, atributos tão identificados com o gênero masculino. No patamar de desenvolvimento atual, em que a tecnologia atingiu grande perfeição, eliminou boa parte do trabalho braçal e passou a ser dominada por quase todos, os diferenciais são a boa ideia, a "sacada brilhante", a criatividade, a qualidade formal e estética, o conhecimento. E esses são territórios em que a emoção, a intuição e a subjetividade – historicamente de domínio do feminino – não apenas são bem aceitas, como consideradas fundamentais. A "feminilização" da liderança de que fala o autor de "O Ócio Criativo", portanto, vai ao encontro das necessidades da nova economia, da chamada sociedade pós-industrial.

O curioso, a meu ver, é que a competitividade, qualidade genuinamente masculina, não saiu de cena. A "guerra" pela sobrevivência entre empresas, organizações, indivíduos continua. Talvez ainda mais difícil, porque exige um grande empenho de todos por se reinventar a cada instante, e nada indica que se amenizará nos próximos anos. Porém, há algo de novo nessa disputa. Algo que talvez tenha relação direta com o fato de termos sido golpeados com a verdade desnorteante de que os recursos do planeta são limitados e de que o crescimento não pode mais ser contínuo e inexorável, como chegamos a supor. Esse novo de que falo pode estar na forma como travamos as batalhas do dia a dia. As chamadas vitórias pírricas, em alusão à derrota imposta pelo rei Pirro aos romanos por volta de 300 anos

Adriana Fellipelli

a.C., conquistadas a um preço alto demais até para o lado vencedor, não têm mais lugar nesse cenário.

Há uma nova consciência surgida desse que podemos chamar de "choque de humildade" causado pela constatação de que agimos de forma predatória no planeta e que isso pode nos custar a própria sobrevivência. Que adianta ganhar a guerra, acumular fortunas e patrimônio, encabeçar listas de "melhores do ano" se o que vai restar, no fim das contas, é terra arrasada? Já não temos orgulho de posar de donos do mundo, de senhores absolutos da natureza. Conquistar bens materiais a todo o custo deixará de ser a grande motivação. Talvez estejamos – e assim o espero – nos aproximando do fim da sociedade materialista ao extremo, movida por uma competição fratricida, em que os indivíduos buscam satisfazer suas ambições sem nenhuma preocupação com o outro, amesquinhados, desesperados e até enlouquecidos pela insegurança econômica, como definiu o grande pensador e escritor Fiódor Dostoiévski, ainda no século 19. Época, aliás, em que não faltava otimismo em relação à moderna sociedade capitalista que se desenvolvia.

Se não teremos condições de continuar nessa guerra fratricida, o fato é que a luta continua. De outro jeito, mas continua. Ainda precisaremos ganhar o pão de cada dia, afinal. E, como já foi dito, em um cenário dominado por forte competitividade. A diferença que enxergo, com base na minha grande experiência nos assuntos relacionados a gestão de pessoas dentro das organizações, é que nesse novo campo de batalha outros fatores entraram no jogo. Já não é mais só o dinheiro, o status, o poder. O bem-estar, a qualidade de vida, o tempo para se dedicar à vida pessoal, à família, à comunidade, à espiritualidade passaram a ter grande valor e a serem reconhecidos como elementos de autorrealização. Nesse ponto, voltamos à questão da liderança feminina. É certo que muitas líderes, nessas décadas em que a mulher forçou a fórceps a sua entrada no mercado de trabalho, se sentiram obrigadas a vestir o modelo masculino, a trancar as emoções em armaduras, a endurecer, para serem aceitas. Mas as habilidades femininas, urdidas em séculos, persistiram. E ainda bem, porque, como nos ensina De Masi, serão elas a nos dar os instrumentos adequados para sobreviver nas novas organizações e atender às novas necessidades da economia. Mas, além disso, a "feminilização" da liderança também atende a outras demandas. Demandas que têm a ver com essa busca pelo desenvolvimento integral do indivíduo, pela realização baseada no equilíbrio entre vida pessoal e profissional, e que podem contribuir para nos distanciar desse pessimista mundo de Dostoiévski.

Incorporar à liderança a sensibilidade feminina no trato com o

Damas de Ouro

outro significa enxergar o indivíduo como um todo e na sua especificidade. Exatamente como a mãe de muitos filhos, que conhece o potencial e as limitações de cada um e, intuitivamente, se relaciona com as crias de forma diferente, de maneira a estimular uma ou outra qualidade em um, proteger mais ou menos outro, "segurar" aqui ou acolá o ímpeto do terceiro. Trazer à luz todas as facetas das pessoas no ambiente de trabalho, deixar de empurrar para debaixo do tapete aquilo que diz respeito à vida pessoal, como se de menor importância fosse, é uma tarefa importante da nova liderança que busca valorizar o equilíbrio e o bem-estar de todos os envolvidos no processo produtivo. Estando inteiro, o ser humano é mais feliz e criativo. Cuidar das relações entre as pessoas, aumentar a afetividade dessas relações, o respeito mútuo, ajuda a promover a qualidade de vida, a harmonia e a igualdade no ambiente de trabalho – também pilares da sustentabilidade, tão lembrada hoje em dia.

Uma liderança com traços mais femininos é uma liderança humanista, que valoriza o tempo livre e entende que a felicidade é um valor a ser perseguido. Tenho tomado emprestado com frequência alguns conceitos da Psicologia Positiva, que é um movimento bem recente dentro dos estudos psicológicos, e cujos princípios fortalecem e dão legitimidade ao processo do coaching, uma das formas mais eficientes de se desenvolver habilidades nas pessoas, inclusive de liderança. Segundo a Psicologia Positiva, existem quatro principais índices que medem a felicidade, que são otimismo, autorrealização (relacionada a um propósito de vida), relacionamento interpessoal e autoestima/autoconfiança. Pessoas que possuem essas qualidades em alto grau seriam mais felizes. O interessante, também, é que elas nos remetem a outra questão muito importante, sobre a qual temos nos debruçado no trabalho com as organizações, que é a da inteligência emocional. O conceito foi aprimorado ao longo dos últimos anos por vários estudiosos e o que se sabe, hoje, é que o Q.E. (Quociente Emocional) é o maior responsável pelos nossos sucessos ou fracassos. Existem muitos testes para saber o nível de inteligência emocional de cada pessoa, entre os quais o EQ-i 2.0, uma ferramenta com a qual trabalhamos com exclusividade no Brasil e que nos mostra como o Q.E. pode impactar a vida pessoal e profissional dos indivíduos.

E por que as organizações estão tão interessadas em conhecer mais a fundo esse assunto? Porque, de fato, está comprovado que as competências emocionais e sociais, historicamente mais bem desenvolvidas pelos seres do sexo feminino – por razões que esbarram até na necessidade de sobrevivência – são, mais do que as habilidades técnicas, determinantes do bom ou mau desempenho no trabalho.

Adriana Fellipelli

Inteligência emocional, além disso, pode ser desenvolvida e depende de um honesto e profundo olhar para si mesmo. Está ligada à capacidade de evoluir como pessoa e de perceber as próprias emoções e como elas influenciam o nosso comportamento. A nova sociedade que está sendo gerada vai exigir dos indivíduos um respeito e um controle maior sobre suas emoções, num esforço de integração entre o pessoal e o profissional, o público e o privado.

Por fim, não queria terminar esse texto sem mencionar um grande paradoxo. Ao mesmo tempo em que tudo aquilo que antes era considerado de menor importância, relegado ao segundo plano, como as emoções, a subjetividade, os relacionamentos interpessoais, a vida pessoal, ganha agora status de primeira classe, levando o mundo do trabalho a querer e entender que precisa se "feminilizar", as mulheres líderes, de fato, ainda são minoria. Sem dúvida as mulheres estão fortemente presentes no mercado de trabalho, mas a liderança ainda é preponderantemente dos homens. Há que se perguntar por que, e se isso vai mudar substancialmente nos próximos anos. Arrisco a dizer que só não temos mais líderes mulheres porque temos mulheres ainda muito divididas entre o trabalho e as funções de mãe, esposa e dona de casa. Parece prosaico, antigo, mas é real. Como escreveu Rosiska Darcy de Oliveira em seu brilhante "Reengenharia do tempo" (Ed. Rocco), "a presença maciça das mulheres no mundo do trabalho foi para elas uma transgressão; para os homens, uma concessão. Quem transgride, alimenta a culpa. Quem concede, fica credor. Por isso as mulheres aceitaram essa concepção falha de igualdade que, na prática, transformou-se num cheque sem fundos". Rosiska lembra que as mulheres, para entrarem no mercado de trabalho, não souberam negociar o tempo que dedicam à vida privada e os homens, como desde os tempos remotos, continuaram achando que este não é um terreno sobre o qual têm responsabilidade. Então, para que as coisas realmente comecem a mudar, esses mesmos valores que estão sendo abraçados pelas corporações com a perspicácia e a agilidade impostas pela necessidade do lucro, precisam – e com urgência – ser adotados por homens e mulheres também na esfera doméstica.

Damas de Ouro

3

Liderar por uma causa

O proposito deste capitulo é dividir com o leitor a experiência de implantação de dois projetos com o foco em desenvolvimento, com desenhos diferentes para atender a cada cultura e que se interlaçam pelo que é comum, o desejo organizacional de atingir o sucesso e, o mesmo desejo refletido na busca das pessoas. Compartilhar ao percepção de que para o sucesso de um programa ou projeto é preciso se apaixonar e se envolver e fazer com que seja sua causa e só então poderá fazer com que todos possam compartilhar desses sentimentos

Ana Cristina Ferreira

Ana Cristina Ferreira

Graduada em Psicologia Clínica e Organizacional, com formação em Coach Integrado pela ICI, com MBA em Gestão Empresarial pela FGV, especialização em Gestão por Competências pela FIA. Sua trajetória em Recursos Humanos foi desenvolvida em empresas de médio e grande porte. O foco de sua atuação está no desenvolvimento e implementação de projetos e ferramentas que viabilizem o desenvolvimento de organização e pessoas. Palestrante convidada para Seminários, Simpósios que tenham como foco Gestão de Pessoas. Atualmente é sócia-empreendedora da Evoluti Recursos Humanos.

Ana Cristina Ferreira

Falar de Liderança já é fascinante pelo tema em si, mas ter a oportunidade de compartilhar uma experiência de vida é maravilhoso, por isso espero que a história que vou contar traga a você reflexão e *insights*.

Como profissional de Recursos Humanos pude vivenciar muitos acontecimentos, positivos e negativos que envolvem Liderança e que contribuíram para minha formação em Gestão de Pessoas.

Foi exatamente com o desafio de implantação de um projeto de Gestão em uma grande empresa que vivi a plenitude do exercício da Liderança.

A história começa exatamente nesse ponto, um grande projeto de transformação organizacional estava em desenvolvimento e uma das ações foi a criação de um comitê que apontasse expectativas em relação à condução de ações voltadas aos colaboradores, com o objetivo de ampliar a competitividade da organização.

Uma dessas ações foi a melhoria do processo de avaliação de desempenho da Liderança, em que o foco principal era criar uma rede de avaliadores, minimizar a subjetividade, estabelecer como parâmetro de avaliação as competências essenciais da organização e proporcionar ao avaliado uma visão ampla sobre como seu comportamento afeta positiva ou negativamente suas interfaces com subordinados, pares, clientes internos e seu Gestor.

O desafio era como implantar um sistema de Gestão de Pessoas que pudesse contribuir com o desenvolvimento da liderança da organização e que saísse do lugar comum no que tange ao modelo tradicional de avaliação de desempenho.

O primeiro passo foi ganhar conhecimento, avaliar as opções e analisar o que iria atender às expectativas e fazer sentido para aquela empresa e sua cultura, pois as pessoas precisavam de identificação com o modelo que seria adotado.

Embora o projeto de avaliação de competências fosse uma demanda da própria liderança, ele se apresentou como uma potencial ameaça, pois os líderes estavam habituados ao modelo de avaliação tradicional. Elementos novos do modelo de avaliação 360° iriam compor o processo, tais como: a opinião de subordinados, pares e clientes internos.

Foi preciso fazer uma leitura do cenário para minimizar riscos e potencializar as oportunidades e comprometer a alta direção com o que seria demandado e acordado no escopo e desenvolvimento do projeto.

Ao iniciar o processo que envolvia todos os níveis de liderança surgiu um novo elemento, me deparei com um grupo gerencial técnico, altamente qualificado, maduro que, em sua maioria tinham construído suas carreiras na organização.

Damas de Ouro

Damas de Ouro

Do outro lado, eu havia chegado há poucos meses e como minha experiência ainda não era reconhecida, tinha que conquistar a confiança dos líderes e não líderes do grupo que fariam parte do processo.

Acredito que o primeiro passo positivo foi ter formado um comitê para o monitoramento e desenvolvimento do trabalho que envolveu pessoas da equipe de Recursos Humanos e um grupo estratégico de gestores formadores de opinião.

O Comitê definiu as competências essenciais da organização, as que garantiriam desenvolvimento e competitividade e que seriam utilizadas como parâmetros no processo de avaliação de competências da Liderança e o sistema informatizado que suportaria o processo.

Trabalhamos para que os objetivos fossem difundidos e entendidos, foi preciso minimizar a insegurança em relação à utilização da avaliação, bem como buscar o envolvimento dos avaliadores para que fosse um instrumento de desenvolvimento que refletisse melhorias comportamentais nos líderes e, consequentemente, com bons resultados a todos os envolvidos.

Focamos em ações junto aos líderes, workshops, reuniões individuais e compromisso da direção. Essa atitude garantiu a comunicação dos objetivos, o entendimento do processo, mas não proporcionou envolvimento com o projeto, uma vez que não houve participação na construção. Então, percebi que isso não foi positivo para o processo.

O comitê de construção do modelo deveria ser formado também por avaliadores que iriam influenciar positivamente os demais a partir da copropriedade.

Cobranças e intimidações foram fatores que permearam o processo, e como líder do projeto era minha responsabilidade motivá-los, lembrando qual era nossa missão, a oportunidade de aprendizado que tínhamos nesta implantação e a importância do projeto como alicerce das ações futuras de Recursos Humanos.

As ações foram construídas com a perspectiva do desenvolvimento humano e organizacional e com o comprometimento da Alta Direção, o que me ajudou nos momentos em que foi necessário manter a posição e debater com os líderes de personalidade mais forte e que apresentavam resistência ao modelo.

Realizamos um processo de análise geral dos resultados, observando as competências que deveriam ser desenvolvidas de forma corporativa e para os resultados individuais, foi criado o PDI – Plano de Desenvolvimento Individual, com a finalidade de promover ações para o aprimoramento das competências, elaborado pelo avaliado, considerando uma competência comportamental a ser desenvolvida por ele com seu maior

Ana Cristina Ferreira

recurso – o comportamento, ou seja, elaborar ações que só dependem de seu comportamento e que podem ajudar em seu desenvolvimento.

Comprometida, a Alta Direção viabilizou o investimento necessário para o processo de desenvolvimento corporativo das competências e contratamos uma das melhores Instituições de Desenvolvimento Corporativo a fim de customizar e implantar o Programa de Desenvolvimento de Competências Corporativas.

O resultado foi positivo, pois o propósito foi atingido, a movimentação das pessoas e a preocupação em aprimorar seus comportamentos diários contribuíram para o desenvolvimento de todos.

O processo de avaliação por competências essenciais no modelo 360° trouxe ao líder a transparência e alinhamento em relação aos comportamentos esperados pela organização a partir da visão ampliada que o modelo proporcionou.

Com o desenho das competências essenciais e com o resultado do processo de avaliação, a organização estabelece suas fortalezas e fragilidades e utiliza os parâmetros para estabelecer estratégias e processos.

Ser responsável por esse projeto me ajudou a compreender um pouco as faces da Liderança, principalmente, que se é líder por reconhecimento e não pelo cargo que ocupa.

Outros projetos e novas oportunidades de aprender e desenvolver as competências de Gestão e Liderança surgiram, entre elas um grande desafio, estruturar a área de Recursos Humanos em uma empresa do segmento Educacional.

Desenvolvi minha carreira até então na área de Gestão de Pessoas, mas era a primeira experiência a frente das áreas de administração de pessoal, Cargos e Salários, e Saúde e Segurança Ocupacional.

Esta nova experiência me trouxe uma perspectiva ainda mais rica, pois se as necessidades básicas, nossa conhecida pirâmide de Maslow, não são supridas o esforço para o desenvolvimento das pessoas é em vão, pois o direcionamento da pessoa estará em alcançar sua necessidade básica - é como subir uma escada - para chegar ao topo é preciso subir um degrau por vez.

Conhecer a fragilidade da organização na administração e gestão de pessoas foi o ponto de partida para estabelecer o caminho a ser traçado.

A grande fonte de energia da existência e da evolução é a incrível capacidade de expansão do ser humano que ao atingir um desejo, sonho ou meta imediatamente cria uma nova necessidade.

As organizações precisam de líderes que sejam capazes de fazer com que as pessoas se apaixonem por uma causa e que contribuam com o sentido de vida de cada pessoa, por isso é preciso ajudá-las a identificar sua missão pessoal e o conhecimento da missão organi-

Damas de Ouro

zacional, gerando uma sintonia que proporcione o desenvolvimento das pessoas e da organização.

Com a alta competitividade do setor educacional e seus movimentos de aquisição e fusões, a preocupação natural em desenvolver e formar característica do segmento se tornou uma necessidade interna, ou seja, é preciso alinhar as necessidades pessoais e organizacionais.

A implantação de um RH estratégico foi uma das consequências do Programa de Desenvolvimento da Liderança, desenhado sob medida para atender à necessidade de transformar mestres e doutores da educação em gestores de negócios e líderes de pessoas.

O desafio era fazer com que os conceitos aprendidos no programa de liderança se transformassem em práticas na gestão diária.

Mas como fazer isso em um cenário em que existia uma divisão clara entre acadêmico e administrativo, em que cada lado defendia o que era seu cerne. O acadêmico naturalmente buscava os melhores projetos de formação de seus alunos e o administrativo as alternativas que trouxessem o melhor resultado para a Instituição.

A Missão da Instituição foi revisitada no programa de liderança com o intuito de trazer este grupo para um objetivo único, respeitando a essência de cada área, porém no dia a dia ainda existia uma distância e as ações continuavam a ser setoriais.

Estava claro que para atender ao desafio proposto era preciso integrar pensamentos e ações, passei a utilizar a experiência de consultoria interna para trabalhar com a área acadêmica, começamos a desenvolver processos conjuntos e, em seguida, nosso primeiro projeto de captação e seleção de docentes.

Estabelecemos uma parceria com vários projetos voltados ao desenvolvimento de pessoas da Instituição, que foram implantados em conjunto com os docentes e em alguns casos com alunos, isso trouxe benefícios inclusive para o aprendizado prático, como por exemplo na implantação do programa de qualidade de vida que envolveu os cursos da área da saúde e seus alunos.

Com a criação do vínculo foi possível demonstrar que poderíamos construir e desenvolver ações que atendessem às expectativas acadêmicas e administrativas. As barreiras começaram a ser transpostas e os projetos e processos, discutidos e pensados de forma global.

Desenhamos e implantamos em conjunto com a área acadêmica a remuneração variável para os Diretores de curso, um novo elemento para viabilizar o papel de Gestor de Negócios, uma vez que as métricas principais foram os indicadores financeiros, nos quais o Gestor pudesse influenciar e consequentemente melhorar os resultados.

Ao ler o que foi realizado pode parecer tranquilo, mas foi um processo desgastante, que envolveu poder, ego e que nos momentos mais extremos pensei em desistir. Quando isso acontecia, me lembrava do compromisso que assumi ao aceitar o desafio, na minha equipe de trabalho e nas pessoas que acreditavam no modelo que estávamos construindo. Recebi ao longo da trajetória deste processo de transformação alguns *feedbacks* que me deixaram feliz e certa do que havíamos construído.

Quando se lidera por uma causa em que você acredita, é mais favorável conduzir, motivar e encorajar a equipe de trabalho e as pessoas envolvidas, lidar com os obstáculos, com as frustrações, com os erros e críticas, pois tudo se torna pequeno diante de sua causa.

Como é possível observar nas histórias de grandes líderes mundiais como Mahatma Gandhi, Madre Tereza de Calcutá, Dra. Zilda Arns Neumann, Nelson Mandela e tantos outros.

Só é possível liderar quando se Acredita, seja em projetos, causas ou pessoas.

É preciso conhecimento do que se está liderando, você precisará dele para explicar, orientar e influenciar as pessoas, você terá que conquistar seus liderados e todos que fazem parte do processo precisam estar envolvidos no mesmo objetivo.

Quando você estiver ensinando, é preciso despertar o brilho dos olhos de seus liderados, o mesmo que eles deverão ver quando você estiver aprendendo.

Confiança se conquista! É preciso mostrar a equipe os riscos e oportunidades, prós e contras, desafios e conquistas. Ninguém segue quem não confia.

Escute com atenção e entenda com empatia, isso mesmo, se coloque no lugar do outro e se for preciso troque de lugar com ele. Acolha as dúvidas e os medos de sua equipe com o coração. Cada um tem uma história e o que é simples para você pode ser muito complexo para o outro. Ajude-o a minimizar, dê-lhe perspectivas diferentes, o que ele é capaz de construir, onde ele poderá chegar.

Defenda o que você acredita e não seja passível de injustiça, você é o representante de sua equipe é seu dever defender, seja o projeto em que estão envolvidos ou a área que atua. Não hesite quando tiver que se posicionar com firmeza e cobrar o que foi acordado, mas use a causa que está liderando, não o cargo.

Aprendi muito nesses anos de vida corporativa, conquistei espaços profissionais e na vida das pessoas. Realizei sonhos profissionais, percebi que os desafios com os quais havia me comprometido foram atingidos. Muito foi realizado, mas ainda há muito a fazer. É preciso fechar algumas janelas e abrir novas.

Damas de Ouro

Com esse sentimento, resolvi abrir uma nova janela e iniciar a construção de um sonho pessoal, atuar em assessoria e consultoria de gestão estratégica de pessoas e organizações, e com esta atuação poder compartilhar minha experiência com um número maior de empresas e pessoas. Esse é meu novo desafio, minha nova causa!

4

Desenvolvendo a missão e gerando resultados melhores: uma forma de liderar

Liderança é sinônimo de AMOR, Resiliência e Exemplo. Utilizo como modelo a equipe liderada pelo Hard Treiner do INHEX Marcos Mazullo, assim, foco, dedicação e decisão são pontos fundamentais. "Saber que ao menos uma vida respirou mais fácil porque você viveu, isso é ter tido sucesso." Ralph Emerson

Anailza Meirelles de Oliveira Silva

Anailza Meirelles de Oliveira Silva

Graduada em Administração Hospitalar e Pós-graduada em Gestão do Desenvolvimento de Estratégias em Recursos humanos. Practitioner em Programação Neurolinguística; Formação em Coaching Sistêmico pelo INEXH (Instituto Nacional de Excelência Humana). Diretora do Hospital Nossa Senhora Aparecida (Caculé-Ba); Sócia-Diretora da Administra Consultoria & Assessoria. Atua em projetos de consultoria e assessoria em unidades de serviços de saúde; palestrante na área de comportamento humano e Gestão de Serviços de Saúde. Coordenou projetos de formação e implantação de Gestão de Leitos, Setor de Internamento, Humanização e Acolhimento em Unidades de Serviços de Saúde. Membro da equipe do treinamento DL (Desenvolvimento e Liderança) na Bahia, desenvolvido pelo INEXH; Atendimento individual de Coaching; Escritora do livro Coaching & Mentoring Foco na Excelência, pela Editora Ser Mais

Contatos
anailzaadm@gmail.com
anailza@administraconsult.com.br
facebook.com/anailzameirelles.oliveira
(71) 8823-9959
(77) 8120-4050

Introdução

Uma das funções do líder é buscar o máximo de cada um, o melhor para a equipe. O líder deve fazer do desenvolvimento dos integrantes da equipe um estilo de vida.

Quando esse estilo de vida vira um hábito, o sucesso do projeto é multiplicado exponencialmente; pois as pessoas atingem um grau de satisfação e felicidade. É dever do líder desenvolver a capacidade de analisar as situações como um todo, do macro para o micro, percebendo cada detalhe a fim de evitar futuros resultados não satisfatórios, pois o resultado na vida dos indivíduos que compõem a equipe é responsabilidade do seu líder!

O comportamento individual dos integrantes de uma equipe pode ser moldado, dirigido e coordenado para uma visão de futuro, em que o trabalho possui um papel fundamental na busca do ser humano pela realização pessoal durante sua vida.

Entretanto, o tempo e energia consumido nas atividades profissionais frequentemente levam pessoas a negligenciarem a busca pela realização em outros aspectos da vida.

Há indivíduos que conseguem alcançar o equilíbrio entre os papéis que desempenham, apesar das dificuldades vivenciadas. São pessoas equilibradas, que conseguem orientar suas vidas e direcionar seus esforços em direção ao cumprimento de sua missão de vida.

Atualmente, as organizações competitivas de sucesso tendem a ter um perfil menos concentrado em si próprio, conferindo mais atenção às necessidades dos indivíduos que nela trabalham; afinal essas pessoas formam a organização.

A busca pela missão individual de cada componente da equipe gera uma expansão de consciência e consequentemente grandes resultados. Frente a essa expansão surge a necessidade de avaliar os valores organizacionais. As empresas focadas apenas em modelos burocráticos e nas suas necessidades básicas deixam de desenvolver resultados de maiores impactos, mas na sua maioria não possui foco. Contudo, se a empresa possui valores organizacionais em transformação, aprendizagem contínua, trabalho em equipe, inovação e crescimento pessoal não existem valores limitantes e, portanto, existe amor instalado na cultura organizacional como afirma a consultora Vânia Faria "quando o medo deixa de existir, as pessoas trafegam numa frequência mais leve, amistosa, as relações interpessoais são muito mais valorizadas e as pessoas se sentem felizes trabalhando para essa empresa".

A ideia de gerar na equipe uma expansão de consciência a respeito do seu papel no mundo é predominante no meu modelo de liderança, pois assim estou desenvolvendo a minha missão de vida.

Ter a certeza de que a equipe busca em tudo o que realiza o caminho para o cumprimento da sua missão é fundamental para o sucesso da organização.

Damas de Ouro

O método que aplico é simples, assim convido você, leitor, a realizar o seguinte teste, para que perceba como tem desenvolvido sua liderança. Agora seja verdadeiro com você.

1 – Qual a ordem em que utiliza normalmente esses verbos?

TER

SER   ESTAR

FAZER

2 – Ordenou?

Confira se sua ordem fica da seguinte forma:
1º - SER
2º - ESTAR
3º - FAZER
4º - TER

Se sim, parabéns!

Você caminha na busca dos resultados baseados no SER.

Se não, reflita como tem se colocado e o que falta para colocar o SER como prioridade.

O método que aplico é pautado na seguinte fórmula e ordem:

SER ⟶ ESTAR ⟶ FAZER ⟶ TER = Resultado desejado

Antes de qualquer coisa somos SERES que ESTAMOS FAZENDO algo para TER um resultado. Logo, o critério que devo focar primeiramente como líder é o SER HUMANO e não seus resultados, pois como produzir o resultado que o líder deseja que a empresa deseja se não conhecemos o SER executante?

Quais seus critérios, valores e sonhos?

Esse SER tem uma essência criativa, amorosa e pura por natureza, assim acredito que juntos e com consciência atingiremos todo e qualquer resultado desejado.

O resultado vai acontecer satisfatoriamente a partir do momento que houver o alinhamento do SER com o FAZER. Atualmente o FAZER e o TER ultrapassam o SER.

Assim, conhecer e escrever a sua missão de vida fica muito mais fácil, pois essa é a razão de SER do indivíduo. Conhecendo a instituição onde o projeto foi aplicado.

Conhecendo a instituição onde o projeto foi aplicado

A instituição é um hospital que, na década de 40, pertenceu a iniciativa privada e a institutos, passando por diversas mudanças duran-

Anailza Meirelles de Oliveira Silva

te esses anos. Em 1988, com a nova política de saúde do SUS, passou a ser administrada pelo estado, sendo cedidos seus funcionários com vínculo federal para se agregarem aos novos servidores estaduais. Atualmente é um hospital com esfera administrativa estadual.

A unidade não possuía um setor estruturado para receber pacientes. Diante da situação que naquele momento foi encontrada a unidade, desde a estrutura física e de pessoal, foram sugeridas algumas modificações para iniciar o processo de reestruturação do serviço de atendimento.

No que tange à estrutura de pessoal, foram encontrados funcionários com diferentes vínculos, que possuíam muitos fragmentos de ações do mesmo serviço sem continuidade do processo e sem conhecimento do serviço como todo e do trabalho do macro.

Existia o desafio das diferentes culturas, a ansiedade e o medo da mudança que estava por acontecer, pois o hospital mudaria o perfil do seu atendimento.

No quadro de pessoal foram encontrados funcionários com diferentes vínculos de trabalho, que possuíam muitos anos de serviço, com culturas enraizadas e muitos aguardando o tempo da aposentadoria. Existia outro grupo de funcionários terceirizados, jovens, também com medo de perder o vínculo, devido a todas as mudanças.

Na estrutura física, o setor era dividido em duas salas distintas, que possibilitava a falta de comunicação entre os grupos. As salas eram totalmente reprováveis para a realização do trabalho.

Após ser realizado um estudo minucioso, foi sugerida à diretoria uma transformação total no setor, desde a estrutura física (inclusive no que tange a beleza do ambiente, inclusive flores), pessoal e de processos.

Foi percebida a necessidade de se criar um perfil diferenciado que denotaria qualidade, eficiência, segurança e descoberta individual de cada integrante da equipe, priorizando os aspectos da humanização no atendimento embasando por processos, rotinas e amor em seu serviço!

Foi solicitado e constatado que os pacientes precisavam chegar à unidade e receber o acolhimento, as orientações e a rotina do local que seria responsável pela sua saúde durante a sua permanência. A necessidade de estabelecer rotinas na documentação era visível e emergencial, pois esse era um aspecto fundamental para a segurança de todos; contudo, surgiu um questionamento durante o início das estruturações:

Como cuidar melhor sem ser cuidado? Será que essa equipe conhece as ferramentas internas que eles possuem?

Foi exposto o diagnóstico inicial para a Diretoria da instituição e as metas pretendidas para o setor, segue-se daí o início da implantação do projeto que foi dividido em três etapas: .

1ª etapa – O trabalho com as pessoas e as relações.

Nesse primeiro momento foram trabalhadas as relações interpessoais da equipe, o medo de cada um, as habilidades e compe-

Damas de Ouro

tências e a aproximação dos integrantes da equipe com a liderança, com os colegas de trabalho e com os outros setores.

Cada colaborador foi entrevistado individualmente com o objetivo de ouvir suas dificuldades, limitações profissionais e pessoais, opinião a respeito do projeto, seus sonhos e se conhecia sua MISSÃO de vida.

Nessa primeira etapa foram construídas as habilidades de cada um e suas competências, sendo possível modificar as pessoas de funções de acordo com suas habilidades e desejos.

Foi detectado também quem tinha o perfil para permanecer no setor e explicado o caminho para alcançar o tão desejado sucesso.

A partir desse momento foram pactuadas as ações que seriam executadas pela equipe e a forma de execução. Nesse momento foi praticado uma das principais ferramentas no meu modelo de gestão: AMOR E CARINHO. Todos deveriam praticar tal ação, para assim criar um hábito no serviço.

2ª etapa – O desenvolvimento e elaboração das rotinas e a reestruturação da equipe.

Após detectar as habilidades e competências da equipe, estruturar toda parte burocrática e processos. Assim, foram escritos todos os fluxogramas, normas e rotinas do setor, com o objetivo de preparar a equipe para a criação dos POP's (Procedimento Operacional Padrão).

Nesse momento foi percebida a necessidade de criar serviços novos no setor para o melhor desenvolvimento do trabalho.

3ª etapa – A reestruturação física.

Esse momento foi para mudar a parte física do setor, e unificar as equipes e os processos de trabalho.

O setor foi montado em uma sala ampla, arejada, com arranjos florais em todas as mesas e com toda a equipe no mesmo ambiente, essa foi uma estratégia para aproximação, em que todos cuidavam um dos outros e, consequentemente, dos pacientes.

Método aplicado com a equipe:

A certeza de que a missão é o norteador da vida do ser, iniciou-se o acompanhamento dos profissionais rumo às descobertas de suas missões.

Eram realizados encontros semanais com cada colaborador, tendo as seguintes perguntas norteadoras:

1) Qual o meu papel como ser humano?

2) Como posso contribuir com um mundo melhor por meio do meu trabalho?

3) De que forma vou atingir meus objetivos pessoais por meio do meu trabalho?

Utilizando o critério de análise dos valores que possuía cada indivíduo, agendaram-se as entrevistas para diagnosticar e preencher a seguinte figura:

Após a avaliação da investigação, foi escolhido um grupo de funcionários para ser submetido a acompanhamento.

Durante a semana era reservado um momento para a execução do trabalho de desenvolvimento da equipe e acompanhamento dos resultados.

FOCO NA MISÃO / SONHO DE CADA UM

Frente a certeza de seus objetivos, a organização passou a ter maiores resultados, percebido por todos.

Foram escolhidos dez funcionários para participar do projeto "Desenvolvendo a missão e gerando resultados melhores!".

CASE

O DILEMA:
• Gerar resultado na implantação de um projeto com a equipe desmotivada e sem foco;
• Aumentar a qualidade do atendimento sem oferecer qualidade para quem realizava o atendimento.
A DECISÃO:
Trabalhar com foco nas pessoas e prepará-las para descobrir sua missão de vida, tendo como objetivo o melhor resultado na implantação.

RESULTADOS:
• Seis chegaram ao estado desejado;
• Um abandonou o projeto;
• Um atingiu resultado, mas não concluiu para chegar ao estado desejado;
• Dois não iniciaram no projeto.
• Pessoas felizes e com foco;
• O setor foi estruturado e obtido o resultado esperado pela alta Gestão;
• Resultados pessoais e profissionais na vida dos integrantes.

Damas de Ouro

	ESTADO ENCONTRADO	ESTADO ATUAL
Funcionário 01	• Nível Superior em Administração • Função de digitador • 26 anos • Insatisfeito	• Coordenador de Serviço na unidade • Empresário • Pós-graduado
Funcionário 02	• Nível Médio • Função de digitador • 40 anos • Sem casa própria • Relacionamento afetivo que causava incômodo	• Assistente da coordenação geral do serviço • Adquiriu casa própria • Casou
Funcionário 03	• Nível Médio • Função de auxiliar administrativo • 53 anos • Sem conhecimento	• Voltou a estudar • Desenvolveu conhecimento em informática • Realizou curso de secretária • Atualmente é secretária da chefe de departamento
Funcionário 04	• Nível Médio • 45 anos • Adquiriu doença ocupacional e possibilidade de aposentar por invalidez	• Voltou a estudar, iniciou Serviço Social • Assumiu a liderança de um serviço e reduziu os problemas de saúde tendo como meta atuar com Serviço Social
Funcionário 05	• Nível Superior em Educação Física • Função de digitador • 31 anos • Insatisfeito	• Realizou pós-graduação • Iniciou projeto diferenciado na organização • Seguiu carreira na área de formação, saindo da função de digitador
Funcionário 06	• Nível Médio • Função de digitador • 30 anos • Sem perspectiva	• Virou líder do grupo de digitadores

APRENDIZADOS:
- Através do conhecimento da missão das pessoas, os resultados atingidos são surpreendentes;
- Ter a certeza que o líder tem o papel de contribuir com as conquistas da sua equipe para atingir o sucesso.

INSPIRAÇÃO:

Pessoas: Filósofo Mokiti Okada – Pesquisador e Filosofo japonês criador da Teoria Okadiana.

Roseny Ferreira – Fisioterapeuta, Mestre em Família e Sociedade Contemporânea, Palestrante e Pesquisadora do tema Espiritualidade, Saúde e Qualidade de Vida.

Livro: Defina seu rumo: Desenvolvimento e Liderança, Dr Neil Hamilton NegreliJr e Ana Carolina Chaves . Ed. Angelotti.

5

Liderando seu destino

"Se você pensa eu consigo ou eu não consigo, estará certo em ambos os casos." Henry Ford

Andressa Santos Andrade Correa

Andressa Santos Andrade Correa

Gerente Administrativa do Grupo JAC desde 2006, atualmente é especialista em Lei da Atração e Afirmações e como praticar as mesmas. Aplica o conceito em ambientes organizacionais e pessoais, apresentando resultados expressivos em seus projetos.

Contatos
www.andressacorrea.com.br
adm@jacconsultoria.com.br
(47) 4009-9434

Andressa Santos Andrade Correa

Ao me deparar com a escolha do tema para este artigo, pensei em compartilhar algo íntimo que transformou meu modo de ver a vida e minha vida nos últimos anos. Há dois anos passei por uma experiência muito difícil. Um familiar então, aos 31 anos de idade, no auge de seu sucesso e desempenho profissional, passava por um AVC. Foi um choque para toda a família, um período de dor, angústia, temor pelo futuro. Para mim foi como se a minha própria carne estivesse ferida, e realmente estava. Neste momento de minha luta para superar e dar apoio a ele e também à família, minha busca começou, se tornou necessária, não imediatamente, mas tive uma espécie de *insight*, eu precisava equilibrar minha vida e meu interior para poder continuar o caminho. Mal sabia que era apenas o início da corrida de obstáculos, pois no ano seguinte ele viria a sofrer outros dois AVCs no intervalo de seis meses. Mas eu também mal sabia que a minha maior transformação interna iria acontecer neste momento.

Sempre tive o apoio de minha família, mas a necessidade de paz interior e serenidade crescia a cada dia e parecia que não conseguia encontrar uma forma para poder me equilibrar e dar sequencia à minha vida que parecia estar em suspenso. Eu precisava reagir. Foi quando esta mesma pessoa que teve o AVC me apresentou a uma lei natural do universo chamada lei da atração. Esta é uma lei tão certa quanto a lei da gravidade. A lei da atração diz que semelhante atrai semelhante à nível de pensamento e que pensamentos materializam coisas, que emitem frequências (como as frequências de rádio por exemplo), que sintonizam-se com aquilo que você mais pensa trazendo e materializando isto para você, portanto, criando sua realidade. Então, seguindo este raciocínio, se o que você mais pensa em seu diálogo interior é medo, raiva, rancor, ódio, decepção, tristeza, adivinhe como você vai se sentir e como será sua vida? Não fica difícil compreender que ela será o caos de doenças, problemas e inseguranças.

A partir daí percebi que a vida é a manifestação física dos pensamentos que temos. A vida que estamos tendo agora é o resultado de nossos pensamentos (e por consequência ações) do passado, então passei a ter uma compreensão mais profunda desta verdade da vida e comecei a me concentrar no que eu queria para mim e para minha vida e não no que eu não queria. Temos uma inclinação a pensarmos o tempo todo no que não queremos: não quero ficar doente, não quero dívidas, não quero problemas, não quero ficar com dor de cabeça, eu não quero isso, eu não quero aquilo. Então colocamos toda a nossa força no que não queremos e acabamos justamente tendo mais disso que não queremos.

Este é um conceito realmente difícil de entender, pois a maioria

Damas de Ouro

das pessoas diz ao ouvir isto: eu não atraí estes problemas, sempre apontando um culpado pela sua infelicidade. Mas a verdade é que atraiu sim, talvez não conscientemente, mas inconscientemente com suas crenças, padrões de pensamentos negativos e de inferioridade, pensamentos de falta, medo, frustração, de culpa. Mas uma vez que este conceito é compreendido e aceito, transforma vidas.

Por vezes achamos que não temos poder nenhum sobre isso e deixamos que nossos pensamentos vaguem pelos vales sombrios do passado, das experiências traumáticas e dolorosas e das tragédias diárias que são exibidas sequencialmente no noticiário. Nossos pensamentos são sagrados, são nossa conexão com um poder maior que nos rege, que nos criou, mas para esta conexão existir é necessário que entremos em sintonia com este poder. De que forma? Purificando e monitorando nossos pensamentos, dando direcionamento positivo e não os deixando à deriva, sem rumo. Não podemos permitir que nossos pensamentos causem estragos no nosso dia.

Quando não sabemos o que queremos qualquer coisa serve, mas acredito que nenhum de nós quer qualquer coisa, acredito que a maioria de nós quer o melhor possível para si. Monitore os pensamentos.

Agora você vai pensar: Isso vai dar trabalho! É claro, não conseguiremos monitorar todos os nossos pensamentos diários já que temos mais de 60 mil pensamentos por dia, mas podemos nos guiar por nossos sentimentos, eles vão nos dizer no que estamos pensando. Nossas emoções avisam para onde nossos pensamentos estão nos levando e o que vamos atrair com isso.

Comece a mudar o que fala para si mesmo já no início do dia, comece a dizer a si mesmo, meu dia será ótimo ao invés de será que as coisas vão dar certo hoje? Vou cumprir todas as minhas atividades de hoje com alegria e disposição ao invés de tenho tanta coisa para fazer que não vou dar conta, vou me sentir ótimo durante todo o dia ao invés de só o que me falta é pegar uma gripe... Portanto, temos escolha! Se começar a perceber que o dia está indo mal, quebre o ciclo, o dia não precisa continuar indo mal e terminar mal.

Na minha experiência, ao começar a fazer o contrário, me concentrar e pensar no que eu queria: eu quero cumprir minha agenda, eu quero ter saúde, eu quero gostar de mim, eu vou conseguir fazer pelo menos um pouco desta atividade, enfim, tudo o que eu queria, fui vendo minha vida mudar em tudo, no lado profissional, pessoal, nas minhas realizações, até mesmo minha auto-estima, com isto minha fé se renovou, minha fé em Deus, na vida, nas pessoas. A agonia, o medo, o desespero foram ficando para trás, perderam a cor e foram se apagando. Comecei a enxergar o que realmente era importante para mim.

Andressa Santos Andrade Correa

O incrível é que passei a encontrar a literatura certa, ser apresentada às pessoas certas, ter os resultados que eu queria e planejava, fazer atividades que eu não gostava com alegria e quando me dei conta até estava curada de uma terrível enxaqueca que eu sofria desde a adolescência, uma enxaqueca que muitas vezes me impossibilitava de fazer minhas atividades normais e viver bem por vários e vários dias.

Nossa, que sensação grandiosa é a de sentir-se realmente bem consigo mesma! É claro que problemas e percalços continuaram acontecendo, mas o discernimento para resolvê-los começou a ser outro, parece que tudo ficou tudo muito fácil de ser solucionado, concluído, as tempestades não se instalavam mais, chegavam e partiam rapidamente. Eu mudei a perspectiva, ao invés de enxergar o copo meio vazio eu o enxergava meio cheio, e acredite, é muito melhor.

A partir daí eu queria aprender mais e na tentativa de evoluir no direcionamento adequado e positivo do pensamento, aprendi sobre as afirmações. Afirmações são sugestões positivas que você faz de forma consciente para que se imprimam em seu subconsciente. São importantes para que o seu subconsciente comece a substituir as crenças distorcidas que você tem de si mesmo e do mundo a sua volta por algo positivo. A auto aprovação e a auto aceitação são a chave para as mudanças positivas.

Muitos de nós temos o hábito de se enxergar se forma distorcida, nos olhamos no espelho e dizemos: nossa como sou ou estou velho, gordo, feio, exausto, alguns chegam até a dizer que se odeiam e que odeiam suas vidas. Então temos um hábito de nos criticar o tempo todo, de se depreciar, de se comparar com os outros, de acreditar que somos sempre vítimas, que nada que façamos dá certo, que somos infelizes, que os outros são sempre melhores que nós. Às vezes não exteriorizamos isto, são pensamentos e pensamentos criam nossa realidade. Mas ao mesmo tempo são pensamentos e pensamentos podem ser mudados. Aprendemos a fazer isto desde cedo devido à nossa sociedade incentivar a competição (melhor nota, melhor atleta da escola, pessoa mais popular, que tem mais amigos...) e para um ganhar, o outro tem que perder e muitas vezes na nossa visão nós é que perdemos em todas as ocasiões. Isso ocorre devido à perspectiva que olhamos, achando que a grama do vizinho é sempre a mais verde e não percebendo que outro vizinho acha que a nossa grama é a mais verde.

Não é preciso ser assim. Claro, temos que buscar sermos melhores, mas não em comparação com os outros, em comparação conosco mesmo, uma comparação evolutiva de nós mesmos percebendo como éramos e como estamos melhorando, o que estamos conquistando. Com certeza temos muito mais conquistas do que

Damas de Ouro

derrotas, mas o que geralmente fazemos é supervalorizar os defeitos, os erros e não dar muita ênfase às qualidades, realizações e conquistas. Um bom exercício para começar a celebrar você mesmo é fazer uma lista de todas as coisas boas que você já fez, as coisas que conquistou, suas qualidades, pontos fortes, sua generosidade. E comece a ser grato por tudo isso, quanto mais você for verdadeiramente grato pelo que tem e pelo que é, mais disso virá para você.

As palavras tanto escritas quanto faladas tem muito poder sobre nós mesmos. Eu comecei com o básico, primeiro me amar e me aceitar como sou, para depois me amar e aceitar como eu queria ser. Você continuará sendo você, mesmo que mude o que não está adequado em você, então é preciso se amar hoje e se aceitar hoje. O seu corpo vai continuar sendo seu corpo, ele pode ficar mais esbelto, menos esbelto, mais jovem ou menos jovem, mais saudável ou precisando de mais saúde, mas será o mesmo corpo, você precisa amá-lo hoje! Sua vida continuará sendo sua vida é preciso amá-la hoje, mesmo que não goste da condição que ela está. Se amando e se aceitando você verá mudanças incríveis, por dentro, por fora e ao seu redor.

Um exercício prático e fácil é escrever num pequeno caderno de anotações frases do tipo: eu me amo, eu me aceito, eu me perdoo, eu me liberto, tudo está bem, tudo vai dar certo, eu estou em segurança. Anote-as e as repita em silencio em sua mente sempre que estiver com pensamento disperso, agitado, travando aquelas guerras internas, é um remédio poderoso.

Faça este exercício durante o dia, só leva alguns segundos. Tire um tempo para aquietar a mente, podem ser poucos minutos se você for muito ocupado. Aproveite este tempo para fazer as afirmações que está trabalhando de forma lenta e tranquila, faça algumas inspirações profundas e veja você mesmo o resultado depois uma semana. Você verá o quanto é possível obter de resultados com o mínimo de esforço.

Para minha surpresa, quando já estava aplicando os princípios da lei da atração e das afirmações e já comprovando a eficácia destes métodos de transformação de vida, eis que vem até mim algo chamado de Física Quântica para coroar e dizer que tudo isso era comprovado cientificamente. Na verdade eu não precisava desta comprovação para acreditar pois eu já estava vendo com meus próprios olhos e sentindo em meu próprio corpo, mente e espírito as mudanças positivas, mas para aqueles que precisam de uma comprovação da ciência para acreditar quando ainda estão relutantes, confesso que não há como não aceitar estes conceitos depois de um entendimento mesmo que superficial sobre esta ciência.

Tudo no universo inteiro é formado pela mesma substância primordial, que é a energia. Tudo é formado por energia. Nós somos formados por energia e é a energia que está no interior do átomo. As leis quânticas que atuam sobre as partículas atuam também sobre as pessoas produzindo as coisas, acontecimentos e realidades. Em experiências quânticas podemos ver que os átomos respondem ao desejo do observador, interagindo como energia. Esta é a prova científica que torna o que falamos até aqui verdade. Ao observar a energia o ser humano cria a matéria, os seus pensamentos são emissões de ondas que podem ser positivas ou negativas, os pensamentos são vibrações (a exemplo das ondas de som). Quando o homem emite estas vibrações, estes pensamentos, ele realmente cria a realidade. Como diria Willian C. Stone: "Qualquer coisa que a mente do homem pode conceber, pode, também, alcançar".

Esta é a caixa de ferramentas que utilizei nestes últimos anos para conseguir a superação das adversidades e uma transformação muito íntima em minha vida. Minha caminhada continua, sempre. Meu familiar se recuperou plenamente dos três AVCs que sofreu, é um homem de sucesso e também celebra uma forte mudança positiva em sua vida, ele é um verdadeiro guerreiro. Tente você também, se eu consegui você também consegue. Quando os primeiros resultados aparecerem, não diga que são poucos, diga com amor: lá vem eles! Escolha viver no presente. Fique em paz, seja feliz, cuide bem de você.

Damas de Ouro

6

Mulher: suas conquistas e desafios do século XXI

"Durante um longo período da história, as mulheres, por uma questão cultural, foram submissas aos homens. Porém, com o passar dos anos, a insatisfação feminina fez a classe unir-se para externar, em movimentos sociais, a busca de igualdade e reconhecimento. Já no século XXI, mesmo com a nova realidade, a mulher ainda precisa lutar por equilíbrio e se dividir em mãe, esposa, trabalhadora e dona de casa"

Antonia Braz

Antonia Braz

Palestrante com mais de 20 anos de experiência na área de Educação. Graduada em Pedagogia pela Universidade Oeste Paulista (UNIOESTE), especialista em Psicopedagogia e Gestão Estratégica de Pessoas. Formada em Qualidade da Educação Básica pela OAE – Organização dos Estados Americanos (USA). Atualmente é Coordenadora Executiva do Projovem Urbano, Coordenadora do Projeto Mulheres Protagonistas de sua História, e do programa Contra Violência Doméstica da Organização Internacional Soroptimista – Região Brasil – Presidente do Instituto AGC – Desenvolvimento Humano e Empresarial.. Colunista da Catho Online e RH Portal, Membro e colaboradora da BPW – Associação de Mulheres de Negógio. Atua na Radio Onda Viva com o programa Educaçaõ para a Vida, já ministrou palestras para mais de dez mil pessoas no Brasil.

Contatos
www.antoniabraz.com.br
contato@antoniabraz.com.br
(18) 4101-1143

Antonia Braz

Durante longo período da história da humanidade se verificou que as mulheres foram dominadas pelos homens e, sendo assim, isso se dava em decorrência de uma cultura que fez tradição há séculos, por isso, imutável, devendo todos conformar-se com tal realidade, mesmo não assentindo, como era o caso de muitas mulheres. Elas, durante a evolução da sociedade ocidental, nunca se conformaram com a situação de inferioridade, mas nem sempre tiveram oportunidade de expressar-se. Foi a partir do momento em que puderam fazer suas vozes serem ouvidas, que elas não mais se calaram e, desse momento em diante, a vida das mulheres mudou consideravelmente.

Foi unindo-se em torno das lutas por reconhecimento que as mulheres começaram a ocupar um espaço antes reservado somente aos homens, o público. Das lutas eventuais passaram aos movimentos sociais de maior expressão em busca da igualdade, de reconhecimento e de respeito às diferenças naturalmente existentes entre homens e mulheres. A partir desse momento, as mulheres adquiriram uma nova identidade, que possibilitou uma nova história, agora com direitos assegurados formalmente e inseridas nos diversos campos de atuação do mercado de trabalho.

O século XXI atesta essa nova realidade, com mulheres inseridas no mercado de trabalho em diversas áreas de atuação, à frente de postos de comando, mulheres independentes que não mais se sujeitam à violência por parte dos maridos ou companheiros, mulheres com voz ativa na sociedade, tomando decisões importantes no contexto social, mulheres com liberdade e direito de expressão, enfim, mulheres cidadãs. Porém, isso não quer dizer que as desigualdades deixaram de existir, elas persistem, todavia, de forma mais amena, vez que grande parcela da população de mulheres, atualmente, não silencia.

No entanto, apesar de dar sua contribuição à família, às empresas, à sociedade, a mulher ainda tem sido considerada uma força de trabalho secundária, mais cara e menos produtiva. A maternidade é central na produção da imagem secundarizada da mulher como trabalhadora. A imagem dominante é sempre a existência de um risco permanente de gravidez entre as mulheres trabalhadoras. Contudo, é dado objetivo que o número de filhos por mulher na força de trabalho está reduzindo significativamente nas últimas décadas.

Além da maternidade, existe toda a questão do cuidado, que se associa naturalmente a ela: com os filhos, com a casa, com os idosos, com o marido. Há sempre uma força pressionando a mulher à volta para o mundo privado do lar.

Desse modo, com essa situação e circunstância, ou seja, a das mulheres cuidarem dos filhos, da casa, do marido ou pais ou outros

Damas de Ouro

dependentes, elas vão aos poucos sendo levadas a não ter todas as informações sobre novas técnicas e tecnologias desenvolvidas para proteger o grupo. Vão sendo excluídas do conhecimento. Elas vão sendo privadas de informações importantes que, em contrapartida, permanecerão restritas aos homens.

Entretanto, com o passar dos anos, foram sendo incorporados no ordenamento jurídico novos direitos para as mulheres, direitos estes que foram conquistados arduamente por meio dos movimentos sociais engendrados por elas, que teve como consequência a abertura de uma nova visão de relações de gênero capaz de construir uma "nova sociedade".

No final do século passado houve uma grande transformação, não somente nas relações familiares como também no mercado de trabalho, pela entrada maciça das mulheres no mercado de trabalho remunerado. As mulheres já faziam parte deste ramo, porém, sem remuneração. O trabalho que exerciam era, na maioria das vezes, dentro dos seus lares e não por isso menos valoroso, porém, diante da sociedade patriarcal, era um trabalho invisível.

O processo de inserção das mulheres, em grande escala, no mercado de trabalho remunerado trouxe consigo mudanças significativas na família, pois agora a mulher participa de forma decisiva no orçamento doméstico, o que facilita sobremaneira a independência dela, livrando-a da dependência financeira que fazia com que elas se submetessem aos mandos do marido, característica típica do sistema patriarcal, onde elas eram dominadas pelos homens. Nas palavras de Castells (1999, p.210), "com as mulheres trazendo dinheiro para casa e, em muitos países, os homens vendo seus contracheques minguar, as divergências passaram a ser discutidas sem chegar necessariamente à repressão patriarcal", dessa forma, abalando fortemente a tradicional ideia do patriarcalismo de que o provedor da família deveria ter privilégios dentro da relação familiar. Tal tradição deixou de fazer sentido, vez que, a partir de agora, os dois concorrem com as despesas da casa.

Com o advento da Constituição de 1988 percebeu-se que houve um aumento considerável de mulheres ocupando cargos importantes em diversas áreas de atuação, como a ex-Presidente do Supremo Tribunal Federal, Ellen Gracie Northfleet[1] ; também a Governadora eleita no Estado do Rio Grande do Sul, Yeda Crusius, que comandou o Estado a partir de janeiro de 2007, fato histórico para os gaúchos, pois é a primeira mulher a assumir tal cargo; ainda, as mulheres aprovadas em concursos públicos para os cargos de Juiz de Direito, Promotor de Justiça, Delegados de Polícia, Defensores Públicos, dentre outros tantos,

---

[1] A Ministra Ellen Gracie Northfleet, empossada em 14 de dezembro de 2000, foi à primeira mulher a integrar o Supremo Tribunal Federal. Conforme asseverou o Ministro Celso de Mello, "o ato de escolha da Ministra Ellen Gracie para o Supremo Tribunal Federal – além de expressar a celebração de um novo tempo – teve o significado de verdadeiro rito de passagem, pois inaugurou, de modo positivo, na história judiciária do Brasil, uma clara e irreversível transição para um modelo social que repudia a discriminação de gênero, ao mesmo tempo em que consagra a prática afirmativa e republicana da igualdade.

Antonia Braz

que têm tido altos índices de aprovação de candidatas do sexo feminino, o que demonstra que elas estão, sim, crescendo profissionalmente e atingindo postos de comando nunca antes visto na história do Brasil.

Dessa forma, as mulheres evoluíram muito e, mesmo sendo consideradas como o sexo frágil, quando comparadas aos homens, venceram muitas dificuldades e barreiras. Assim, as mulheres têm exercido atividades que algumas feministas do passado não poderiam imaginar, como por exemplo, dirigir um ônibus, operar guindastes e, mais recentemente, temos a primeira presidente do Brasil, Sra. Dilma Roussef.

Porém, há que se destacar que esse aumento ainda não é satisfatório, pois o número de mulheres que atingem o topo das carreiras de destaque e conquistam cargos de comando ainda é bem inferior aos dos homens nas mesmas condições.

Mesmo diante de algumas barreiras que impeçam que as mulheres adentrem no mercado de trabalho em iguais condições com os homens, a advocacia já pode ser considerada uma profissão com forte presença de mulheres, bem como as demais carreiras jurídicas que já contam com considerável número de mulheres ocupando cargos de relevância e poder. A maior dificuldade ainda está na questão salarial, vez que muitas mulheres ainda realizam atividades iguais as dos homens, sujeitando-se a perceberem salários inferiores, no âmbito privado. A partir do momento em que as mulheres começaram a ocupar os cargos de chefia, e diga-se de passagem, muito bem executados, passou-se a aumentar admiravelmente a participação feminina no mundo jurídico, espaço anteriormente reservado aos homens.

A "sociedade dos homens", assim denominada por Touraine (2007), produziu muita energia e, ao mesmo tempo, suscitou tensões que atingiram o ponto de ruptura. O polo dominante da conquista, da produção, da guerra, era o dos homens, enquanto o polo feminino era figura principal da inferioridade e da dependência. A mulher, mesmo que ausente do polo dirigente participava do sujeito tanto quanto o homem, mas em situação de dominação. Na verdade, existe um só sujeito, definido como transformação do indivíduo socialmente determinado em criador dele mesmo, contudo, está presente de modo desigual em cada um dos polos masculino e feminino. Porém, o autor assegura que a sociedade contemporânea acena para uma nova realidade, qual seja, ascensão das mulheres tornando-se sujeitos de direitos, promovendo uma revolução no antigo sistema.

O autor procura deixar visível a inversão de modelo cultural que viu as mulheres ascenderem ao papel central, o que não significa que elas tenham se tornado profissional e intelectualmente superior aos homens, mas que elas ocupam um lugar mais central na

Damas de Ouro

nova cultura. E continua, atentando para o fato de que é necessário ir além das denúncias da condição social da mulher, não bastando somente denunciar a violência, exploração, desigualdade, injustiças com as mulheres, mas também questionar as estruturas sociais que sustentam tais fatos, acontecimentos que envolvem as mulheres.

Sabe-se que o peso da desigualdade e da violência ainda esmaga um grande número de mulheres. Na verdade, muitas delas ainda se submetem a tratamentos desumanos, contudo, conjuntamente com a população, elas são portadoras de um novo modelo cultural.

Há ainda quem questione acerca de como se falar em dominação feminina, sendo que os homens ainda detêm o poder em muitos aspectos, ainda são em maior número de autoridades. Tal realidade é evidente, ninguém contesta que homens ainda detêm poder e dinheiro, mas as mulheres já têm o sentido das situações vividas e a capacidade de formulá-las. Para Touraine (2007, p.85), "ainda que o mundo continue ensurdecido pelos gritos, pelas ordens e discursos proferidos pelos homens, descobrimos cada vez mais que as mulheres já se apossaram da palavra, ainda que os homens continuem detendo o poder e o dinheiro".

Hoje, o que se busca é reunir o que foi separado pela primeira modernização, o único movimento cultural capaz de insuflar em nossa sociedade uma nova criatividade é o que procura recompor a vida social e a experiência pessoal.

As mulheres de hoje superaram a antiga polarização, atualmente a maioria delas trabalha, têm direito à licença maternidade, conservando a superioridade que possuem pelo fato de poder dar à luz. Os filhos são para elas uma fonte de poder, e é muito raro que o pai tenha uma relação tão forte com eles. As mulheres pensam mais em termos de superação do que de inversão ou compensação das desigualdades.

Os homens, enquanto atores dominantes do sistema antigo instauraram um sistema de pensamento e de ação que define e impõe constantemente opções, já as mulheres, pelo contrário, afirmam a própria superioridade por sua complexidade, por sua capacidade de perseguir diversas tarefas ao mesmo tempo. Elas pensam e agem em termos ambivalentes, termos que permitem combinar e não escolher. E é precisamente num mundo de ambivalência que estamos vivendo.

O que se vive na contemporaneidade não se trata de uma nova polarização: essa nova sociedade busca reconstruir a unidade de um mundo que ficou dilacerado entre um universo masculino, definido como superior, e um universo feminino, definido como inferior. As mulheres não buscam construir uma sociedade de mulheres, "considerada mais doce e mais afetiva do que uma sociedade dos homens, julgada mais conquistadora e mais voluntariosa" (TOURAINE, 2007, p.117), mas sim um novo modelo de cultura que possa ser vivido por todos, por homens e mulheres. O que elas pretendem é harmonizar o que havia sido separado anteriormente, numa polarização entre os sexos masculino e feminino, que gerou extremas tensões e conflitos. Essa cultura nova busca recompor a experiência pessoal a coletiva, e igualmente unir o que tinha sido separado.

O que se almeja é que homens e mulheres tenham igualdade de condições em todas as esferas da vida pública e privada, para que vivam em harmonia. Que as lutas sejam travadas conjuntamente por homens e mulheres em busca de uma sociedade mais justa e vida digna a todos os cidadãos, independentemente de ser do sexo feminino ou masculino.

Referências

CASTELLS, Manuel. **O poder da identidade.** São Paulo: Paz e Terra, 1999.
FARIA, Nalu; NOBRE, Miriam. **Gênero e desigualdade.** São Paulo: SOF, 1997.
TOURAINE, Alain. **O mundo das mulheres.** Petrópolis, RJ: Vozes, 2007.

Damas de Ouro

7

A jornada de uma jovem empreendedora rumo ao sucesso

"Para ter um negócio de sucesso, alguém, algum dia, teve que tomar uma atitude de coragem." (Peter Drucker)

Carine Göettert

Carine Göettert

Consultora organizacional, palestrante, escritora e coach. Idealizadora e fundadora da Sermais Desenvolvimento Humano. Idealizadora e fundadora da Confraria do Empreendedor. Formação em Comunicação e Gestão de Recursos Humanos. Formação em empreendedorismo. MBA em Gestão do Comportamento Organizacional. MBA em Gestão Estratégica de Negócios. Pós-MBA em Gestão da Inovação. Membro da Academia Brasileira de Coaching, formação Internacional em Coaching pelo BCI/USA, Certificação internacional em DiSC® - Assessment Comportamental. Certificação internacional em SEI® - Assessment em Inteligência Emocional. Colunista na Revista Girassol e Revista Anne. Voluntária no Grupo de Apoio Força Rosa/Câncer de Mama São Leopoldo.

Contatos
sermais@sermaisdh.com.br
(51) 3037-2730

Carine Göettert

Cada pessoa tem sua maneira de funcionar e, comigo não é diferente. Sempre funcionei muito bem assim: criando coisas novas, experimentando um novo jeito de executar, analisando os fatos para saber se é a melhor opção. Além disso, sou uma pessoa orientada para resultados, objetiva e como já me disseram certa vez, uma "maquininha de ideias".

Essa percepção sobre mim mesma não veio de um dia para o outro, mas é fruto de muito estudo, análise, experimentação e *feedbacks* honestos de pessoas que passaram em minha vida, tudo isso porque acredito que o autoconhecimento é a chave para a eficácia.

Mesmo conhecendo meu perfil comportamental, durante 14 anos desenvolvi equipes, formei líderes e atuei estrategicamente nas empresas por onde passei, nos segmentos do comércio, indústria e serviços. Mas apesar da realização que sentia ao ver os resultados do meu trabalho, alguma coisa ainda faltava. Havia dentro do peito uma chama que queimava por algo que eu desconhecia.

Sempre muito apaixonada pelo empreendedorismo, em 2012 tive a certeza de que a chama que queimava aqui dentro, era o calor pelo meu próprio negócio, foi então que entrei de cabeça nesta maratona que se chama empreender.

Muitas ideias, muitos sonhos, muito trabalho, certo receio sim, pois iniciar algo do zero traz também seus anseios. Mas não me amedrontei pelas incertezas, foquei sim na certeza da paixão, do *know-how* que adquiri ao longo desses 14 anos e, na vontade de fazer mais.

Sempre fui obstinada por conhecimento, fato esse que somado à coragem, iniciativa e muita dedicação, me ajudou a abrir a porta para o meu sonho de empreender.

Mas e agora? Por onde começar? Acredito que as escolhas, que fazemos diariamente, têm o poder de mudar o nosso destino, e minha primeira escolha foi não agir pelo impulso, mas analisar o mercado, desenvolver minuciosamente cada serviço, analisar os recursos financeiros disponíveis e como melhor aplicá-los, planejar cuidadosamente o plano de marketing e, organizar, explicar e descrever a minha empresa; isso se chama Plano de Negócios.

Vale lembrar que empreender é muito mais que sonhar, requer profundo estudo, análise, paciência e pensar, pensar, pensar, a fim de obter respostas sólidas para algumas perguntas como: qual é o meu negócio? Aonde quero chegar? O que eu vendo? Para quem vendo? Que estratégias utilizarei para isso? Quanto vou gastar? Que caminhos devo seguir? Enfim, um mergulho profundo nesse mercado de *startups*, a fim de implementar um modelo de negócios escalável, nunca esquecendo que para se concretizar um sonho, é preciso

Damas de Ouro

racionalizá-lo, dividindo-o em etapas. Neste interim algumas capacitações são sempre bem-vindas, pois é preciso mais do que nunca identificar suas deficiências para não ser pego de surpresa por elas.

Feito isso, chega a hora de correr o risco, colocar em prática tudo que foi planejado e cuidar para que a visão do negócio não se perca diante das muitas oposições encontradas, dentre elas, por vezes seremos desencorajados a prosseguir, ouvindo que é um sonho ousado demais para ser realizado, mas particularmente acredito que o impossível é apenas uma questão de ponto de vista.

Vejo-me então dentro de um outro universo, uma aventura deliciosa, onde me sinto na linha de largada; neste momento tudo de mais empreendedor, realizador e idealizador que eu possuía, começa a se materializar, é o meu negócio nascendo.

Conexões com pessoas, empresas, classes sociais, instituições não governamentais, empreendedores das mais variadas áreas. A leitura, que sempre foi um prazer, torna-se um elemento fundamental pelo fato de acelerar o aprendizado, pois a informação muda a todo instante, assim como as expectativas do consumidor e fornecedores. É preciso também aproximar-se do cliente, é preciso criar uma barreira para novos entrantes, tudo é preciso ao mesmo tempo.

A dinâmica de empreender é realmente fascinante, é como uma máquina em movimento em terreno instável, ora está em cima, ora está embaixo, e o maquinista precisa saber a função de cada botão e o momento certo de acioná-lo. Atenção redobrada, pois chegou a hora de validar cada hipótese, para que a empresa atenda uma necessidade real. E por falar nisso, este é um ponto bastante importante a ser esclarecido, pois devemos analisar se realmente existe uma necessidade real para o produto e se as pessoas realmente precisam dele. Empresas existem para resolver problemas de seus clientes, portanto, quanto maior e mais relevante for esse problema, maior será a sua solução de valor, ou seja, o motivo pelo qual os clientes escolhem comprar.

Acompanhando a dinâmica de empreender, o mercado também é dinâmico, por isso esteja sempre atento, pois mais importante do que a ideia em si, é a maneira como você executa e reformula essa ideia, uma vez que ela pode ser facilmente copiada, neste caso, a saída mais inteligente é competir com inovação, que nada mais é do que a tentativa de resolver novos problemas. Novos concorrentes surgirão, fortaleça seu diferencial competitivo e aumente a "barreira de entrada" do seu negócio. Não tenha medo de expor suas ideias, você não pode escondê-las embaixo da cama, elas precisam ser notadas e, mesmo que a cópia aconteça, as ideias não terão o mesmo efeito para quem copia, pois não foram geradas com a mesma

Carine Göettert

paixão que tem em você, e mesmo que tivesse, seu negócio já tem uma identidade, é nele que você deve focar.

Abrir e conduzir uma empresa, apesar de realizador, não é uma tarefa fácil. Prepare-se para trabalhar muito, dormir pouco, comer quando lembrar, errar muitas vezes, não ter uma resposta adequada quando deveria e, até não saber o que fazer em determinados momentos, sim, eu disse não saber o que fazer. Mas não entre em pânico, isso é natural e acontece com os melhores empreendedores, uma solução para momentos de decisões difíceis e delicadas, é buscar opiniões de pessoas experientes, que já passaram por situações semelhantes à sua. Por diversas vezes busquei alguns mentores que me deram conselhos extremamente valiosos, pois acredito que na multidão de conselheiros há sabedoria.

Realmente iniciar um novo negócio é uma tarefa árdua, primeiramente existe uma enorme chance de não dar certo, você precisa pagar pra ver, aliás, em geral, pessoas que não cometem erros são aquelas que não correm riscos suficientes. Para empreender, você precisa saber correr riscos, embora o ideal seja sempre assumir riscos calculados, nem sempre esta será a realidade. A vida do empreendedor é cheia de desafios, a cada dia algo novo se apresenta, é preciso muita dedicação e persistência, pois os objetivos embora pareçam fáceis, levam tempo a serem atingidos.

Então chega o momento de aumentar a equipe, é necessário encontrar pessoas que se apaixonem também pelo projeto. A falta de uma equipe engajada pode comprometer tudo que foi idealizado em termos de negócio. Mas uma dica, não procure por pessoas que atendam todas suas expectativas, você provavelmente ficará sozinho. Empenhe-se em engajar os colaboradores para que sonhem a empresa junto com você, assim eles se sentirão parte desse projeto e acrescentarão inestimável valor à empresa.

É interessante que todo negócio começa com uma pessoa e uma visão, e isso que antes era apenas uma ideia, torna-se uma realidade capaz de alcançar bilhões de pessoas, como é o caso do Facebook e da Apple. Não existe limite para a mente humana, e isso é fabuloso. Precisamos pensar de maneira empreendedora, buscando identificar soluções que ainda não foram pensadas.

Quero compartilhar alguns princípios de empreendedorismo que desenvolvi nesta jornada empreendedora.

20 princípios básicos do empreendedorismo que funcionam:
1. A chave do sucesso está nas pessoas.
2. Depois do erro, a vida continua.

Damas de Ouro

3. Encontre o que o motiva, inspiração é a melhor injeção para prosseguir em momentos difíceis.
4. A solução está nos detalhes.
5. Pequenas ações bem feitas, geram algo grandioso.
6. Na multidão de conselheiros há sabedoria.
7. Você não precisa saber tudo.
8. Humildade atrai coisas boas.
9. Há sempre algo a ser melhorado.
10. A concorrência pode ser seu maior aliado.
11. Descubra seu diferencial competitivo e invista nele.
12. Viva um dia de cada vez, mas visite seguidamente o futuro, lá está o inédito.
13. Planejamento é a raiz de qualquer projeto.
14. Coloque paixão, ela é o tempero que se sente antes de experimentar.
15. O impossível é apenas uma questão de ponto de vista.
16. *Networking* encurta diversos caminhos.
17. Plano de Negócio deve ser escrito, a lápis.
18. Nos negócios, não existem recompensas pela intenção, somente por resultados.
19. Conheça seus pontos fracos, para não ser pego de surpresa por eles.
20. Não desperdice uma oportunidade, ela raramente se apresentará novamente.

Não existe mágica, empreender é inspiração e muita transpiração, é aprender e recomeçar, é tentar incansavelmente, porque o motivo da ação (motivação) não é apenas o resultado, mas a paixão pelo seu negócio.

Procure suas paixões, olhe com mais atenção àquilo que normalmente lhe interessa, identifique suas eficiências, mergulhe nessa descoberta e então comece lentamente a lapidar o diamante do talento, mas esteja preparado para as dores desse processo. Lembre-se: não há como nascer sem dor, gerar uma empresa é um processo desafiante, não tente acelerá-lo demais, apesar da vontade de "virar gente grande", o crescimento exige patamares diferentes de estruturação. Um passo maior que a perna pode colocar em risco a qualidade dos produtos ou serviços prestados e até mesmo inviabilizar o seu negócio. Empreender é andar milhas e milhas, cruzar pontes, elevadas e vales, mas a pé.

Os empreendedores de fato, ou aqueles que têm espírito empreendedor, não devem querer empreender qualquer coisa, de qualquer jeito. Precisamos ampliar as dimensões do que queremos alcançar e deixarmos de lado aquela velha mentalidade de sobreviver no seu negócio, visando apenas cobrir gastos mensais. Quem serão as próximas Gerdau's, Natura's, Totv's, Redecard's e Bradesco's do Brasil? Não se trata de uma jornada fácil, pois quando se almeja chegar longe, os desafios tornam-se mais sofisticados, mas se alguém conseguiu, isso nos mostra que é possível.

Seja coerente com seus objetivos, comece respondendo a esta pergunta: você quer ter uma empresa do seu tamanho? Se a resposta for não, então é imprescindível que você se preocupe em passar adiante seu conhecimento, do contrário, seu negócio vai evoluir até o seu limite de acompanhamento. Compartilhe informações, leve observadores para reuniões importantes, faça aulas práticas no táxi, compartilhe suas experiências no almoço. Encontre pessoas melhores que você para assumir diversas áreas do seu negócio, transmita poder de delegação e se concentre naquilo que você faz melhor.

É importante salientar que não existem fórmulas de sucesso, mas existem aprendizados amadurecidos de pessoas que já trilharam o caminho do empreendedorismo. É importante conhecer essas experiências, de acertos e tropeços, para que possamos analisar soluções, adaptá-las e reproduzi-las, a fim de ampliarmos os horizontes da nossa jornada.

E se você leitor, me perguntar se tudo isso valeu a pena, eu prontamente responderei: VALEU! Eu amo estar na frente do meu negócio, influenciar e desenvolver pessoas, ter a possibilidade de oferecer algo novo e que exceda a expectativa do meu cliente. É maravilhosa a sensação de fazer aquilo que se ama. Se quiseres começar, uma boa dose de empreendedorismo pode ajudá-lo! E não se esqueça, nós somos do tamanho dos nossos sonhos e ninguém irá conquistar o seu sonho por você!

Empreendedorismo é um tema inesgotável e falar de um assunto tão complexo, em tão poucas palavras, soa até como uma provocação. Mas deixo a você leitor, o estímulo para refletir, estudar, aprender e experimentar mais sobre a tarefa de empreender, o Brasil agradece.

"Duas estradas divergiam em um bosque, e eu escolhi aquela menos percorrida, o que fez toda a diferença". (Robert Frost)

Espero ter contribuído para inspirar você que quer realizar o sonho de empreender. Que essa breve história possa servir de encorajamento para a concretização de seus sonhos. Será um prazer receber o seu *feedback*. Forte abraço!

Damas de Ouro

8

Caminhos de autodescobertas e de seu propósito de vida em uma viagem inesperada

Em algum momento da vida chegamos em um ponto que certas verdades já não cabem mais. Um certo vazio aflora e você começa a se questionar. É o seu propósito de vida convidando-o a fazer uma viagem fascinante dentro de si em busca dessas respostas. Bem-vindo! Começa agora a grande viagem da sua vida: contribuir de forma significativa para este planeta. O seu propósito é o elixir da sua vida. Desfrute-o sem moderação!!!

Carla Morgado

Carla Morgado

Bacharel em Administração com ênfase em Comércio Exterior, MBA em Comércio Internacional pela Universidade de São Paulo (USP). Desenvolveu sua carreira nas áreas de Purchasing e Procurement e atuou em empresas multinacionais como ABB, Philips e HSBC. Participou de diversas rodadas de negociação nos Estados Unidos, Suécia e em países latino americanos e atuou como palestrante em workshops sobre melhorias da gestão dos processos de compras nestes países. Practitioner em PNL pela Sociedade Brasileira de Programação Neurolinguística. Possui vivências focadas em coaching, desenvolvimento pessoal, treinamentos comportamentais e de gestão de equipes. Apaixonada pela Kabbalah, participou de eventos em Israel e nos Estados Unidos. Atualmente participa ativamente de estudos na área da Física Quântica com foco na Mecânica Quântica e seus princípios aliados à vida pessoal e à transformação do ser.

Contato
www.carlamorgado.com.br

Carla Morgado

Quando fui convidada para participar deste projeto, fiquei pensando o que poderia escrever, qual ou quais experiências contaria, pois o grande fascínio da vida é que somos únicos, ninguém neste mundo é igual a você. Nem mesmo gêmeos univitelinos.

Então, resolvi que não contaria uma determinada experiência em um projeto ou em alguma empresa e sim um momento primeira pessoa em uma viagem inesperada. Afinal mesmo que alguém quisesse fazer da mesma maneira, nunca o faria. Pode até ter o mesmo resultado, mas o passo a passo, a vivência nunca será exatamente a mesma.

Certa vez, resolvi ir sozinha para a Nova Zelândia, somente com passagens compradas e sem reserva de hotel. Chegando ao aeroporto, busquei um lugar para ficar, mas o tempo em Auckland estava muito feio e chovia sem parar. A época era de verão e nem me lembro de ter checado a previsão do tempo, afinal verão é sinônimo de tempo bom.

Passei um dia de reconhecimento da cidade sob chuva e decidi que pararia na primeira agência de turismo que encontrasse no caminho e iria para qualquer outro lugar onde encontrasse tempo bom. Chegando à agência foi apresentada a uma promoção para as Ilhas Fiji. No dia seguinte, lá estava eu rumo ao sol com algumas peças de roupa e um caderninho de anotações de viagem. Passei a semana em uma das inúmeras ilhas de Fiji. Era uma ilha bem pequenina, com apenas um único hotel, sem acesso à internet, sem telefone que realizasse chamadas internacionais, o que me proporcionou o convívio muito intenso com os nativos.

Vou contar a vocês a bagagem que trouxe de lá. Essa bagagem não me trouxe os transtornos frequentes de excesso de bagagem que sempre enfrentei nos aeroportos e sim me trouxe mais leveza na alma. Minha primeira lição aprendida logo de cara foi que por mais que você planeje, faça estratégias, planos de ação, analise meticulosamente cada prós e contras, em algum momento a vida vai surpreendê-lo. Ficar preso à necessidade de controlar tudo só vai torná-lo refém dos seus medos, das suas incertezas diante do que pode ou não ser.

O que posso dizer é que ninguém estará imune dos percalços da vida. A questão não é o que acontece de ruim e sim como encaramos e reagimos diante dos fatos da vida. Isso sim fará toda a diferença e está no nosso controle.

Desde pequenos somos preparados para ter uma vida perfeita seguindo um padrão já estabelecido há muitos anos pela sociedade. É uma espécie de receita de bolo já com todas as etapas pré-determinadas. Somos criados para sermos perfeitos e com uma vida perfeita, mas um dia nos damos conta que algo ocorreu fora do planejado. E aí, o que vem a seguir? O que vem a seguir é o que eu chamo de aprendizados.

Damas de Ouro

Chegando lá, fui recebida calorosamente pelos nativos, olhares estranhos, mas não de desconfiança e sim de curiosidade. Veio-me à cabeça que desde cedo fui atrás de respostas, a todo momento a vida me brindava com novas perguntas numa incessante e frenética busca de informações. Queria conhecer tudo ao mesmo tempo, pular etapas, aliás etapas para quê? E o meu mundo particular já não era mais suficiente e aí a vontade de ultrapassar fronteiras tanto de lugares como de experiências.

Comecei a viajar muito, conhecer o que estava além do meu espaço físico, saber o que havia além de fronteiras que não passam de meras linhas imaginárias convencionadas pelo homem. E entender quais são as diferenças entre uma pessoa que vive em uma cultura tão diferente e em um lugar tão distante.

Claro que hábitos, culturas são diferentes e essa diversidade contribui para que possamos ter uma visão mais holística e compreensiva, mas no fundo, o ser humano em qualquer lugar, sente, ri, chora, se alegra, se desespera e, principalmente, o ponto em comum entre todos: tem uma necessidade genuína de ser amado. Naquela ilha, não falávamos a mesma língua, mas um sorriso valia mais que um milhão de palavras.

Nessas caminhadas diárias, descobri que a gente pode ter um poder de adaptação muito grande, até nos lugares mais inóspitos do planeta. Essa adaptação vale para muitas situações em nossa vida.

Quem nunca pensou em mudar de um trabalho onde não estava mais feliz e não fazia mais sentido? Tudo é uma questão de se permitir e, principalmente, ter a coragem de sair de um lugar quentinho, aconchegante, com vista para o mar ou para as montanhas (você decide) chamado zona de conforto.

Comecei a percorrer a experiência de vida dos funcionários do hotel. Um deles me falou que diariamente tinha uma atividade que chamava *feeding fish* e perguntou se gostaria de ir. Nem pestanejei. Saímos com um pequeno barquinho com fundo transparente e ao olhar e sentir a alegria daquele homem pilotando seu barquinho para aquela solitária turista me fez refletir que de tempos em tempos sempre me questiono sobre a vida que estou levando, se os meus desejos e sonhos ainda fazem sentido ou se é hora de renová-los, de desconstruir minhas verdades que não fazem mais sentido (sim, me permito mudar de ideias), de pedir licença para essa vida robotizada que nos deixamos muitas vezes nos levar.

Ai é que devemos nos perguntar: para que e por quê? O porquê é o mais importante. Há de se entender os motivos ao invés de julgar as escolhas. As razões vêm primeiro e os resultados depois.

Se a razão for muito forte, seremos movidos por uma mola

Carla Morgado

propulsora de ação e realização e o querer muito forte que alimentará toda e qualquer dificuldade e, com certeza, você a enfrentará com mais alegria, pois cada dia que passa será mais próximo do que você deseja. Para aquele homem, alimentar os peixes diariamente era o mais sagrado de tudo.

Independente da sua religião, crença, filosofia, o mais mágico desta vida é você realmente ter um propósito. Até mesmo as empresas têm sua missão e valores.

Não importa o tamanho e a dimensão do seu propósito, pois para você será o maior e o melhor do mundo e sim o que importa é a paixão e o amor que você se entrega a ele.

A única certeza que temos é que nada é imutável nesta vida e que viveremos um tempo determinado onde temos a chance de espalhar o que acreditamos que possa melhorar este mundo e a vida das pessoas. É o que eu chamo de legado.

No dia seguinte fui à base de mergulho da ilha. Fui apresentada ao mergulhador de lá. Ele me contou que depois de 15 anos de um trabalho onde era extremamente infeliz em uma grande empresa e tanta cobrança por perfeição, ele decidiu que era hora de mudar e seguir sua paixão pelo mergulho.

Durante o trajeto até o local do mergulho, conversamos sobre encontrar nosso verdadeiro propósito de vida, nossa verdadeira missão aqui na Terra e que essa tarefa não é nada fácil. Muitos passam anos e anos sem descobrir, quando o que mais importa é deixar a ansiedade de lado e deixar essa questão fluir.

Você perceberá pelos sinais mais incríveis e incomuns como uma conversa que escuta na mesa ao lado em um restaurante, a letra de uma música, uma matéria em uma revista ou jornal e subitamente aquilo que chamamos de *insights* começam a surgir.

Outra pista bastante favorável vem dos seus verdadeiros amigos, sim, aqueles que realmente falam a verdade para a gente, doa a quem doer, dão *feedbacks* do que você faz mal, mas também do que faz bem e faz tão bem e tão naturalmente, que nem sente. Já está imbuído no seu ser, na sua alma e, por isso, já nem percebe mais.

Grandes líderes foram movidos por grandes propósitos e mudaram a história de pessoas, povos, nações. Deixaram um legado atemporal e seus ensinamentos perpetuarão independente de geração *baby boomer*, X, Y, Z e todas outras que virão, pois aprendizados realmente profundos têm vida própria, não têm época e nem data de validade.

Na manhã seguinte tinha acordado cedo para ver o sol nascer e após assistir esse belo espetáculo que a Natureza me deu, já estava atrás dos funcionários do hotel, procurando por mais atividades.

Damas de Ouro

Eles perguntaram receosos se queria aprender a pescar, parecia estampado na cara deles que diria não, mas quem está na chuva é para se molhar, ou melhor, quem está em uma ilha quase deserta no meio do oceano tem que aproveitar.

Logo encontramos outros barcos, olhares estranhos dos pescadores. Ensinaram-me o passo a passo da pesca e foi incrível presenciar a ajuda mútua nas tarefas do barco, no preparo dos alimentos que consumiam, com a limpeza e o cuidado com os artefatos de pesca.

No final já em terra firme, eles ficavam em roda, colocavam os peixes e crustáceos pescados no meio da roda, agradeciam pela pesca, batiam palmas, cantavam e se abraçavam e para encerrar tomavam uma bebida típica da região.

O pescador me contou que esse ritual acontecia todos os dias, mesmo nos dias menos fartos de pesca e até mesmo nos dias de tempo ruim onde a pesca se tornava impraticável.

Comecei a refletir que ninguém brilha sozinho. O nosso sucesso depende de influências e ajuda externas. A famosa estrela solitária é muito triste. A vitória tem um gostinho especial quando é comemorada e partilhada com muitos. Sim, devemos sempre celebrar cada acontecimento, por menor que você considere ser.

O prazer tem que advir das coisas mais simples da vida pois até mesmo beber um chá bem quentinho pode se transformar em um ritual, tudo depende da forma como você faz isso.

Nesta caminhada de descobertas e de muito trabalho, nos deparamos com momentâneos insucessos, os famosos "não deu certo" que nada mais é que um terreno fértil, uma vastidão de oportunidades que um dia sequer pensamos existir. Ficamos presos em pequenas estruturas de pensamento, viciados em uma cegueira egóica que não nos possibilta retomar e seguir adiante quando, na verdade, as dificuldades são uma sábia bússola para enxergar o todo. A diferença entre nós pobre mortais e as pessoas que fazem diferença no mundo é o tempo de reação mediante esse fatos, a rapidez de retornar ao seu centro de equilíbrio. Ou você acha que essas grandes pessoas que admiramos não passaram por dificuldades?

Passaram por inúmeras! Mas nem dão importância, pois sabem que cair faz parte do pacote, pois é o impulso da queda que nos move e nos torna mais fortes. É como praticar exercícios físicos, quanto mais treinamos, mais rápido atingimos nossos objetivos. Ahhhhh, e com uma dose de disciplina. Em um dos últimos dias, decidi que já era hora de buscar por tantas atividades e que era o momento de ficar sozinha e que este dia seria um grande encontro comigo mesma. Passei o dia sozinha, prestando atenção a cada detalhe daquele lugar. Estava com um lanchinho preparado gentilmente pela cozinheira do hotel e isso me permitia ficar horas e horas sozinha. Em alguns momentos, é estranho, mas quando você se entrega à experiência, descobre novas nuances e a solitária capacidade de se reinventar.

No final da tarde, sentada em uma pedra, com as ondas do mar batendo fortemente, penso que conheço muita gente, senão uma grande maioria que deixou de conhecer lugares fantásticos por falta de companhia ou pela famosa procrastinação, daquela coisa de vou sempre começar o regime na próxima semana, posterga o curso ou uma viagem para o próximo feriado ou nas próximas férias, sempre deixando para um dia que nunca acontece.

Acredito que isso é um grande medo de ficar com você mesmo, de se fazer companhia. Que tal se enfrentar um pouquinho, hein?

A autoestima tem o poder de nos deixar mais criativos e ajudar as pessoas a nossa volta. Não estou falando da autoestima arrogante onde só o que importa é você e mais ninguém, aquela velha máxima de "você em primeiro lugar sempre" e sim da autoestima que reverbera positivamente na sua vida e em todos a sua volta e serve de exemplo de confiança para seguir com seus sonhos e fazer um mundo melhor.

Damas de Ouro, artesãs de sua própria vida

Durante esses dias de viagem, não pude deixar de comparar as mulheres ocidentais com as artesãs de Fiji. Essas mulheres passam horas a fio, modelando, remodelando, pintando, construindo, des-construindo, forjando e polindo suas peças.

Mulheres são mais exigidas em todos os setores da vida. E tudo que é mais exigido tem chance de se tornar muito melhor e se torna um eterno lapidar.

Não é de se espantar a trajetória vitoriosa de tantas mulheres onde o simples fato de ser mulher já é um deserto árido a ser per-corrido, sem direito a uns minutinhos de oásis para desfrutar.

Porém, onde há dificuldades com certeza encontramos mais oportunidades e, consequentemente, mais criatividade e flexibilida-de. O que nos diferencia como mulheres é a grande capacidade de enxergarmos o mundo a nossa volta com os olhos e a genética de quem possui a capacidade de gerar um ser. E, com certeza, todas as mulheres tanto brasileiras como fijianas e de todo o mundo, que de alguma forma se superam e buscam seu melhor são Damas de Ouro.

É só pensar no ouro e suas características.

O nome Ouro vem do latim, "Aurum", é um metal original, de grande raridade, cores encantadoras, possui um caráter distinto, suave brilho metálico, resistência às adversidades, grande capaci-

Damas de Ouro

dade de exequibilidade e, ao mesmo tempo, tão suave e maleável e de valor excepcional. Foram essas características e muitas outras não citadas aqui que fizeram o ouro um metal tão nobre, símbolo de riqueza desde milhares de anos antes de Cristo. Assim deveriam ser os líderes, como o ouro e suas propriedades. O líder com as características do ouro e que, ao mesmo tempo, tem habilidades de uma verdadeira artesã, que gosta de sua arte e que se supera a cada trabalho dando o melhor de si mesmo e transforma o metal, extraindo o que há de melhor em suas equipes. Uma liderança em qualquer ambiente e contexto é algo que a maioria não tem noção da magnitude e abrangência da rede de pessoas envolvidas. Podemos influenciar e modificar a vida dos outros e esses com todas as pessoas do seu meio. Muitos líderes não têm consciência do quanto de aprendizado podem se proporcionar, não percebem que quando verdadeiramente nos abrimos para ouvir, mais descobrimos sobre nós mesmos e ao aprendermos a aceitar críticas, descobriremos o melhor de nós mesmos e tudo a nossa volta evolui. Acredito que nós mulheres podemos e temos o dever de cada vez mais tornar realidade a verdadeira liderança em nossos meios e ambientes de atuação, desde uma artesã a uma executiva. Esse é o meu propósito de vida, pois meus valores são pautados no ser humano, no desenvolvimento de suas potencialidades e de superação pessoal na busca por um mundo melhor e mais feliz.

Viva intensamente o seu roteiro de viagem

Essa viagem me marcou e foi um verdadeiro fio condutor de uma profunda experiência de vida e ficará eternizada em meu coração toda a beleza e simplicidade daquela ilha tão distante da minha realidade. Mas tão cheia de propósitos significativos e aprendizados singulares. O caminho da sua própria liderança e de seu propósito de vida é um exercício diário, sem direito a férias. Portanto, muitas vezes precisaremos chegar ao caos para saber o que a gente realmente quer fazer e qual caminho a seguir. Não deixe o medo, o orgulho e a preguiça paralisar você. Esse é o seu momento de poder (nem antes, nem depois), pois é aqui e agora que pode dar o melhor de si.

A gente só pode conhecer o sucesso quando experimentou o fracasso. Permita-se sempre e a todo momento corrigir sua rota.

Lembre-se de se divertir e se curtir ao longo do caminho: isso é o mais importante! Ao acordar, não seja mais um na face da Terra. Seja você com um propósito, simplesmente seja para si mesmo e para mais ninguém. Eu acredito em você! Você acredita?

9

Experiências de sucesso com o desenvolvimento da liderança feminina

A experiência como empresária e educadora sexual ajudando mulheres a desenvolver sua inteligência feminina de liderança mostrou que conciliar os desejos individuais das pessoas às necessidades da empresa, mantém as pessoas energizadas para aplicar as suas habilidades e novos conhecimentos nos processos da organização

Carmen Janssen

Carmen Janssen

Pedagoga e sexóloga, especialista em andragogia. Pós-graduada em pedagogia empresarial/Centro Universitário Claretiano, pós-graduada em educação sexual/Inst. Bras. Int. Sexologia e Medicina Psicossomática/ISEXP e Faculdade Medicina/ABC. Especialista em terapia sexual/Centro de Psicologia e Sexologia/CEPSISEX, Colômbia. Conferencista internacional. Palestrante há 20 anos, já esteve na Espanha, França, Portugal, Colômbia, Argentina e Peru. Autora de dois livros de educação sexual para adultos. Docente dos cursos de pós-graduação de Educação e Terapia Sexual Lato Sensu/ISEXP. Título TESH - especialista em sexualidade humana pela Sociedade Brasileira de Estudos em Sexualidade Humana. Foi consultora de comportamento no Programa Hoje em Dia da TV Record. Coach de Mulheres e idealizadora do grupo Empreendedoras do Milênio. Coach pelo Integrated Coaching Institute, Master Practitionner em PNL/ACTIUS, credenciado Inst. Sádhana/Espanha. Estudou psicanálise na Soc. Psic. Analítica de Grupo/Campinas. Bacharel Letras/PUCCAMP.

Contatos
carmenjanssen.com.br
contato@carmenjanssen.com.br

Carmen Janssen

Experiências e aprendizados: de "professora mirim" a escritora, coach de artistas e conferencista internacional

Ajudar pessoas a desenvolver seus potenciais é algo que comecei a fazer, de maneira espontânea, desde muito jovem em minha vida, quando eu ainda nem tinha consciência disso. Quando criança, eu gostava de brincar de escolinha e com uma pequena lousa que havia ganhado dos meus pais, ajudei minhas coleguinhas a melhorarem suas notas na escola.

Comecei a trabalhar aos dezesseis anos de idade como vendedora em uma loja de tecidos. Posteriormente, trabalhei no crediário de uma grande loja de departamentos, fui bancária e secretária em uma multinacional francesa, na qual fui responsável pelo treinamento de estagiárias de secretariado e pessoal administrativo terceirizado. Nesta última, trabalhei em recursos humanos e em departamento de qualidade.

Quando me casei, consegui uma licença dessa empresa e fui morar em Paris, onde estudei em duas universidades, no Institut Catholique e na Sorbonne. Em paralelo, participava como ouvinte, em encontros esporádicos, de debates sobre psicanálise, nos conhecidos Cafés Psico de Paris.

Tive também a oportunidade de fazer um excelente curso de prevenção para a saúde ginecológica da mulher. Tema que me aprofundei, muitos anos mais tarde no Brasil, tendo desenvolvido um trabalho semelhante para mulheres em nosso país.

Quando retornei ao Brasil, continuei trabalhando na mesma empresa por mais dois anos. À noite, dava aulas particulares de francês.

Porém, buscando por novos desafios, investi em um imóvel em um centro comercial para abrir, em sociedade com o meu marido, uma empresa de varejo, especializada em Perfumes e Cosméticos importados.

Missão e valores

Durante os dez anos em que fui empresária, sempre treinei pessoalmente e de maneira periódica, as minhas consultoras. Todas elas recebiam treinamento especializado sobre o universo dos perfumes, tratamentos de beleza e técnicas de vendas que iam, desde a maneira como segurar corretamente um frasco de perfume, à postura diante dos clientes (inclusive os de difícil trato).

Mas, como elas eram ainda muito jovens, tinham entre 21 e 23 anos, eu percebia que, às vezes, elas se sentiam um pouco inseguras ou constrangidas, quando estavam diante de clientes mais exigentes ou de elevado status social.

Damas de Ouro

Por essa razão, sempre priorizei em meus treinamentos os aspectos emocionais da minha equipe, pois são eles que fazem as pessoas "funcionarem". Um dos meus principais desafios era sensibilizar as minhas funcionárias para o fato de que elas estavam trabalhando em uma empresa que tinha uma causa maior, a valorização das pessoas, tanto no ambiente interno da empresa, quanto no externo.

Eu ficava atenta às dificuldades e talentos individuais, estimulava um clima de confiança e de certa maneira familiar, o que contribuiu para estabelecer uma forte aliança entre a equipe.

Mulheres gostam de falar sobre relacionamentos, elas têm o poder da empatia e da intuição, além de que costumam ser colaborativas. Valendo-me dessas características femininas, eu as ajudava a desenvolver suas habilidades, aplicando ferramentas para incrementar a sua autoestima e delegando responsabilidades.

Quando as pessoas têm maior liberdade de decisão, elas se sentem úteis e se tornam mais produtivas.

Ou seja, mais do que informações sobre os produtos e as técnicas básicas de vendas, meus treinamentos tinham como base a promoção da valorização pessoal, o bem-estar e a socialização.

Aos poucos, elas iam superando a timidez e percebendo que, apesar de serem ainda tão jovens, eram capazes de prestar um excelente atendimento, para quem quer que fosse, pois tinham consciência de que todas as pessoas são importantes, inclusive elas.

Aos poucos, os resultados começaram a impactar de maneira positiva nas vendas, pois elas adquiriam maior desenvoltura durante o atendimento. Ingrediente que conferia credibilidade ao serviço, trazendo maior satisfação e fidelização dos clientes.

Aprendi que ao conciliar os desejos individuais das pessoas às necessidades da empresa, eu mantinha a minha equipe energizada para aplicar as suas habilidades nos processos da organização.

Vale destacar que ao adquirir um perfume ou produto de beleza, as pessoas buscam mais do que cuidados pessoais, elas querem, acima de tudo, realizar sonhos, que vão desde encantar, seduzir, ter status ou poder a incrementar a autoestima.

Ou seja, o universo dos aromas envolve emoções e a nossa função era oferecer ao cliente orientação especializada, que ia desde a escuta ativa e sensível, ao fornecimento de informações sobre notas de perfumes, para ajudá-lo a fazer a melhor escolha.

Esse modelo de atendimento estimulava em nossos clientes o desejo de compartilhar experiências pessoais relacionadas a lembranças olfativas, transformando o ato da venda em um momento de cumplicidade e encantamento com diálogos recheados dos mais variados sentimentos.

Carmen Janssen

Pouco a pouco, minha loja foi se tornando um local de encontros para bate-papos agradáveis e muito interessantes sobre as relações humanas.

Logo, decidi organizar encontros mensais em minha chácara, com as clientes que desejassem aprofundar os temas. Parei de lecionar o francês e me inscrevi em um curso de psicanálise.

E, por que o grupo era, exclusivamente, feminino?

Porque, ao contrário dos homens, a mulher recebeu ao longo da história um tipo de educação que privilegiou a valorização do afeto nas relações familiares e sociais, o que corroborou com certas características genéticas femininas e permitiu que elas adquirissem maior interesse e facilidade para lidar com os sentimentos e as emoções.

Tomada de decisão e novos desafios

O nome do nosso grupo era *Mulheres de Autoestima Elevada*. Durante os encontros ficou evidenciado que a sexualidade era um tema que não podia mais ser adiado.

Aos poucos, fui me preparando para uma importante decisão, passar a minha empresa para outro investidor.

A empresa me trouxe aprendizados, lucro e realizações. Mas, limitava a realização do meu sonho de continuar ajudando as pessoas a desenvolverem seus potenciais, o que exigiria que eu continuasse estudando, além de ter mais tempo para viajar e atender a demanda. Finalmente, após dez anos de dedicação, decidi passar o negócio para frente.

Meu próximo passo foi especializar-me em sexologia. Fiz duas especializações, sendo uma no Brasil e outra no exterior.

As pessoas, às vezes, me perguntam como foi a transição ao trocar um papel de liderança de uma década, no segmento de comercialização de produtos, para a área de educação de adultos.

Sempre esclareço que durante toda a minha trajetória profissional, em nenhum momento, deixei de trabalhar com o desenvolvimento de pessoas. Afinal, a educação é a paixão que faz bater mais forte o meu coração, minha verdadeira missão de vida.

Novos desafios: saindo dos padrões com inovação e muita ousadia

Influenciadas pelas regras de conduta do passado e inquietas com as exigências do presente, as mulheres em nosso país passaram, cada vez mais, a buscar por informações que as ajudassem a conciliar, não somente, família, trabalho e estudo. Elas queriam mais afeto na relação amorosa e melhor qualidade de vida sexual.

Damas de Ouro

Queriam desenvolver a autoestima, a sensualidade e aprender mais sobre a sexualidade. Contudo, a maioria delas ainda tinha uma visão estereotipada sobre esses temas, devido à influência da sociedade e dos meios de comunicação.

Nós, mulheres, somos constantemente bombardeadas por falsas imagens de beleza, sucesso e sensualidade, até as mais bem informadas sucumbem ao apelo da Vênus. Diante de tanta sedução que o mercado oferece para "elevar" a autoestima da mulher e "transformá-la" em um ser mais "desejável", confesso que enquanto educadora foi e continua sendo um desafio fazer o caminho contrário, aquele que conduz ao autoconhecimento e à reflexão.

Com muita ousadia, para não dizer coragem, desenvolvi um trabalho de educação e orientação sexual para mulheres, pioneiro em nosso país, com temas diferenciados que vinham ao encontro dos interesses e demandas das mulheres.

Com teoria embasada, reflexão e dinâmicas corporais específicas, os temas apresentavam uma abordagem participativa-emancipatória, que aliava conhecimento científico com ludismo, o que não era comum naquela época nessa área, e que despertou o interesse de milhares de mulheres em todo o país. Além de ter atraído o interesse de muitas profissionais, que saíam de seus consultórios de medicina, psicologia e fisioterapia para conhecer melhor o meu método.

Algumas dessas profissionais, motivadas por esse trabalho, também passaram, mais tarde, a reunir mulheres em suas cidades, expandindo a sua atividade laboral.

Ou seja, ao apresentar uma proposta educacional inovadora, quebrei o preconceito de que aquele que estuda a sexualidade por meio de processos científicos não pode ou não deve misturar técnicas que o exponham, e que aquele que propõe a prática, não é um estudioso.

A educação sexual ampliando horizontes

Felizes, ao perceber mudanças significativas em suas vidas, as mulheres passaram a levar as minhas palestras para as empresas onde trabalhavam, pois elas começaram a perceber que a sexualidade era algo mais amplo do que imaginavam e que o seu desenvolvimento traz resultados positivos para todas as áreas da vida.

O autoconhecimento e a superação de mitos estimulou nelas um comportamento mais autêntico e espontâneo no ambiente corporativo, sendo percebido pelos próprios colegas de trabalho. As mais tímidas aprendiam a sorrir e a olhar mais nos olhos das pessoas, criando maior visibilidade de sua imagem no ambiente organizacional e, executivas isoladas se aproximavam mais de suas equipes.

Ao adquirir mais poder pessoal, as mulheres passaram a explorar suas habilidades inatas com maior liberdade e segurança (comunicação, empatia, intuição, socialização), imprimindo, dessa maneira, a sua marca pessoal.

Repercussão na mídia e no exterior

Fui consultora de comportamento do quadro *Transformando a Relação,* do Programa Hoje em Dia da TV Record, onde que eu ajudava casais a se harmonizarem. Atrizes e celebridades das maiores emissoras da TV brasileira passaram a procurar meus serviços de consultoria e *coaching.* Também passei a ser convidada a ministrar conferências em congressos internacionais de sexologia.

Em 2005, lancei o meu primeiro livro de educação sexual, *Massagem Sensual para Casais Enamorados,* escrito com sensibilidade, visa estimular o autoconhecimento via experiência sensorial, além do respeito mútuo nas relações, o afeto e o erotismo do casal. Sua elevada receptividade me levou ao Programa do Jô.

Em 2011, lancei *Inteligência Sexual,* no XIII Congresso Brasileiro de Sexualidade. Prático, o livro traz orientação especializada para o casal com enfoque na sexualidade da mulher, da juventude à maturidade, autoestima e saúde preventiva. Inclui exercícios pélvicos para a prevenção de incontinências urinárias.

Ambos são indicados para casais, por renomados especialistas brasileiros de sexologia. O foco principal do meu trabalho é o desenvolvimento do poder pessoal e profissional da mulher, embora eu ministre palestras para ambos os sexos.

Para algumas pessoas pode parecer que é muito fácil trabalhar com educação sexual no Brasil. Mas não é, pelo menos não para quem trabalha dentro de preceitos éticos e científicos. Ainda existem muitos tabus e preconceitos, porque muitas pessoas ainda não estão bem informadas sobre a sexualidade, o que muitas vezes impede a valorização desse trabalho que acaba sendo deturpado ou reduzido à simples informação complementar, quando na verdade se trata da essência da vida.

A sexualidade nas empresas

A empresa é um espaço social privilegiado para a educação sexual de adultos. Felizmente, muitos gestores já entendem que sexualidade e sexo não são sinônimos e permitem que suas equi-

Damas de Ouro

pes recebam informações relevantes para a sua qualidade de vida.

Vale ressaltar, falar de sexualidade é falar de cidadania, saúde preventiva, socialização, autoestima e bem-estar. É discutir sobre temas relacionados ao respeito que deve envolver todas as relações, em casa, na empresa e na sociedade. É, também, refletir e discutir sobre os direitos das mulheres, o assédio e o abuso sexual, o combate à violência urbana e doméstica. Além de problemas relacionados às drogas e álcool que, frequentemente, têm como consequência o absenteísmo nas empresas.

Em minha visão de empresária e educadora, penso que as empresas têm responsabilidade e condições de abordar os muitos problemas que afetam a sociedade. Mas, para que isso aconteça, é preciso que elas tenham interesse genuíno na promoção de uma vida mais sustentável para todas as pessoas.

Meus desafios são muitos. Mas, a disposição é grande para seguir em frente, junto às empresas que já avançaram nessa atual visão de mercado, de investir nas pessoas e não no empregado. Estas serão as primeiras a fazer a diferença na vida dos cidadãos e, também, as primeiras a colher os frutos.

10

As características de um bom líder podem ser aprendidas

É bastante motivador olhar para trás e ver os degraus que foram escalados ao longo dos anos na liderança. A dúvida que pairava em minha cabeça era "somos capazes de nos tornarmos líderes sem ter perfil de liderança e aprender as características de um bom líder?". Liderança é algo desafiador e complexo. Mesmo sem ter nascido com perfil de liderança, podemos observar, aprender e nos tornarmos líderes

Celiane Gonçalves

Celiane Gonçalves

Atua desde 1991 na área comercial com vendas e marketing e atuou também na área da saúde. Atua como Coach, Trainer, Palestrante e Educadora Financeira DSOP. É Practitioner em Programação Neurolinguística - PNL. Treinou mais de seis mil pessoas com temas sobre marketing, empreendedorismo, captação de clientes e vendas. Possui MBA Executivo em Gestão Empresarial pela FGV/PR. Como executiva, trabalhou em empresas na área de Terapia Nutricional, em que evidenciou sua marcante característica em lidar facilmente com pessoas, na organização e condução de equipes. Possui experiência no varejo e liderou times nas áreas de marketing e vendas para a captação de clientes em consultório, hospitais e em outras organizações. Ao exercer cargos de liderança, selecionou, treinou e gerenciou equipes de vendas em diversos Estados do Brasil para a realização da propaganda médica e venda de produtos de empresas como Support, Nestlé, Novartis, Baxter, Pro-Diet Farmacêutica, Nuteral e Darrow.

Contatos
www.celianegoncalves.com
marketing@celianegoncalves.com
(48) 9104-6329

Celiane Gonçalves

Sob o tema Desenvolvimento Intelectual apresento um pouco de minha trajetória, que culminou no desenvolvimento de um rico e valioso programa para informar, capacitar e estimular mulheres que desejam assumir cargos de liderança ou se tornarem líderes ainda melhores. Apresento aqui algumas das minhas importantes lições de vida e o que aprendi ao longo do caminho, o que moldou o meu próprio destino profissional e também de outras mulheres, por meio de exemplos, lições que inspiraram outras a lutar por mais crescimento, prosperidade e grandeza. Vence quem está mais bem preparado.

Questão de gestão - Sou realmente capaz de liderar?

Fui indicada na empresa onde eu trabalhava em 1991 para assumir a liderança da equipe. Eu tinha apenas 24 anos e estava despreparada. Sabia que era uma atividade de profunda responsabilidade e que os resultados da equipe dependeriam muito de uma boa liderança. Não tinha experiência para lidar com questões comerciais, apresentava poucas noções de planejamento, não conhecia sobre marketing e não sabia vender. Mas tinha muita facilidade em me relacionar e lidar com pessoas. Porém, para liderar pessoas, integrá-las, acreditava que pouco teria para contribuir. Busquei então agilizar a aquisição de conhecimentos que eram indispensáveis para que o meu trabalho de fato gerasse valiosas contribuições e tivesse, como consequência, melhores resultados. Desejava muito me tornar uma líder eficaz, respeitada, que contribuísse mais com a equipe e que gerasse mais resultados positivos para todos.

Investi no desenvolvimento das qualidades do líder eficaz, em que está incorporada a essência do líder. Sabia que eu deveria segui-las com determinação para liberar o meu potencial de liderança e são imprescindíveis para o desenvolvimento de qualquer liderança: visão, comunicação, habilidade no trato com pessoas, caráter, competência, ousadia, serviço, alta inteligência emocional e capacidade de influência.

O dilema

Por mais de 15 anos trabalhei com propaganda médica e com atividades de marketing de produtos nutricionais em empresas do ramo farmacêutico. Estava sempre em busca de novos desafios e que a área de Marketing combinava tanto a área de negócios com a curiosidade e criatividade, fatores que considero "energizantes"

Damas de Ouro

na minha atividade profissional. Após o MBA, pude colocar muitos ensinamentos em prática. Com isso foi possível superar complexos desafios de negócios e trazer mais valor para a empresa.

O trabalho era intenso, algumas vezes tenso, exigia muita dedicação, motivação, entusiasmo e muitos sacrifícios também devido às constantes viagens e a ausência da família. Havia hora para começar, mas não tinha hora para acabar, nem a certeza de um final de semana tranquilo.

Eu era demasiadamente cobrada pelo meu chefe para apresentar maiores e melhores resultados, assim como os demais colegas na empresa, e um dia ele falou para mim: "Celiane, você é ótima tecnicamente e tem conhecimento profundo de nossos produtos, mas o vendedor nasce pronto". Fiquei nitidamente abatida e não sei de onde tirei inspiração e retruquei que não concordava com a afirmação, falei que qualquer pessoa que treinar e se propuser a aprender mais sobre vendas poderá ser um excelente vendedor. Suas palavras me serviram como um grande motivador e me impulsionaram a superar as minhas limitações em várias áreas. Queria provar em primeiro lugar para mim mesma, que eu era capaz de me tornar uma boa vendedora. Treinei a exaustão. Saía junto com alguns de nossos bons vendedores para aprender mais, observava como faziam para convencer os seus clientes, entender as suas abordagens, ouvir as suas ideias. Li inúmeros livros, participei de treinamentos e palestras e realizei muito treino na frente do espelho para vencer barreiras como a timidez, insegurança, dificuldades de comunicação, um fraco marketing pessoal e até mesmo baixa autoestima. Minha formação técnica na área de nutrição contribuía para convencer tecnicamente os clientes, mas aprender a vender e negociar foi realmente o maior desafio.

O líder pode ser fabricado?

A timidez na adolescência, a insegurança, a baixa autoestima e a dificuldade de me expor foram limitações que me acompanharam até os primeiros anos da minha vida profissional, que se somaram ainda ao medo de enfrentar o desconhecido, o que gerava mais insegurança e um grande desconforto interno. Manter este padrão de comportamento estava prejudicando a minha carreira e poderia comprometer o meu futuro se eu almejava crescer. Passei então a observar mais as pessoas que eu admirava, desenvolvi novas habilidades, investi mais em cursos de aperfeiçoamento e de vendas e intensifiquei os meus estudos. Estava decidida a mudar, a fazer a diferença, eu queria contribuir mais e ser também desejada pelo mercado.

Sem ter ainda qualquer conhecimento sobre PNL (Programação

Celiane Gonçalves

Neuro Linguística), passei a usar a modelagem, uma técnica em que aprendemos os segredos da excelência comportamental. Eu observava o que as pessoas que eu admirava faziam de diferente para que eu obtivesse os mesmos resultados. Se eu gostava da maneira de falar de uma determinada pessoa, eu a moldava neste comportamento. Se eu apreciava a maneira de se vestir de outro, ou se o que me chamava atenção eram as suas ideias, a sua autoestima, entusiasmo, também copiava estes comportamentos. Quanto mais eu moldava as pessoas que eu admirava, melhor eu ficava, mais eu me soltava, me desinibia, e tudo aquilo passou a fazer mais sentido.

A decisão e os resultados

Acredito que a realização de anos de propaganda médica, o desenvolvimento da habilidade de vender e da comunicação, de ministrar cursos, treinamentos e palestras foi um dos principais fatores na construção de um histórico de trabalho para que eu conseguisse influenciar mais pessoas e com isso tivesse mais seguidores. Quando ocupei a minha primeira posição de liderança eu não podia apontar sucessos do passado e não tinha seguidores, sabia que precisava de mais preparo e que tinha que desenvolver um histórico de sucesso para gerar credibilidade. Ao assumir a segunda posição de liderança, já havia colecionado um histórico altamente positivo e podia apontar muitos sucessos do passado e que eram facilmente reconhecidos pelos meus empregadores, colaboradores, por alguns clientes, parceiros e também pela concorrência. Eu já possuía inúmeros seguidores e tinha consciência de que exercia influência positiva sobre eles, pois eles escutavam o que eu tinha a dizer.

Ao pedir demissão e deixar a minha primeira posição de liderança, por conta dos resultados que apresentara e do histórico positivo, fui convidada a trabalhar em duas grandes empresas, uma nacional e outra multinacional. Pude então escolher entre a que mais atendia às minhas necessidades e interesses e confirmou a minha percepção de que eu havia realizado um bom trabalho. Por inúmeros fatores, optei por trabalhar na empresa nacional, onde já ingressei em uma posição de liderança e com a responsabilidade de liderar equipes em diversos Estados do Brasil.

Se você quer liderar de maneira eficiente, tenha aliados. Faça com que todos se sintam respeitados, valorizados, lhes dê atenção e quando você conquistar o coração deles terá inúmeras pessoas trabalhando em seu favor e contribuindo para os seus projetos. Quanto mais aliados, mais rapidamente os projetos serão realizados.

Damas de Ouro

Aprendizados

Aprendi que a liderança está ao alcance de todos, que não é para poucos. Todos têm a capacidade de liderar, pois a liderança é um conjunto de habilidades que podem ser aprendidas, podem ser treinadas e desenvolvidas. Para liderar é necessário saber motivar, estimular, inspirar e mobilizar pessoas para ação.

É importante saber vender para liderar e para atingir as nossas metas de vendas, eu realizava de 20 a 22 visitas médicas por dia com qualidade. Quanto maior o número de médicos visitados, maiores eram as prescrições de nossos produtos e consequentemente, maiores as vendas. Nossos resultados evoluíram ainda mais. Ter aprendido a vender e o fato de eu ter me tornado conferencista alavancou os meus passos na liderança.

Devemos sempre valorizar os colaboradores e quando começamos a investir mais incessantemente por aumentar a *performance* da equipe, nossos resultados foram cada vez mais positivos. A empresa ganhou maior participação no mercado, pode expandir e ganhar mais dinheiro e isso se revertia positivamente para todos nós. Comemorar as vitórias com a equipe também é fundamental e eu fazia questão de celebrar, comprar bolo, salgadinhos e bebida.

Aprendi que a mulher tem um grande poder em suas mãos. Com a sua bagagem intelectual pode alcançar mais posições de liderança em todos os setores, basta se preparar e saber mostrar os seus diferenciais. Participei de duas matérias publicadas no Correio Braziliense nos dias 03 e 04/03/2013. A matéria "O poder em mãos femininas" revela que o número de mulheres em cargos de gerência aumentou 72%, mas elas ainda são minoria nos postos mais altos das empresas brasileiras, de acordo com levantamento feito pela Catho, desde 2001. Nesta matéria são apresentados depoimentos interessantes da Chieko Aoki, presidente da Blue Tree hotels, da Luiza Helena Trajano, do Magazine Luiza e Solange David, da CCEE. Na matéria intitulada "Os desafios de quem é mãe e executiva", cito que a mulher está investindo em um nível muito alto para alcançar cargos que eram estritamente masculinos e mostram que são igualmente capazes. Segundo dados da Pesquisa Nacional por Amostra de Domicílios (Pnad) de 2011, na faixa dos 20 aos 24 anos, as mulheres registram 10,2 anos de estudo, aproximadamente um ano a mais do que os homens na mesma faixa etária.

Inspiração

Alguns líderes que me influenciaram foram o meu ex-chefe,

Celiane Gonçalves

Sr. Armando Pedro Tortelli, também teve influência sobre a minha formação e cujos primeiros ensinamentos na arte da propaganda médica e na arte de liderar foram sabiamente transmitidos por ele. Um empresário que construiu uma grande empresa, a Pró-Diet Farmacêutica, distribuidora de medicamentos. Importantes líderes que lideraram pelo exemplo como Nelson Mandela e Jack Welch tiveram grande influência nos meus aprendizados sobre liderança. Mandela, considerado "o maior líder moral do mundo", cita que "é sábio persuadir as pessoas a fazer as coisas e fazê-los pensar que era a sua própria ideia". Jack Welch, um dos líderes empresariais mais bem-sucedidos do século XX e o líder de negócios mais influente de nossa era diz que "a melhor ideia é a que triunfa". Sempre temos muito o que aprender com estes líderes.

Conclusão

Acredito que a liderança pode ser fabricada e qualquer pessoa pode ser um líder, desde que seja preparado adequadamente. Sou a prova viva de que é possível mudar, que podemos melhorar com a estratégia correta. Foi me dada uma oportunidade para liderar e eu aproveitei esta oportunidade. Venci a timidez, a insegurança, a baixa autoestima, ganhei mais autoconfiança e inúmeros aprendizados.

Para o desenvolvimento intelectual em liderança, coloco aqui algumas dicas valiosas:

Desenvolvimento pessoal	• Saiba quais são suas prioridades, o que você quer. • Desenvolva um planejamento de vida. • A autodisciplina, automotivação e autoconhecimento são fundamentais para uma boa liderança.
Desenvolvimento profissional	• Peça *feedback* para as pessoas que você confia. • Tenha um mentor ou treinador, interno ou externo, pois ele pode contribuir para aumentar o seu potencial. • Procure fazer aquilo que você gosta e o que dá prazer. • Olhe sempre para as oportunidades em tempos de crises, ao invés de enxergar a crise como uma tragédia.

Damas de Ouro

Networking	• Crie oportunidades para conexões. Um dos pontos mais importantes, particularmente às mulheres, além de sua qualificação, é a construção de uma rede sólida, credível e ágil, que deve ser gerida ativamente ao longo da carreira. • Construa relacionamentos com as pessoas certas, em volumes suficientes, de maneira profunda.
Metas	• Trace metas e ajuste-as. • Empresários de sucesso sabem o que querem. Eles identificam o que é mais importante para atingir o sucesso e não estão dispostos a sacrificar o que é extremamente importante em função do que é meramente importante. Eles criam um plano estratégico para definir como atingirão suas metas e prazos para que isso aconteça.
Melhoria contínua	• Invista na melhoria contínua. O conhecimento e informação são vitais para o líder.
Coaching	• Passe pelo processo de coaching, que também acelera o processo de aprendizagem e pode ser útil para mulheres de alto potencial, proporcionando-lhes mais *feedback* sobre o seu desempenho e como eles são percebidos dentro da organização.
Histórico passado	• Fale dos desafios que enfrentou no passado como líder. Como líder, quanto mais desafios você enfrentou no passado, mais provavelmente os seguidores darão a você uma chance no presente. Isto gera credibilidade. • Olhe para traz somente para tirar aprendizados, pois o passado já passou. Lembre-se de que não existem fracassos, apenas resultados e sucesso no passado não garante sucesso no futuro.

11

A inspiradora história da mulher

Um artigo sobre as transformações da mulher ao longo do tempo até conquistar o seu lugar no mercado de trabalho e o reconhecimento da sociedade

Dulce Magalhães

Dulce Magalhães

Filósofa, educadora, pesquisadora, escritora e palestrante. Eleita uma das 100 lideranças da paz no mundo pela Genève for Peace Foundation, através de eleição feita com as ONGs de cultura de paz credenciadas na ONU. Integra o comitê de 80 lideranças da paz coordenado pelo ex-presidente americano Bill Clinton para elaboração de um programa global de cultura de paz. Recebeu o certificado de reconhecimento como Embaixadora da Paz, no senado argentino, marco do projeto "Despertando Consciência de Paz" promovido pelas instituições argentinas Mil Milênios de Paz e Fundação Paz, Ecologia e Arte, parte dos eventos da Década Internacional por uma Cultura de Paz, da Unesco. PhD em Filosofia com foco em Planejamento de Carreira pela Universidade Columbia (USA); Mestre em Comunicação Empresarial pela Universidade de Londres (Inglaterra); Especialização em Educação de Adultos pelas Universidades de Roma (Itália) e Oxford (Inglaterra); Autora dos Livros: Manual da Disciplina para Indisciplinados, Superdicas para Administrar o Tempo e Aproveitar Melhor a Vida, Mensageiro do Vento – Uma Viagem pela Mudança. Coautora de diversos livros.

Contatos
www.facebook.com/DulceMagalhaes.palestrante
www.dulcemagalhaes.com.br

Dulce Magalhães

Os desafios

Qual a maior revolução social do Século XX? Na IV Conferência Internacional de Sociologia, que ocorreu em 1968, em Estocolmo, Suécia, o tema principal foi descobrir qual seria a maior revolução social do século. Em plena Guerra Fria, com comunismo, socialismo, capitalismo e outros "ismos" em destaque, a Conferência concluiu que a maior revolução social do Século XX foi o movimento de emancipação feminina. E isso em 1968. Por quê? Temos de questionar o que mudou e o que mudará com o atual processo feminino. Isso tem a ver com a forma como a sociedade se organiza, e as megatendências para a economia começam mesmo dentro de casa.

Quando as mulheres trabalham e recebem dinheiro em troca (porque em casa elas trabalham, mas não recebem por isso), todo o sistema familiar tende a mudar. Primeiro, porque há mais dinheiro para investimentos, educação, consumo, etc. Segundo, porque a mulher torna-se uma consumidora por si mesma, desta forma toma decisões de consumo de forma independente. Em terceiro lugar, porque a organização familiar precisa mudar, com a contratação de outra pessoa para cuidar da casa e das crianças, com o surgimento de escolas especializadas em diferentes faixas etárias, assim por diante. Por fim, porque a mulher passa a viver uma situação de independência, não só financeira, mas também na tomada de decisões sobre si mesma e sua vida.

Isto é verdadeiramente uma revolução. Vivemos hoje uma sociedade muito diferente da que tínhamos há cinquenta anos e, provavelmente, viveremos numa sociedade radicalmente diferente nos próximos cinquenta anos, apenas com a saída da mulher para o mercado de trabalho. Entretanto, ainda estamos distante de uma ótima condição de mercado para a mulher. Obviamente, há um contingente de mulheres que conduz suas carreiras e escolhe onde e como vai trabalhar, contudo, este número ainda não condiz com o tamanho do universo feminino.

Se formos pensar em termos de crescimento industrial, financeiro e de mercado, estamos ainda muito aquém do real potencial das mulheres. Se pensarmos em termos de educação, saúde e condições sociais para a mulher, temos um longo trabalho pela frente. Pensar grande não é pensar mais, e sim pensar melhor. O que significa mudar nossa visão sobre o papel da mulher no mercado de trabalho e na sociedade.

Existem crenças importantes a serem mudadas. A mulher não deve trabalhar apenas por contingência, mas sim para desenvolver uma carreira e vida própria. É natural o desejo de produzir algo útil e ser recompensado por isso. É natural o desejo de alcançar sucesso. No Brasil, na maioria dos casos, as mulheres trabalham porque pre-

Damas de Ouro

cisam ajudar no orçamento doméstico. Num estudo sobre carreira no Brasil, mais de 85% dos homens disseram estar preocupados em termos de carreira e apenas 7% das mulheres se mostraram preocupadas com este ângulo de sua vida profissional.

Esta visão deve preocupar a sociedade como um todo. Quando pensamos em progresso profissional, produzimos mais e melhor, estudamos, crescemos, quando não há perspectiva futura nos limitamos a fazer o mínimo. Isso é contra qualquer conceito de progresso econômico. Vamos estar entre os primeiros quando formos uma nação de cidadãos de primeira. A mudança mais significativa é de mentalidade.

Uma pesquisadora norte-americana, Diana Platt, Ph.D em linguística e educação, cuja tese de doutorado foi sobre as línguas latinas, fala sobre como a própria linguagem pode ser discriminatória. No dicionário brasileiro, Homem Público é um político e Mulher Pública é uma prostituta. A distinção de gênero para qualificar um grupo como Homens para toda a Humanidade, ou filhos para definir todas as crianças sejam meninos ou meninas, é uma forma de expressar uma mentalidade e de ignorar a presença de 50% de uma população inteira.

É importante ressaltar que mentalidade discriminatória não é uma exclusividade do homem, a própria mulher acredita que o homem merece receber mais pelo mesmo trabalho, ou ser promovido em primeiro lugar. Em uma importante universidade brasileira, determinado departamento possuía 14 funcionários, 2 homens e 12 mulheres. Havia duas vagas para a gerência e sub-gerência do departamento, numa votação do próprio grupo, os dois homens ficaram com as vagas. Isso numa universidade. Tudo bem se fossem eles os mais adequados, entretanto, havia pelo menos três mulheres mais preparadas que os dois homens. No mundo da competência isso não pode existir.

O que esses exemplos demonstram? Inconsciência social. E a chave que nos possibilitará abrir nossa mente para um mundo de novas oportunidades é a educação. O que temos a discutir hoje não é o mercado de trabalho para a mulher, mas o tipo de mulheres e homens que estamos formando. Qual será o futuro de uma nação que não pensar em termos de competência? Onde estará o Brasil daqui a dez anos se continuarmos fazendo o que estamos fazendo?

Histórico de mudanças

Imagine se você fosse uma mulher vivendo no ano 1900, como seria sua vida? Pare um minuto para pensar nisso. No começo do Século XX as mulheres não tinham direito de voto, voz, escolha, liberdade de ir e vir e nem direito à carreira ou sequer ao estudo. Foi através

Dulce Magalhães

do movimento de mulheres, que com coragem, determinação e muito sacrifício pessoal que uma nova história foi escrita. As mulheres conquistaram o direito ao voto, só regulamentado no governo Vargas em 1934; o direito à propriedade, antes disso nenhuma mulher poderia ter bens em seu nome, o que fez com que muitas perdessem todo o patrimônio nas mãos de maridos ou irmãos irresponsáveis; direito de exercer comércio, que era proibido às mulheres por não poderem ter bens, propriedades ou negócios em seu nome; acesso irrestrito à educação, essa conquista levou à abertura de possibilidades múltiplas de carreira para mulheres, até 1950 as carreiras acadêmicas permitidas à mulher eram a pedagogia e a enfermagem; acesso a cargos públicos, que até 1960 eram restritos aos homens; progresso funcional, que ainda é um desafio hoje em dia, mas a mulher conquistou o direito de se tornar líder, gerenciar processos e pessoas, empreender em diferentes negócios e crescer profissionalmente.

Mas, acima de tudo, a mulher do Século XX conquistou a liberdade de escolher o próprio destino, decidir se queria ou não casar, com quem casar, ter ou não filhos, eleger o lugar onde morar, que carreira seguir, como se vestir e outras coisas que hoje nos parecem tão normais e que já foram alvo de ferrenhos embates e grande oposição social. De fato nós mulheres que desfrutamos desses privilégios no Século XXI somos as herdeiras de uma linhagem de mulheres heróicas, corajosas, guerreiras, determinadas e que nos legaram as liberdades que desfrutamos.

Movimento feminista

Diferente do que muitos acreditam, o movimento feminista não foi promovido só por mulheres, muitos homens também se juntaram às fileiras da mudança, almejando o progresso da sociedade como um todo. É importante ressaltar que a base do movimento feminista não foi uma guerra contra os homens, mas a promoção de um enunciado que beneficiaria a todos, não somente as mulheres:

"Que nenhuma diferença seja considerada uma inferioridade."

Quando analisamos essa premissa que mobilizou mulheres e homens para a promoção de mudanças tão significativas em nossa sociedade, vamos perceber que o movimento feminista tinha como princípio essencial não apenas o favorecimento de melhores condições para as mulheres, mas o desenvolvimento de melhores condições para todos os que vivem dentro de situação discriminatória e, portanto, injusta.

É preciso compreender que condições mais igualitárias não é

Damas de Ouro

oferecer o mesmo para todos, mas considerar as diferenças individuais e ofertar de acordo com a necessidade, o potencial e as características de cada um. Essa é a base da justiça social, que é imprescindível para o desenvolvimento de uma sociedade próspera e pacífica, porque a justiça é a base onde se desenrolam todas as tramas que tecem o tecido social e garantem as condições de desempenho financeiro, crescimento econômico, acesso aos recursos e à educação e a inserção da pessoa na comunidade.

Bases da mudança

Abraham Maslow, psicólogo americano , precursor e fundador de movimentos que geraram a Dinâmica de Grupos, o Psicodrama e a Psicologia Transpessoal, na década de 1940 desenvolve uma pirâmide de hierarquia de necessidades, que é seu trabalho mais conhecido. Nessa tese ele descreve as necessidades de um indivíduo em 5 níveis:

• **necessidades fisiológicas (básicas),** tais como a fome, a sede, o sono, o sexo, a excreção, o abrigo;
• **necessidades de segurança,** que vão da simples necessidade de sentir-se seguro dentro de uma casa a formas mais elaboradas de segurança como um emprego estável, um plano de saúde ou um seguro de vida;
• **necessidades sociais ou de afeto,** afeição e sentimentos tais como os de pertencer a um grupo ou fazer parte de um clube;
• **necessidades de estima,** que passam por duas vertentes, o reconhecimento das nossas capacidades pessoais e o reconhecimento dos outros face à nossa capacidade de adequação às funções que desempenhamos;
• **necessidades de autorrealização,** em que o indivíduo procura tornar-se aquilo que ele pode ser: "What humans can be, they must be: they must be true to their own nature!" (O que os humanos podem ser, eles devem ser: eles devem ser verdadeiros com a sua própria natureza).

É neste último patamar da pirâmide que Maslow defende a ideia de que a pessoa tem que ser coerente com aquilo que é na realidade "... temos de ser tudo o que somos capazes de ser, desenvolver os nossos potenciais". O entendimento desse princípio é a base para todas as mudanças que almejamos realizar na trajetória da vida.

Quando pensamos no desenvolvimento da mulher e todos os desafios que ainda há para superar, percebemos que as necessidades sociais, de estima e de autorrealização ainda se encontram de forma muito distante para um grande número de mulheres e que isso representa um desafio de progresso para toda a sociedade.

São os aspectos motivacionais que determinam nossas realizações, não os objetivos, as expectativas alheias ou as necessidades e contingências. Podemos agir por necessidade, mas só realizaremos por motivação. Desta forma, o resgate da autoestima da mulher, o desenvolvimento de seus potenciais e o fortalecimento de suas qualidades e capacidades é fundamental para o progresso dela e de todo o sistema em que está inserida.

Nosso legado

No começo do Século XXII as pessoas estarão computando e comentando as conquistas e o desenvolvimento do Século XXI. Assim como nós estamos agora compreendendo e usufruindo o que foi realizado no século passado, no futuro as mulheres irão contar a história deste século, a nossa história. E qual será nosso legado? Em que estamos contribuindo para uma mudança positiva para a sociedade? Como estamos trabalhando para a eliminação das discriminações e a inclusão da mulher em todos os aspectos da vida?

As meninas de amanhã são nossas herdeiras. Elas vão viver no mundo que estamos construindo neste momento, a partir de nossas escolhas, através dos embates a que nos propormos e dos objetivos que estabelecermos para que a comunidade humana possa florescer em uma nova e renovada dimensão. Não há porque nos contentarmos com um mundo onde a desigualdade, a opressão, a violência, o preconceito, o racismo e a discriminação ainda imperam.

Cada um precisa ser responsável por si mesmo, desenvolver suas habilidades e talentos, reconhecer e aprimorar suas vocações, realizar os dons e ser plenamente feliz. Essa tarefa é individual e contribui para a saúde de toda a comunidade, porém não basta desenvolver a si mesma, precisamos colocar um olhar sistêmico e cuidar da natureza, adotar todas as crianças do mundo como nossa própria responsabilidade, despertar a responsabilidade social e ecológica em nossos vizinhos e amigos e educar a todos que habitam este planeta conosco para atingirmos juntos um outro patamar de realidade comunitária, onde possamos viver e conviver de forma digna e próspera.

É preciso ter em conta que para viver num mundo melhor é preciso merecer!

Visão de futuro

Um dia....homens e mulheres vão se ver como indivíduos **diferentes**

Damas de Ouro

na forma e na maneira de conduzirem suas vidas e suas carreiras. Mulheres e homens terão **diferentes** funções na Sociedade. Um dia....haverá uma explícita **diferença** no comportamento de homens e mulheres.

Entretanto, neste dia, nenhum Ser Humano será considerado inferior, menos capaz ou inadequado para as oportunidades do mundo, apenas por ser **diferente**. Neste dia todos vão somar suas **diferenças** para construir, partilhar suas visões para solucionar, dividir seus sonhos para criar um mundo novo e vibrante, cheio de paz, de esperança e de fraternidade.

Este dia será muito especial, haverá festas e futuro. Haverá trabalho e emoção. Será um dia de júbilo e de fé. Este dia já está marcado na História do Tempo. É um dia de quatro estações, de frio e de calor, de música e silêncio.

Este será um dia que as pessoas serão eleitas por suas competências e avaliadas por seu caráter.

UM DIA .....

12

Seja semente e árvore!

Escolhi escrever esse texto para compartilhar algumas experiências onde pedrinhas interferiram na minha felicidade. E quando eu encarei pedras maiores, descobri coisas incríveis! Hoje, com polimento, consigo enfeitar cada dia o colar da minha vida

Elis Busanello

Elis Busanello

Palestrante Motivacional, Coach Individual e de Equipes. Criadora dos programas CRESCER, SIM e SUPER-AR, de planejamento estratégico, liderança e desenvolvimento pessoal. Especializações: PNL - Programação Neurolinguística, Administração de Turismo, Marketing e PNL.

Contato
elis@elisbusanello.com.br

Elis Busanello

Mulheres, vocês escolheram ler este capítulo que vai falar de vivências femininas e superação. Eu escolhi escrevê-lo para compartilhar algumas experiências onde pedrinhas interferiram na minha felicidade. E quando eu encarei pedras maiores, descobri coisas incríveis! Hoje, com polimento, consigo enfeitar cada dia o colar da minha vida. Escrevo com muitas reticências... É a minha forma de deixar espaço para você acrescentar os seus pensamentos...

Homens, eu agradeço imensamente aos que tiverem paciência de ler também. E já que você chegou até aqui, por favor, me dê só mais um tempinho da sua atenção. Quem sabe vai ouvir o eco das minhas histórias dentro da sua casa. O fantástico universo feminino continua sendo um desafio para todos nós. Sobre isto, Tom Jobim disse que "nada é tão ruim que uma mulher não possa piorar". E eu digo que "nada é tão ruim que um homem e uma mulher juntos não possam melhorar".

O tamanho do nosso mundo

Na infância, vivendo a liberdade de sonhar, cuidando das formigas, das pedras, dos filhotes de animais, saboreando laranja do céu sob a árvore que meses antes me deixava inebriada com seu cheiro em flor... Fiz muitas "viagens". Foram jornadas de perguntas, vontades, preguiça de levantar de manhã no inverno, vontade de não sair do rio no verão, bolinho de chuva na vizinha, sopa da vó, churrasco do pai, doce da mãe...

São muitas as lembranças de fatos divertidos envolvendo tios, primos, vizinhos, colegas de escola... Um grande acervo disponível para ser relembrado sempre. As dificuldades também, estão ali em um menu (nem sempre organizado), prontas para serem contadas para os outros. E você já reparou que as recordações desagradáveis vêm ao pensamento com mais frequência e também são mais contadas para os outros?

Talvez você também se lembre de dificuldades simples como subir em árvores ou pegar a ferramenta certa no depósito. Abrir o portão da casa do seu amigo e entrar enfrentando aquele cachorro que sempre implicava com você, não era nada fácil, certo? Notas baixas, broncas da professora e em casa...

Reclamações, julgamentos, questionamentos, ironias, críticas, ameaças, repreensões, apontamentos, expectativas e muito mais...

X

Incentivos, aplausos, reforços positivos, paciência, orientação, amor, tolerância, carinho, compreensão, respeito, partilhas e muito mais...

=

Dúvidas, medos, ansiedade, solidão, pretensão, autoestima, arrogância, segurança, insegurança, equilíbrio, desiquilíbrio...

Damas de Ouro

Você, assim como eu, experimentou tudo isto desde muito cedo. Raiva, medo e culpa também.

Diante do medo, mais reforço da ameaça eminente ou uma crítica do quanto você era "lesada".

Diante da culpa, o reforço do "olha o que você fez" e a queixa do "eu cuido e você descuida".

Diante da sua raiva, a reprovação pela manifestação inadequada e ela certamente foi represada. Era o melhor que você podia fazer, assim como eu e todas as outras mulheres.

Algumas de nós, diante do medo foram encorajadas. Diante da culpa foram perdoadas e diante da raiva foram incentivadas a compreender e canalizar de forma criativa toda esta energia em ebulição.

Pois você pode ter certeza, todas estas vivências estão armazenadas na sua mente, como se fossem uma programação de computador. Sim, temos um sofisticado software que desafia as mentes mais inteligentes. E usamos estes códigos em nossos processos diários, influenciando diretamente, definindo a vida que levamos e os resultados que obtemos.

Hoje, cada uma de nós é o resultado de própria história, das críticas que acolheu, das ideias que fez prosperar, dos desejos que frustrou, dos valores que manteve, dos valores que transgrediu, dos amores e desamores, dos períodos usando máscaras, da liberdade de sermos nós mesmas, da aceitação e da evolução.

Somos assim, complexas e belas, em nossa infinita capacidade de aperfeiçoamento. Esta é a ótima notícia! Somos reprogramáveis e podemos escrever uma nova história. E tudo começa com a disposição para transformar – trocar de forma.

Para que uma árvore possa nascer, uma semente teve que se entregar e deixar de ser semente. Ela fez concessões, foi coberta por terra, foi molhada em dias frios, depois secou pacientemente ao sol, sentiu a dor de sua pele se romper até deixar a vida de semente para ser um broto, uma muda de árvore. Assim me sinto hoje e sou grata a cada pessoa que passou na minha vida, contribuindo para o meu aprendizado de ser semente de árvore. E agora, liberta da pele de semente e como uma pequena árvore eu miro o céu, e descubro que ele é infinito.

O incontável

Quanta vida existe em uma semente! Já parou para pensar sobre isto?

Você pode contar quantas sementes tem dentro de uma maçã, mas jamais saberá quantas maçãs tem dentro de uma semente.

Assim é com cada uma das nossas experiências se deitarmos sobre elas um novo olhar, uma nova interpretação, aceitando e buscando o significado maior. Serão incontáveis as novas sementes que semearemos a partir da nossa própria mudança e, da influência sutil que exerceremos, podendo assim entregar o amor, sentimento maior e base de tudo, do qual somos as representantes oficiais.

Quanto mais amor se dá, mais amor se tem. Basta ter olhos de ver, ouvidos de ouvir, mãos e corações de sentir...

E lembre-se: O fato de você duvidar, não impede que algo exista. Você ouve "eu te amo" e duvida porque são "só" palavras, faltam gestos. Você recebe flores, mas não basta, porque não disseram "eu te amo". Avisam "o pão que eu trouxe está quentinho" e não percebemos o quanto há de amor nesta frase. Onde amarramos o nosso pensamento? A que ou a quem damos o poder de nos limitar reclamando pelo que não é como apreciamos, em vez de apreciar o que nos é possível melhorar por nossa vontade.

Cada minuto é uma oportunidade incontável de tempo de ser feliz!

Aceitação

Conheci um empresário catarinense que me ensinou esta lição. Em diversas reuniões de trabalho, vi pessoas polemizando sem muitos critérios enquanto ele, centrado e com sabedoria, ouvia atentamente e aproveitava a oportunidade para enriquecer ainda mais a sua percepção da vida, através da aceitação dos diferentes. E como um mestre sabe ser, lá estava ele com roupa clássica impecável, barba e cabelo rigorosamente em dia, convivendo com naturalidade em meio aos modestos, aos milionários, aos excêntricos, aos desleixados, aos artistas, aos rudes, aos mansos e aos aprendizes, seus discípulos, como eu.

Quando apresentei a ele um historiador excêntrico, cabeludo, barbudo, com roupas de turista no Havaí, o que ouvi foi: - Que conhecimento tem este homem! Precisamos apoiá-lo em seus projetos.

Quando apresentei a ele um casal de mulheres, parceiras profissionais de diferente opção sexual da maioria, ele abriu as portas do carro, puxou as cadeiras e escolheu cuidadosamente o melhor vinho tinto para acompanhar um jantar divino, em um restaurante muito elegante.

A palavra aceitar pode até passar a impressão de que algo é submetido a outro, mas não é nada disto. Aceitar é muito mais do que concordar ou deixar passar. É incluir com respeito no *menu* das possibilidades, com liberdade para continuar nas próprias escolhas, em harmonia com os demais.

Meu SIM

Os filmes Sim Senhor e Invictos, tão diferentes e tão complemen-

Damas de Ouro

tares, os vídeos sobre o jeito de levar a vida de Tony Melendez e Nick Vujicic reforçaram a minha crença na maneira como escolhi dizer SIM nas minhas relações. Cada letra uma palavra. Cada palavra uma decisão e uma filosofia de vida.

S – *Superação – **Eu supero a mim mesma.***
Hoje sou melhor que ontem. Amanhã serei melhor que hoje.

I – *Integração – **Eu me integro às qualidades dos demais.***
Dançamos em harmonia a dança dos diferentes.

M – *Movimento – **Nós nos movimentamos juntos.***
Juntos somos melhores para nós e o mundo.

Motivações

Quando surgiu um convite para uma aventura, como você reagiu? E se surgisse agora um convite para voar de helicóptero sobre as belas Cataratas do Iguaçu ou para andar de parapente, num vôo duplo, sobrevoando a praia de Balneário Camboriú? E se convidarem seu filho, criança ou adolescente para estas aventuras? Qual será a sua reação? Confere a segurança dos equipamentos, as referências dos monitores e com segurança deixa ir? Ou simplesmente diz "nem pensar!"

A vida nos proporciona experiências ricas, divertidas e belas. Fazer o coração saltar de alegria e emoção é possível a qualquer momento. Mas nós insistimos em viver uma vida "mais ou menos". Desculpem se eu falo nós. Talvez seja melhor dizer que muitas de nós agem assim. Até que um dia somos desafiadas a enfrentar um furacão. E ele não tem o colorido da montanha russa, não tem manutenção regular e um técnico apertando um botão liga/desliga. Ele, o furacão vem com tudo, ou a pedra grande vem na forma de um divórcio, de uma doença, de um assalto a mão armada, coisas desta sociedade em que vivemos e ajudamos a manter.

E daí você descobre, a duras penas, suas motivações para viver. E deseja isto ardentemente. E faz promessas de mudanças na forma de levar a vida. E pede, implora e barganha por soluções.

Foram em situações como estas que eu me descobri outra mulher. Foi na dor que aprendi que aventuras na natureza e em parques de diversões são adrenalinas muito melhores do que o medo de partir cedo ou de ficar só na multidão.

Escolha agora ter uma nova vida, onde comer brigadeiro de colher de madrugada, com o cobertor sobre as pernas, é sinônimo de prazer e carinho com você mesma. Divirta-se! Dedique dez minutos

Elis Busanello

do seu dia para passar um creme perfumado pelo corpo, faça alongamento diante do sol nascendo, olhe as pessoas nos olhos, sorria por dentro e por fora.

Este é princípio poderoso de todas as curas: o amor! E ele é abundante dentro de você! E ele é nossa maior força do bem e para o bem.

Damas de Ouro

13

Defina o seu propósito

Indague-se diariamente: para que você acorda todos os dias de manhã?
E quem se importa com isso? Se as respostas vierem de você e por
você, certamente, sua vida terá sentido e será repleta de alegria

Heloísa Capelas

Heloísa Capelas

Especializada no desenvolvimento do potencial humano por meio do Autoconhecimento e do aumento da Competência Emocional há mais de 20 anos. Conferencista nacional e internacional, aplica cursos com a metodologia Hoffman, considerada por Harvard um dos trabalhos mais eficazes de mudança de paradigmas para líderes. É diretora do Centro Hoffman no Brasil. Autora do eBook "7 Passos Para o Autoconhecimento - Informação, Consciência e Transformação" e coautora dos livros "Ser + Inovador em RH", "Ser + em Gestão de Pessoas" e "Master Coaches - Técnicas e relatos de mestres do coaching".

Contatos
www.heloisacapelas.com.br
www.centrohoffman.com.br
heloisa@centrohoffman.com.br

Heloísa Capelas

A mulher de hoje tem uma visão bastante diferenciada de si mesma. Com mais consciência de que cabe a ela, e somente a ela, definir a missão que deseja cumprir, ela percebe que as regras e valores de antes já não se aplicam ao seu dia a dia – a não ser que ela própria decida tomá-los para si.

Ainda assim, falta à mulher assumir esse novo lugar com alegria e leveza. Diante de tantas possibilidades e mudanças, é comum encontrarmos mulheres estressadas, cansadas, nervosas, confusas e culpadas pelas escolhas que fizeram ou pela maneira como têm praticado essas escolhas. E isso acontece porque falta propósito.

Vamos primeiro entender como as regras e valores de antes se alteraram. A maternidade e o casamento são exemplos disso. Não é preciso ir muito longe para lembrar-se de um período em que pais e mães tinham papéis muito bem definidos no que diz respeito ao cuidado com os filhos. Hoje, as tarefas e funções são definidas essencialmente de acordo com o perfil do casal e não mais segundo os gêneros. Homens e mulheres podem (e devem) participar e distribuir as atividades relacionadas à criação dos filhos da maneira como acharem melhor – sem, necessariamente, obedecerem a uma regra imposta pela sociedade.

A liberdade de escolha que, hoje, permeia a relação entre os casais também modificou profundamente a experiência da maternidade. Se, por um lado, tornar-se mãe continua sendo uma capacidade inspiradora e poderosa, por outro, a identidade feminina se transformou de maneira irrevogável. A mulher desse século compreendeu que não é escrava da capacidade de tornar-se mãe, já que reconhece em si outras habilidades.

Hoje, o poder e a beleza da mulher não estão mais diretamente relacionados ao poder de dar à luz, mesmo porque muitas delas não conseguem ou não desejam engravidar e não querem se sentir inferiores ou inválidas por isso, como acontecia no passado.

O valor da gestação tem tomado uma proporção mais honesta. A mulher é capaz de ser reconhecida e de ter uma vida plena sem precisar ser mãe. E, caso opte pela maternidade, sabe que tem direito a escolher quando, como e com quem. Isso representa um ganho inestimável no que diz respeito ao poder de escolha e ao acesso à informação.

Enfim, o que fica claro é que as mulheres ganharam o seu espaço, têm seu lugar e movimentam a família e a economia. As mudanças ocorridas na sociedade contemporânea nesse sentido são indiscutíveis. A partir do momento em que ingressaram efetivamente no mercado de trabalho, elas se viram diante de novos desafios e conquistaram novos papéis.

A questão é que em meio a tantas mudanças de paradigmas é necessário modificar-se para assumir esse novo lugar, e, reforçando, com mais alegria e leveza. É preciso alterar a forma como se vive

Damas de Ouro

nesse mundo e nesse tempo em que as mudanças são vertiginosas e a vida segue seu curso com uma rapidez avassaladora. É essencial que se tenha um porto seguro, um lugar para o qual se possa voltar e descansar de uma rotina tão atribulada.

Não me refiro a um espaço físico. Falo do seu propósito, um lugar interno, particular, e que está sempre ao seu alcance a partir de uma pergunta objetiva e consistente: para quê?

Procure seus motivos

Indague-se diariamente: para que você acorda todos os dias de manhã? E quem se importa com isso? Se as respostas vierem de você e por você, certamente, sua vida terá sentido e será repleta de alegria.

No entanto, para que se possa chegar efetivamente a esse resultado e a essas respostas, antes, é fundamental refletir sobre outros aspectos. Então, vamos do começo: o que você faz? Um tempo atrás, a resposta poderia ser: "lavo, passo, cozinho, limpo a casa, cuido dos meus filhos o dia inteiro e não sou reconhecida; há quem diga que eu não trabalho".

Vamos começar novamente e perguntar à mulher antecipada: o que você faz? A resposta: "trabalho, trabalho, trabalho, trabalho e trabalho mais um pouco, fazendo tudo o que deveria fazer dentro de casa e ainda assumo lugares de direção e liderança que me custam de dez a doze horas fora de casa. Não quero mais ser a 'Amélia', mas não sei no que me transformei, então, trabalho".

Observe: nesse nível de "o que você faz", todas as pessoas em volta participam, observam, palpitam etc.

Segue a segunda pergunta: como você faz o que você faz? Com tensão, com responsabilidade, com alegria, com mágoa, por obrigação, por amor, por não ter o que fazer, todas as alternativas anteriores ou não sei?

A resposta para 'como você faz o que você faz?' está num círculo ao qual apenas as pessoas mais próximas têm acesso. Mesmo porque, o 'como você faz' nem sempre pode ser dito claramente para todos; é preciso manter as aparências. Portanto, é provável que você tenha compartilhado essa reflexão apenas com pessoas de sua confiança.

Em quem você confia? Quem não a julga ou critica? Com quem você compete ou não? Por quem você não gosta de ser julgada? Como se relaciona com as pessoas à sua volta? Você mostra o 'como você faz o que você faz' com sinceridade e entrega?

Veja que, nestas respostas, aparecem as pessoas de quem você mais gosta e também aquelas que mais a intimidam. Por isso, é importante saber como você faz e para quem você mostra.

A terceira e mais importante das perguntas: por que você faz

Heloísa Capelas

o que você faz como você faz? Aí está a verdadeira área do auto-conhecimento. O que a move? Quais são seus motivos? Quais são suas crenças? Em que você acredita parcialmente ou profundamente? Quando e onde essas crenças surgiram? Quais são seus medos? De viver ou de morrer?

Nesse círculo, todas as respostam refletem você mesma. Claro que se trata de você em relação a tudo e todos, afinal, não existimos sozinhos. Mas, nesse lugar, existe a possibilidade de um relacionamento sincero e amoroso com você mesma.

Nesse lugar existe dor, confusão, ansiedade e muito medo. Por isso o escondemos. Para se chegar ao 'porque' precisamos de ajuda e de coragem. Mas, vale dizer, os resultados são sempre tão valiosos que, ao nos depararmos com essas respostas, temos a oportunidade contínua de voltarmos para casa, para um lugar seguro dentro de nós.

Nesse lugar, e a partir dele, podemos nos relacionar com 'o que' fazemos e com o 'como' fazemos porque sabemos 'porque' fazemos. Com essas repostas, você estará pronta para começar a pensar em 'para que' você está viva. Então, questione-se: para que você acorda todos os dias pela manhã?

Quando a resposta chegar você terá encontrado o seu propósito. E quem tem propósito busca diariamente pessoas, situações e resultados que o validem.

Como assumir esse lugar que as circunstâncias, os lugares e as pessoas pedem e necessitam que você ocupe? Ou seja, como assumir de forma honesta, sincera e amorosa o seu espaço? A resposta é simples e o caminho é sem volta.

Meu convite é que você encontre seu propósito para a vida e flua. Descubra seus motivos, reveja sua história, encontre aquilo que a move e que a desperta. Procure seu lugar, esse espaço interno em que poderá sempre desfrutar da sua própria amorosidade. E lembre-se que essa escolha só depende de você.

Damas de Ouro

14

Liderança inspirada na minha história!

Liderança é uma questão emocional e espiritual. Líderes olham sua história e decidem transformar impressões negativas e limitantes alojadas na mente. A ideia é ressignificar e evoluir. O verdadeiro líder é estrategista. Busca a melhoria contínua, baseado em autoconhecimento. O objetivo é oferecer aos liderados a melhor energia possível. Quem lidera a si mesmo está pronto para influenciar com congruência

Irlei Hammes Wiesel

Irlei Hammes Wiesel

Coach personal & professional, escritora, conferencista, empresária no segmento da Educação Corporativa. É pedagoga com pós-graduação em Psicopedagogia. Atua há mais de 15 anos como Psicoterapeuta, possuindo especialização em Hipnose, treinada pelos Drs Jeffrey Zeig e Stephen Gilligan. Fez sua formação de Renascimento com o criador da técnica, o americano Leonard Orr. Formação em Terapia Reencarnacionista e Regressão de Memória. *Master Practitioner* em Programação Neurolinguística e Practitioner em Terapia da Linha do Tempo. Membro da Time LineTherapy com sede no Havaí-USA. Seus cursos & palestras focam o comportamento humano, liderança, poder pessoal, transformação profissional, resgate de talentos e ativação de recursos que potencializem a superação e a persistência. Debatedora do Programa Jogo de Cintura na Rádio Antena 1 FM. Participou por dois anos do programa de TV Conexão Saúde (canal 20 da Net), sempre abordando temas voltados ao desenvolvimento pessoal. Articulista de diversos sites, revistas e jornais no Brasil. Coautora do livro Você em Primeiro Lugar e do CD Um Tempo para Vida.

Contatos
www.irleiwiesel.com.br / http://irleiwiesel.blogspot.com
irlei@irleiwiesel.com.br
(55) 3025-5698
(55) 9603-6018

Irlei Hammes Wiesel

Lembro-me de uma tarde de outono. Duas meninas lindas e amadas, brincando em uma imensa varanda. As meninas em questão: eu com cinco anos e minha irmã com sete. Brincávamos com a única boneca comprada, as demais eram de pano, confeccionadas pela designer e engenheira de produção, minha mãe.

Bem, a tarde estava mágica. O sol entre as nuvens sugeria um paraíso. Estávamos mergulhadas na paz da nossa infância.

De repente fomos surpreendidas por gritos. Eram vozes adultas. Entreolhamo-nos e sentimos um frio em todo corpo. Corremos. Deixamos cair pelo caminho os nossos valiosos brinquedos e o delicioso mundo do faz de conta. Reconhecíamos as vozes que ecoavam do outro lado da casa. Eram vozes desesperadas. As palavras proferidas eram chocantes. Era minha tia, que dizia chorando:

-Não faça isso! Pare, pare...

Atravessamos aquela enorme casa, parecia uma eternidade. Quando finalmente chegamos à outra ponta, fomos ofuscadas pelo brilho de um enorme facão.

O sol de outono iluminando a morte!

O sol de outono lutando para não testemunhar uma tragédia!

A cena que encontramos foi estranha, caótica, desesperadora.

Quatro personagens negociando uma vida.

Quatro pessoas: cunhadas, e irmãos.

O mais surpreendente: a uma distância de dez metros um do outro. Estava de um lado minha mãe, segurando o braço do meu pai. E logo adiante meu tio, irmão do meu pai, sendo puxado de volta aos prantos pela minha tia.

A minha mãe, sem força, já nem chorava mais, ela se limitava a sussurrar a dor do momento. Aquela cena me paralisou e eu emudeci. Eu começava a entender que o meu tio, sempre muito instável e por vezes cruel, estava segurando a faca na tentativa de matar o meu pai. Eu me agarrei à mana mais velha e gritei. Quando aqueles adultos em profundo conflito nos avistaram, se fez um longo silêncio. Eu, na minha inocência, perguntei:

-Mãe, o que está acontecendo?

E a resposta não podia ser mais incongruente. Ela gritou sussurrando:

-Nada, filha! Voltem a brincar, está tudo bem!

Minha irmã, no papel de mana mais velha insistiu:

-Mas, o que significa a faca e por que vocês estão chorando?

Foi então que a mãe no auge do seu desespero argumentou:

-Nada filhas. Apenas o tio quer matar o pai. Voltem a brincar!

Vimos apesar da distância física que nos afastava da cena, que os olhos do pai e da mãe imploravam que déssemos um tempo. E foi o que oferecemos. Um tempo. Reconhecemos que não era hora para perguntas. Sentimos que corríamos perigo. Chorando e tremendo, entendemos

Damas de Ouro

a mensagem deles: protejam-se, pois nós estamos tentando sobreviver.

Corremos para nosso esconderijo mágico, agarramos a boneca e nos abraçamos chorando. Os gritos continuavam. A impressão era a de que três pessoas estavam tentando trazer à realidade um homem que estava em surto.

A mãe desejava que brincássemos normalmente, como se nada estivesse acontecendo.

Ao escrever sobre isso, nesse momento, identifiquei uma tendência que mantive até pouco tempo: fazer de conta que a minha dor não existia, que nada me machucava. A superficialidade comigo mesma foi uma forma de defesa que adotei para seguir em frente. Sempre sentia um perigo a me espreitar. E, por conta desse perigo, eu mantinha uma falsa tranquilidade e, muitas vezes, deixava de ir atrás dos meus ideais.

A falsa tranquilidade daquela tarde de outono foi a única arma que meus pais tiveram para sobreviver. A faca era real, a ira do tio também. O momento era de extrema luta pela vida. Mas todos ali presentes, adultos e crianças, fazendo de conta que nada estava acontecendo. Afinal o que há de tão grave no fato do irmão querer matar um pai de família? Nada, não é mesmo?

A cena pode ser comparada a um domingo feliz e alegre em um parque de diversões, vocês não acham? Ora, quer coisa mais sem significado do que isso? O que poderia ser mais impactante e paralisante do que presenciar a ira de um conflito familiar?

Meus pais, para nos proteger da insanidade, sugeriram que fizéssemos de conta que não era tão sério como parecia ser. Aprendi a ser superficial, a esperar e pensar: já vai passar, deixa assim, Deus está vendo, não liga, tudo passou, esqueça... Enfim, inúmeras estratégias de liderança opressora foram adotadas a partir daquela tarde de outono.

O incidente terminou. Ninguém morreu. Meu pai hoje tem 78 anos. O tio está com 88 anos. Seguem até hoje, fazendo de conta que nada aconteceu naquela tarde de outono.

Quando anoiteceu, eu, a mana e nossa boneca, estávamos ouvindo o silêncio que vinha do outro lado da casa. Não sabíamos como a brincadeira daquele tio havia terminado. Pensávamos, será que ele conseguiu o que queria?

Será que dormiremos sem um pai?

Lembro-me do medo que sentíamos e também da incerteza do amanhã.

Chorando e rezando para os nossos anjinhos secretos, ficamos assim por umas três longas horas. Tentávamos seguir o que a mãe havia sugerido: fazer de conta que nada estava acontecendo. Mas essa foi uma das únicas vezes que enganamos a mãe. Enganamos terrivelmente, pois por mais que tentássemos não conseguíamos evitar a nossa associação com a cena de violência que se acontecia logo adiante, do lado de lá da nossa

Irlei Hammes Wiesel

inocente varanda.

Até que, finalmente, fomos recolhidas com um abraço ironicamente suave da minha mãe.

Ironicamente suave, pois sentimos em seu olhar o que os gestos não queriam mostrar. Enxergávamos em seu olhar o que uma mulher, no papel de mãe, tentou sufocar. Sufocar para proteger. Proteger para evitar traumas. E nunca mais se falou sobre isso.

Naquela noite, fomos recolhidas do nosso esconderijo e levadas diretamente para a sala de jantar. Acomodavam-se em torno da mesa 24 pessoas, incluindo os empregados que trabalhavam nas enormes plantações de trigo e soja.

Naquela noite, como em qualquer outra, tudo era normal. As mulheres caladas serviam o jantar. Enquanto isso, o *maravilhoso* e quase *assassino* tio sentava à cabeceira da mesa, era o que mais comia e conversava eufórico.

Meu pai, mais calado como de costume. As mulheres tremiam, mas ninguém comentou.

O clima era pesado, a falsidade reinava no ar. E eu, com cinco aninhos, sufocava um grito, um suspiro, um choro, uma indignação. Sufoquei tudo e aceitei humildemente a estratégia dos adultos: fazer de conta que nada aconteceu!

E assim, naquele outono, uma menina conheceu o medo, a indignação e a violência.

Até hoje, ninguém quer saber quais as consequências que aquele silêncio velado me causou. Mas estou fazendo por mim e a primeira coisa que fiz foi reconhecer que o meu "eu" criança, merecia uma explicação, ou no mínimo merecia, desabafar. Não faço mais de conta que não foi nada, porque foi muito dolorido. Não faço mais de conta que já passou, porque não passou, o registro continua na minha mente inconsciente. Não faço mais de conta que aquilo não me revoltou, porque não só me revoltou como enojou. E, finalmente, sou totalmente contra o lema muito usado pelas mães que dizem:

-Não foi nada!

Penso que ninguém tem o direito de afirmar que a nossa dor não é nada.

Viver não é: foi nada. Viver é: com que direito alguém quer matar meu pai e eu devo acreditar que não foi nada. Como assim?

Então, quer dizer que alguém invade minha paz familiar e o que devo fazer é pensar que não foi nada?

Então, alguém quer arrancar do meu convívio o meu pai tão amado e eu tenho que dizer "tudo bem"?

Então, meu pai e minha mãe são humilhados e eles dizem tão somente: não foi nada?

Então, um homem assombra minha infância, infesta com o medo

Damas de Ouro

cada corredor da casa, e eu devo dizer: isso não é nada?

Então, o meu eu criança entrou em choque, em pânico, em desespero e me pedem para desconsiderar. Que isso não foi nada?

Então, o mundo desaba dentro da casa onde cresci na infância e ninguém nem sequer pergunta: Irlei, você quer falar sobre isso?

Faço esses questionamentos, não para solicitar piedade de mim. Não, absolutamente. O que eu quero realmente é dizer aos adultos que as crianças existem. Elas têm alma. Elas se magoam, têm medo, se indignam, se revoltam, sofrem em silêncio, se confundem, se perdem, se calam. Tudo isso, porque o adulto dá a entender que não foi nada ou que já vai passar. Para a criança essas afirmativas sugerem que ela se mantenha calada e então reconheça que não é um bom momento para tocar no assunto. E, por fim, entende que esse momento jamais chegará. Por conta disso, ela passa, muitas vezes, uma vida toda esperando que aquela impressão sobre determinadas situações da infância um dia passem.

Afirmo isso, pois eu fui meu próprio laboratório. Parece que falar sobre isso com tanta propriedade é fácil, mas não é. Pois cada constatação foi feita, olhando para a minha dor. Comecei a sentir que a cada caminho que escolhia seguir, não me mantinha motivada o suficiente para conclui-lo. Até que na busca pelo autoconhecimento, compreendi que não podemos ir a lugar algum sem antes tirar daquele lugar, a criança, confusa e amedrontada que deixamos para trás. Ou vocês acham que podemos ser livres enquanto estamos presos?

Enquanto eu escrevia, a mãe me telefonou. Comentei que o texto relatava a cena do tio com o pai. Ela mostrou um espanto incomum e disse:

-Você vai escrever sobre isso?

-Já escrevi, eu respondi.

-Mas filha, isso já passou. Porque você quer voltar nisso?

-Por um único motivo. Porque de lá eu nunca saí.

-Jamais pensei que isso teria tanta importância para você!

-Nem eu. Jamais pensei que estava carregando tudo isso comigo.

-Pois bem filha, começarei a história perguntando, que dia é hoje?

-Dia sete de outubro. Por quê?

-Por que foi exatamente no dia sete de outubro daquele ano, em que eu estava grávida de você. Estava nos últimos dias de gestação. Seu tio teve um daqueles surtos. O alvo era seu pai. Como sempre, ele entrava instantaneamente em um estado estranho. Até desencadear um ataque de fúria. Em meio a gritos estridentes ele apanhou um pedaço de muro que havia caído perto da casa, e correu em direção ao seu pai, tentando acertá-lo na cabeça. Eu, percebendo o movimento daquele pedaço de laje, corri em direção ao seu pai, gritando que ele se abaixasse. Enquanto eu corria, segurando uma barriga de nove meses de gestação, não pude ver os últimos degraus daquela escada perigosa. Caí, e machuquei minha

Irlei Hammes Wiesel

coluna. Mas evitei com isso que o tijolo encontrasse o alvo. Outra vez, milésimos de segundos separou a vida da morte.

-E daí mãe?

-Bem, como sempre, tratamos de acalmar o enlouquecido. E o seu pai refugiou-se até que o seu opressor tivesse caído em si. Quanto a mim, precisei me recompor sozinha. Mancando, encontrei uma cadeira. E lá esperei o tempo passar e, com isso, amenizar as feridas físicas. As emocionais nunca tiveram espaço. Você, minha filha, chutava minha barriga incessantemente. Parece que queria me dizer algo.

-Sim, queria dizer que não queria vir ao mundo para viver naquele caos.

-Pois é. Eu imaginava isso, mas ao mesmo tempo eu pensava que havíamos chegado até ali e que então, certamente conseguiríamos sobreviver com caráter e fé. Embora você tenha nascido no dia dezoito, eu registrei dia dezessete. Pois, para mim foi nesse dia que nós duas sofremos a dor física mais terrível. Sentia em meu coração uma cumplicidade. Mas jamais interpretei a sua atitude como uma tentativa desesperada de não vir para esse mundo. Minhas dores foram incríveis. O médico não sabia mais o que fazer, de tanto que você hesitou em nascer. Por isso estou ligando a você hoje, pois eu nunca esqueci o que nós duas testemunhamos. Porém, eu nunca tive coragem de falar sobre isso. Tentei abafar esse lado negro da sua infância. Mas vejo que você ainda está lá. Talvez, minha filha, eu também ainda esteja escondida naquele quarto. Pois lá, o psicótico não entrava. Era o único lugar de toda aquela imensa casa em que eu me sentia segura com vocês.

Enquanto minha mãe descrevia aquele caos, eu revivia toda cena. Explodiu tudo na minha memória. E o mais incrível é que revivi meu desespero dentro do útero. Eu temia pelos meus pais, que eu já amava imensamente. Mas temia por mim. Eu temia não aguentar aquela provação difícil que me esperava. Eu queria desistir. Queria voltar. Queria abortar. Queria nascer morta. Fiz o possível para voltar para onde eu havia saído. Arrependi-me de ter escolhido aquele momento para voltar à Terra. Eu sentia que não estava preparada. Era muita maldade num homem. Era muita submissão dos meus pais. Lutei tentando morrer no parto, mas sobrevivi. Nasci. E morei diariamente à sombra de um psicopata. O medo rondava em tudo que fazia. Escrever sobre a minha história é uma demonstração de crescimento emocional, apesar do vazio. Estava focada no trabalho e temia ficar só. A dor infinita eu sufocava comprando, correndo e trabalhando. Sentia-me cansada. Todo planeta sinalizava que além de ir em frente, eu precisava me procurar lá atrás.

A materialidade é palpável, por isso a colocamos como prioridade durante nossa permanência aqui na Terra. Já a paz espiritual é subjetiva, por isso não precisamos olhá-la, pois não aparece. Mas um dia, não dá mais para fazer de conta que estamos bem. Não dá mais para viver na

Damas de Ouro

superficialidade. Não dá mais para dizer a nós mesmos: isso não é nada!

Assim, estou entendendo e aceitando os argumentos de um ser em formação, ainda no útero da mãe. Aquela criança confusa e amedrontada era eu. Sim, apesar de eu me considerar desde a adolescência uma menina decidida e forte, era um espírito amedrontado. Uma parte de mim precisava de ajuda. E aos 40 anos eu voltei ao útero e lá encontrei a minha essência em conflito. Como se dissesse: "este não é meu sonho".

Encontrei um eu contestando, com medo. O medo de ser incapaz de enfrentar a vida fora do útero. Avaliei o motivo de ter nascido naquela família e, a resposta foi: enfrentar a crença de incapacidade. Olhei pelos olhos da oportunidade e não mais da fuga.

Compreendi que meus pais não foram submissos, ao contrário, eles foram excelentes estrategistas. Aprenderam a negociar com um esquizofrênico. Lutaram de forma digna pela vida. Arquitetaram formas de convívio, apesar das adversidades gritantes, aceitaram a missão de viver no caos, desenvolvendo sabedoria da paciência. Demonstraram uma verdadeira amorosidade por reconhecer o outro como um ser humano, apesar de esquizofrênico. Desvendaram a arte da perseverança. Ensinaram sobre o valor da oportunidade e das escolhas. E, finalmente, foram corretos com o contrato de vida que fizeram antes de retornarem a terra: apesar das humilhações e dos horrores que vêm da maldade humana, manter o bom senso, o equilíbrio e o amor em tudo.

Talvez em todo processo estratégico houvesse falhas, como a de não comungar com os filhos essas dificuldades humanas. Mas eles não sabiam disso. Portanto, ao olhar pela pouca escolaridade terrena, eles demonstraram uma imensa escolaridade divina. E quanto a mim, em desespero, tentando morrer no útero, reconheço aos poucos que nunca estaremos totalmente prontos para vir para a Terra, do contrário, não precisaríamos mais dessa escola. Merecemos estar aqui e devemos buscar melhorias emocionais. Elas se refletirão em todos os aspectos da vida.

A liderança consiste em evoluirmos nas nossas emoções, mantendo um olho no mercado e outro na nossa essência. Independentemente da história que ilustra os diferentes tipos de liderança, vi que as atitudes de meus pais podem ser aplicadas em muitos contextos, em especial no corporativo. O estimado leitor poderia encontrar aqui um relato do mundo do trabalho, mas preferi que tivesse acesso a algo pessoal e que realmente pudesse levá-lo à reflexão. Afinal, muitas outras pessoas, damas de ouro, podem ter passado pelas mesmas experiências que eu, minha mãe e irmã, no entanto, talvez ainda não saibam como lidar hoje com elas. Ao olharem para o passado, têm a oportunidade de trabalhar suas angústias e mudar o que incomodava, ressignificando os sentimentos para enfim alcançar o sucesso em sua plenitude.

Ao liderar a si mesmo o líder se faz!

15

EMPREENDEDORAS.COM
e suas relações com a economia criativa

Se não fossem as mulheres, o que seria o século XXI? Prever com exatidão seria muito delicado, mas uma coisa é certa: o mundo não seria tão empreendedor. Imaginar este cenário não é tão difícil, as mulheres conquistam cada vez mais o seu lugar com méritos no mundo dos negócios

Karen Reis

Karen Reis

Empreendedora digital e sócia-fundadora do Grupo Sautlink, com experiência acadêmica e vivência profissional multidisciplinar (tecnologia, marketing e games) no gerenciamento e implementação de cyberbusiness; Mestre em Tecnologias de Inteligência e Design Digital pela PUC-SP, Pós-graduada em Administração de Marketing pela FAAP e Bacharel em Administração de Empresas pela UNIP. Pesquisadora em Tecnologias de Inteligências e Ambientes Interativos pela PUC-SP/ TIDD.

Contatos
www.karenreis.com.br
contato@karenreis.com.br
(11) 2626-0860
(11) 99506-1675

Karen Reis

O empreendedorismo feminino deixou de ser um tabu e no Brasil, o cenário nunca foi tão promissor e oportuno. As brasileiras estão entre as mais empreendedoras do mundo, só em 2010, chegamos a mais de dez milhões de negócios administrados por mulheres, segundo a Global Entrepreneurship Monitor.

As pesquisas apontam que boa parte do êxito da mulher empreendedora deve-se ao fato de que conseguem ser multifacetadas e criativas na hora de tomar uma decisão.

Com famílias cada vez menores, as mulheres tiveram mais tempo para investir na educação e na capacitação profissional, fora os movimentos feministas marcados nas décadas de 70 e 80, que alavancaram bastante a busca das mulheres por sua independência financeira, melhor qualidade de vida e sobretudo autorrespeito, mas não podemos ignorar os atributos sociais da era pós-moderna.

As mulheres há tempos vem conquistando seu espaço nos negócios movidos pela economia criativa e impulsionando a economia global, remodelando assim, a forma como a sociedade as enxerga na tríade sócio-econômico-cultural.

Mesmo com um cenário tão promissor do empreendedorismo feminino, em tempos de internet, das redes sociais, smartphones, tablets, sabemos que não é nada fácil para uma mulher administrar sua vida profissional e familiar. Apesar das dificuldades, as mulheres encontram no empreendedorismo um novo olhar, uma nova forma de se relacionar com o mundo e com si mesma.

Mesmo com todas as facilidades e conveniências que temos na vida moderna, conciliar a realização profissional à vida familiar e maternidade torna-se um desafio, em especial para as mulheres que investiram anos a fio em educação, capacitação e em reconhecimento profissional.

Que a verdade seja dita, a maioria das empresas não estão preparadas e muito menos convencidas da flexibilização de jornada de trabalho para atender às necessidades das mães profissionais.

Diante deste cenário, surge o startup do empreendedorismo feminino, o empreendedorismo materno ou mompreneurship, no país que ganha mais adeptas deste movimento.

O dia ideal para a mulher devia ter 48 horas para fazer tudo o que precisa, ainda assim haveria déficit. Alguém dúvida disso? Mas, é no caos que os corpos e eventos fenomenológicos criam condições para continuidade e evolução.

Motivadas pela própria experiência profissional, mulheres estão encontrando um caminho, normalmente a sinalização ocorre no fim da licença maternidade, diga-se de passagem, obtendo resultados surpreendentes de satisfação e financeitos. No caso do empreende-

Damas de Ouro

dorismo materno, a exemplo, temos a fan page "Entre Mães" (https://www.facebook.com/Entre.Mamaes), com mais de 710 mil fãs.

O "Entre Mães" reúne a fórmula ideal - informação, troca de experiência e divulgação de produtos e serviços por parte dos próprios seguidores, estes por sua vez, a maioria são mulheres empreendedoras que mobiliza uma comunidade social num único objetivo "empreender o segmento maternidade e infância".

Outro exemplo, é o comércio eletrônico "Barriga de Pano" (www.barrigadepano.com.br), assim como o "Entre Mães", tem como foco o segmento maternidade e infância. O "Barriga de Pano" tem como destaques os slings e fraldas de pano. Sua história vem de encontro com o perfil das empreendedoras.com, sua fundadora trabalhava em uma indústria alimentícia e após a licença maternidade decidiu apostar no comércio eletrônico e acompanhar de perto o desenvolvimento do bebê.

O advento da internet, cibercultura e da economia criativa, trouxe uma nova forma da mulher empreender seu negócio de forma criativa e inovadora, além do mais, valorizando suas raízes culturais, tudo isso só foi possível pelo uso das tecnologias de inteligência, colaborativas e móveis.

Para quem já mantém relações com a economia criativa, podemos destacar as áreas: propaganda, arquitetura, artes, artesanato, design, moda, cinema, música, editoração, web, rádio, tv, por exemplo, empreender na internet não é um bicho de sete cabeças, entretanto, investir horas em planejamento de um plano de negócios se faz necessário, antes de se aventurar e desbravar o mundo digital.

O Brasil está em 5° no ranking mundial em negócios movidos pela economia criativa, liderados pelo USA, Inglaterra, França, Itália, respectivamente. No Brasil, só tende a crescer e já representa mais de 8% do PIB e sua velocidade de crescimento não fica atrás do PIB da internet, destacando as transações de comércio eletrônico, chegando em 2012 a 1% do PIB, segundo o e-Bit.

Caso a empreendedora não tenha relações com a economia criativa e nem com a internet, poderá encontrar algumas dificuldades em encontrar um nicho a desbravar, procurar uma consultoria especializada certamente será uma opção para auxiliar neste processo de identificação de negócio, ou ainda, poderá apostar no modelo de franquia já consolidado. O importante é não deixar de lado suas pretensões, leia a seguir algumas dicas para começar a empreender na internet.

Como começar um comércio eletrônico

Você, leitor, deve estar se perguntando: o empreendedorismo na internet exige menos investimento que no mundo real? Responder esta pergunta é fácil e direta. A resposta é NÃO.

Quando pensamos em empreender em um negócio digital, logo vem ao pensamento, o comércio eletrônico, não é? Todas as semanas surgem estatísticas sobre o futuro do comércio eletrônico no Brasil e realmente são bastante otimistas, ainda mais, com a popularização e reconhecimento das vantagens por parte dos brasileiros em ter dispositivos móveis e realizar compras com poucos toques.

Para mulheres empreendedoras que possuem ou querem apostar no setor da economia criativa, investir no comércio eletrônico é uma boa opção para profissionalizar e alavancar seu negócio. Mais um exemplo de empreendedorismo feminino na internet é a LaraZuca.com.br, um típico negócio familiar guinado pela economia criativa com atuação no mercado de sabonetes artesanais.

LaraZuca começou suas atividades em 2012 com o canal de vendas direta (porta a porta), mas o crescimento era inevitável pela qualidade e apresentação de seus produtos, uma saída inteligente foi o lançamento em 2013 do comércio eletrônico. Mas, o LaraZuca não abandonou a venda direta, muito pelo contrário, ampliou sua área de atuação e profissionalizou seus processos de produção, marketing, comunicação e vendas.

Uma opção para quem não quer assumir toda operação de comércio eletrônico é o Elo7.com.br, a maior comunidade brasileira de compra e venda de artesanato. O portal tem mais de dez mil pessoas vendendo e para participar como vendedor a única exigência é pagar uma taxa anual de R$ 29,90 mais uma taxa de 12% sobre o valor dos pedidos.

Entretanto, não adianta só contar um plano de assinatura com uma comunidade de comércio eletrônico para expor seus produtos numa vitrine digital, se o(a) empreendedor(a) não investir em produção de conteúdo, comunicação e marketing digital de maneira séria e comprometida, certamente os resultados não serão como o esperado.

Embora, existam muitos motivos para investir no comércio eletrônico, algumas premissas são básicas para se ter sucesso e que seja algo rentável:

1. **Abertura de empresa:** todo negócio deve começar de maneira correta, não adianta desejar virar a mesa e não procurar formalizar seu negócio. Mentalize o potencial de seu negócio e lembre-se que ter um CNPJ faz total diferença, com ele você terá sempre condições de negociações, ganho de reputação e gerará oportunidades futuras.
2. **Infraestrutura:** todo negócio de internet precisa necessariamente de infraestrutura, portanto você precisará ter confiança, segurança e credibilidade, então atende-se para:
- Registro de Domínio - registre o domínio do seu site no Registro.br, orgão resonsável pelo controle de domínios criados

Damas de Ouro

no Brasil. Se preferir, poderá contar com um provedor de serviços de hospedagem.

- Hospedagem - escolha um provedor de serviços de hospedagem, leve em consideração pacotes como atendimento/help desk 24x7, backup, disparos de e-mail marketing, caixas de e-mails, áreas de FTP etc. Lembre-se que ter uma loja virtual é uma vitrine ininterrupta.

3. **Desenvolvimento da plataforma de comércio eletrônico:** Temos quatro sugestões para desenvolver seu ambiente digital de negócios, são elas:

- Soluções próprias - existem algumas maneiras de você desenvolver seu ambiente sem precisar de programadores, de modo que tenha total controle tanto da parte de desenvolvimento de scripts como da parte operacional de sua loja. Destaco o Wordpress, um sistema de gestão de conteúdos e com inúmeros plugins (scripts prontos e agregadores), dentre eles o Woocommerce que facilita muito a implementação da sua loja, é gratuito e há fóruns, documentação e vídeos, e são facilmente encontrados.
- Assinaturas de plataformas - esta opção poderá ser a mais indicada para quem não tem nenhum conhecimento em informática e tampouco budget. No mercado há plataformas seguras, com garantia de atendimento/suporte, ferramentas de marketing digital, integradas com os principais meios de pagamento e com as redes sociais.
- Clube de compras ou compras coletivas - em 2010 era a bola da vez, passada a euforia, o mercado amadurece as relações de compra-venda das compras coletivas. O mecanismo é bem simples. O vendedor contrata um site para divulgar a oferta de um produto ou serviço para seus usuários com um desconto expressivo num período programado.
- Social Commerce ou comércio social - é uma maneira simples de você montar sua loja, porém é necessário conhecimento em redes sociais, como o Facebook. Embora venha ganhando espaço nas mídias sociais, ter um profissional especializado em mídias sociais e com know-how em comércio eletrônico é um diferencial sem precedentes e garantia de resultados em receita monetária e em ganho de seguidores.

4. **Meio de pagamento:** para que haja o comércio eletrônico é necessário a moeda digital. Existem duas formas mais comuns, são elas:

- Intermediadores de Pagamento - são serviços de integração entre os meios de pagamentos (cartões de crédito, boletos, bancos) ofertados por empresas como Paypal, Pagseguro, Mercado Pago, etc. É a maneira mais segura tanto para o comprador como para o lojista, apesar das taxas de serviços e de meio de pagamentos.

- Gateways de Pagamento - neste caso, o lojista assume a responsabilidade das transações financeiras, porém é necessário ter uma aplicação (gateway) para proteger as informações de cartões de crédito, mesmo assim, precisará solicitar uma chave de acesso das bandeiras de cartão de crédito e instituições financeiras.

5. **Marketing & publicidade:** não adianta você ter uma loja virtual linda e atrativa, se não tiver clientes. Para isso, existem dois conceito aplicáveis: o SEO - Search Engine Optimization, que significa otimização para motores de busca, simplificando, melhora seu posicionamento em buscadores, também conhecida como busca orgânica; o outro conceito é o SEM - Search Engine Marketing, que são os links patrocinados, a diferença está na segmentação de público. Outro canal de marketing essencial é o e-mail marketing, mesmo com mais de 15 anos de existência é o canal de divulgação online que apresenta a melhor taxa de conversão em vendas.

6. **Vendas:** vender é uma arte. Quem nunca ouviu esta frase? Pois bem, arte é entendida como atividade humana ligada a manisfestações estéticas, equilíbrio, harmonia que sintetizam emoções e sentimentos. Vender também remete a todas estas manifestações, mas quando estamos no mundo digital, tais manifestações precisam de alguns ingredientes para suprir a ausência do mundo físico. Primeiro ponto, para vender é necessário ter o produto/serviço com todas as garantias de qualidade e padrão de produção; Segundo, o prazo de entrega deverá ser cumprido; Terceiro, sempre dê *feedback* aos seus clientes; Quarto, confira o pedido; Quinto, deixe claro os custos adicionais de frete e se for assumir este custo, veja se não ultrapassa o custo de produção do produto.

7. **Atendimento e relacionamento:** deixe sempre visível um telefone e o endereço físico de contato na home e rodapé da loja, traz mais confiança para quem está comprando. Uma forma eficaz de estreitar o relacionamento com seus clientes e prospects é assinatura de newsletter.

8. **Redes sociais e monitoramento:** não tem como se distanciar das redes sociais, no Brasil, segundo o IBOPE, temos mais de 53 milhões de usuários ativos, manter uma fan page no

Damas de Ouro

Facebook é um canal direto com clientes, nela é possível alinhar conteúdo, divulgar e vender, além de poder mensurar o nível de alcance e interação de seus seguidores. No Twitter, o mecanismo é também bem dinâmico, com os trending topics é possível agir estrategicamente por meio de 140 caracteres.

Além do comércio eletrônico, há outras opções de negócios digitais com tendência de crescimento como a produção de e-books interativos, animações, podcast, webjornalismo, dentre outros. Isso é só o começo.

"Ter um negócio na internet funcionando 100% exige investimentos. Entretanto, isso não deve ser um limitador para o empreendedor e sim um motivador. Ter os pés no chão é sempre mais vantajoso do que ter a cabeça nas nuvens".

16

A fórmula do sucesso: trabalhar no que gosta

Escrever é dar um presente. Como autora, passo horas escolhendo as palavras certas para presentear meus leitores. Espero que todos apreciem esta leitura tanto quanto apreciei escrevê-la. Ao meu olhar de empreendedora, apresento um dos desafios de ser líder: a tomada de decisão. Minha experiência foi modificar padrões tradicionais e desenvolver técnicas para obter melhores resultados

Kátia Brunetti

Kátia Brunetti

Proprietária da *Idiomas e Traduções Anália Franco,* atua há 15 anos como professora de idiomas e literatura (inglês/português/espanhol). Graduada no curso de Tradutor/Intérprete realiza trabalhos de tradução, interpretação, transcrição e revisão nas áreas de Administração, Autoajuda, Comércio Exterior, Esoterismo, História, Hotelaria, Jornalismo, Marketing, Nutrição, Pedagogia, Psicologia, Relações Internacionais e Turismo. Reconhecida como especialista em treinamento e desenvolvimento de professores, consultora de idiomas e pedagoga empresarial, desenvolve um trabalho inspirador e eficaz focado em resultados, comprometimento e produtividade. Criou o programa *Teen Today,* um preparatório para adolescentes e jovens adultos para o mercado de trabalho, envolvendo técnicas de coaching, mapas mentais, oratória, memorização, orientação vocacional e plano de carreira. Como palestrante e escritora, atua nas áreas de PNL, Neurociência, Pedagogia Empresarial, Terapias Holísticas, Liderança, Motivação e *Coaching.*

Contatos
contato@itanaliafranco.com.br
(55) (11) 2671-6971

Kátia Brunetti

INTRODUÇÃO

Sempre tive facilidade no aprendizado de idiomas, aos 16 anos fui convidada a assumir o cargo de professora em uma franquia bastante renomada. Trabalhei alguns anos como sócia e proprietária de uma escola e aos 25 anos me tornei proprietária da *Idiomas e Traduções Anália Franco*, uma escola de idiomas e um escritório de tradução. Uma oportunidade de abrir uma nova escola e criar uma cultura diferente, com uma pedagogia própria, espaço para utilização de materiais didáticos diversificados e instrumentos de desenvolvimento de competências. A preparação, emocionante e desafiadora, desde móveis, materiais à capacidade de gestão e criação de metodologia. Aquele momento consciente de que muita coisa está para mudar. Embora reconhecendo alguns desafios, sabia exatamente o que fazer para atingir minhas metas. Após alguns anos, trabalhado com adolescentes e adultos, percebi a urgência de entender mais profundamente as necessidades pessoais de cada cliente, identificá-las e trabalhá-las uma a uma. Isso requer conhecimento de diferentes metodologias e formações. Comecei a frequentar cursos e seminários sobre coaching, técnicas de comunicação, aprendizagem acelerada, liderança, motivação, neurociência, neuroeducação, com o intuito de possuir uma formação sólida que me capacitaria a atender diversos públicos.

QUESTÃO
Satisfação do cliente

O universo educacional é diferenciado. Existe uma vasta quantidade de variáveis e peculiaridades no ensino. Para proporcionar bom atendimento, precisamos conhecer quem são nossos clientes e o que eles realmente desejam. Cada cliente possui uma percepção diferente do que o serviço significa para eles. Para oferecermos um bom atendimento, devemos adequar o nível de serviço às exigências requeridas. Uma vez estabelecida esta referência, é preciso começar a trabalhar para sempre melhorá-la. O primeiro passo é fazer com que todos da equipe entendam que precisam oferecer o melhor ao cliente e que sua satisfação seja altamente garantida. Essa é a essência de um trabalho que deseja apoiar o cliente a definir suas metas e desenvolver competências para alcançá-las durante o processo, aplicando métodos adequados para proporcionar uma experiência satisfatória, oferecendo oportunidades enriquecedoras.

Levantar conceitos sobre a satisfação das necessidades dos meus

Damas de Ouro

clientes é de extrema importância para o sucesso de minha empresa. Possuo dois focos igualmente importantes: a parte pedagógica (material didático, metodologia, atividades extracurriculares) e a gestão escolar (que envolve relacionamento com os clientes, cumprimento de metas entre tantas outras tarefas administrativas).

DILEMA
Alcançar resultados e metas respeitando a diversidade

> Cada aprendizado é tão diferente quanto as pessoas a quem é aplicado

Para vivenciar a atual situação econômica, tecnológica e social, devemos entender que é preciso adotar uma nova abordagem de trabalho. Uma abordagem que combine velocidade, flexibilidade e seja voltada para o foco em resultados. Criar e aplicar métodos com uma nova postura, com firme intenção de fazer com que a forma de aprender seja abrangente e eficaz. Uma estratégia inovadora pode ser um bom ponto de partida. A partir daí, inicia-se um processo de experimentos, aprendizados e adaptações. Seja por meio de invenções, novos serviços ou simplesmente reformulação de produtos ou serviços já existentes, a inovação é uma alternativa imperativa para sobrevivência e crescimento de uma empresa.

DECISÃO E RESULTADOS

A decisão mais importante na abertura da minha própria empresa foi então a ideia de gerenciá-la com inovação. Implantar um novo modelo de negócios e executá-lo de forma consciente e planejada. Minha estratégia foi desafiar métodos educacionais já existentes, desenvolvendo uma metodologia própria, uma mudança cultural profunda na empresa e nas pessoas envolvidas, valorizando ainda mais o cliente, atendendo e suprindo diversas necessidades e proporcionando resultados efetivos e transparentes. A ideia principal foi a criação de programas customizados aos alunos, sejam eles particulares ou empresas. Através de uma consultoria, são elaborados projetos específicos de desenvolvimento, treinamento, aplicando coaching, PNL e materiais específicos que ofereçam alicerces para o aprendizado. Ao contrário da maioria das abordagens educacionais, esta minha nova metodologia ensina o aluno a aprender, utilizando técnicas inovadoras e diferenciadas.

O cérebro humano é a chave para o sucesso pessoal e profissional. Quanto mais eficientemente o utilizarmos, mais sucesso teremos.

Kátia Brunetti

Dentro deste processo, inúmeras técnicas são usadas, tais como a Teoria das Inteligências Múltiplas, avaliação das aptidões cerebrais dominantes e um conjunto de métodos para aceleração. Meus estudos iniciais com psicólogos e neurologistas esclareceram então o poder da mente e do cérebro humano, deixando todos certos de que resultados serão obtidos a curto, médio e longo prazo. No decorrer do processo, os alunos ficam surpresos com os resultados visíveis. Num estágio mais avançado essa experiência também pode ser levada ao dia a dia, com maior utilização da flexibilidade mental, descobertas de soluções para os desafios da vida, desbloqueio de vícios e medos.

APRENDIZADOS

Apenas liderar uma empresa não é o diferencial de um empreendedor. São suas atitudes diante da liderança que fazem toda a diferença. É o modelo comportamental que incide sobre todos os elementos da gestão, ajudam a construir uma equipe de sucesso e consequentemente a alcançar resultados almejados. Cada pessoa tem seu próprio estilo de liderança. É preciso tempo e prática para trabalhar tal habilidade. Com o passar dos anos, são aprendidas lições valiosas que serão extremamente úteis para futuras experiências.

Lição 1 – O que é ser empreendedor – teoria e prática
Lição aprendida = a palavra empreendedorismo, de origem francesa, *entrepreneur*, designa o ato de ser um empreendedor, aquele que se compromete com inovações, finanças e visão de negócios. Um empreendedor é alguém que organiza, gerencia e assume os riscos de uma empresa. Um empreendedor é o agente de mudança. A oportunidade de gerir uma empresa me fez uma verdadeira administradora, capaz de agir com liderança e persistência, sempre buscando novas ideias e obtendo aprendizados:

- Iniciativa para criar um novo negócio
- Amor pela profissão
- Utilização de recursos inovadores e criativos
- Conhecer riscos calculados, antecipando fatos e ter visão de futuro da organização.
- Ter iniciativa e tomada de decisão
- Energia, entusiasmo, motivação e controle.

Lição 2 - O verdadeiro sucesso
Lição aprendida = o sucesso depende do que você faz e como

Damas de Ouro

você faz. O sucesso é alcançado quando uma meta de expansão é atendida, supera-se desafios e dificuldades pelo esforço consciente aplicação de capacidades, recursos e métodos. Baseada em resultados, minha liderança hoje tem ênfase em conhecimentos técnicos e práticos aliados ao reconhecimento de que sempre podemos aprender e melhorar diariamente.

Lição 3 – Autoconhecimento

• **Pressentimento** - uma das vantagens mais poderosas para gerenciar uma empresa é confiar nos instintos e impressões sobre as pessoas e situações. Eu acredito que esta é sem dúvida uma habilidade importante de muitos empresários de sucesso.

• **Paciência** – uma virtude extremamente essencial para os empresários. Por meio deste atributo, conquistamos a segurança necessária para dar continuidade em nossos projetos, sem olhar para trás. Como sabemos as melhores coisas muitas vezes vêm àqueles que sabem esperar.

• **Caráter** - relações de confiança estabelecidas entre pessoas e entre empresas são processos extremamente complexos e delicados. Uma pessoa íntegra é aquela que cumpre o que fala e age com honestidade, transparência e clareza. A integridade, intenção, capacidade e resultados constroem o caráter de uma empresa, seus colaboradores e funcionários.

• **Competência** – é estabelecida quando as pessoas têm confiança em seu serviço. A capacidade envolve habilidades, qualidade da informação, conhecimento e domínio sobre uma função. O resultado é o produto da ação. Um resultado de alto nível é equivalente ao nível de integridade, propósito e capacidade da empresa, seus colaboradores e funcionários.

• **Responsabilidade** – aprender a direcionar, apoiar e capacitar pessoas a atingirem seus objetivos. Um dos principais atributos da maturidade empresarial consiste em assumir a total responsabilidade e compromisso por decisões e escolhas.

• **Toque pessoal** – com uma visão empreendedora, naturalmente projeto a minha empresa em torno de meus valores e personalidade. Devemos mostrar liderança, inspirar confiança e sempre tratar as pessoas como gostamos de ser tratados.

INSPIRAÇÃO

Em primeiro lugar, não acredito que a administração das mulheres nos negócios seja diferente da administração dos homens. Por

Kátia Brunetti

que seria diferente? Gerir uma empresa é um trabalho extremamente complexo e mentalmente desafiador, para homens e mulheres, independente de sua idade, classe social ou profissão. A sociedade de hoje oferece ampla oportunidade para as pessoas de todas as esferas e cabe a cada uma criar oportunidades e fazer o sucesso acontecer.

Sempre me interessei por leituras com experiências positivas. Biografias, histórias de vida e inspirações para um crescimento pessoal e profissional. Leituras tradicionais e modernas de autores que relatam histórias de vida, arte da inovação, novas estratégias, educação financeira, criação de metodologias e implementação de melhorias. Acredito que não exista uma fórmula pronta de inspiração a um empreendedor mas sim uma combinação de fatores pessoais e profissionais que o estimulam e inspiram.

Minhas inspirações? Steve Jobs, Peter Drucker, Idalbeto Chiavenato, Philip Kotler, Abraham Maslow, Dale Carnegie, Stephen R. Covey, James C. Hunter, Henry Ford, Brian Tracy, Bob Proctor, Tony Buzan, Clarice Lispector, Anália Franco Bastos, Gabrielle Bonheur "Coco" Chanel, Zélia Gattai, Rosana Hermann, Confúcio, Buddha, Osho entre outros. Ter exemplos extraordinários como estes é fundamental para me manter neste caminho que escolhi. Todos me inspiram a ter uma visão diferente sobre diversas áreas da vida. Fazem-me pensar em como é possível ser uma empreendedora de sucesso e crescer diariamente. Inspiram-me a ter um estilo de vida empreendedor em cada atitude diferenciada.

Com influência de diversos ensinamentos e lições, sigo hoje minha própria filosofia modernista e visão criativa de empreendedorismo:

SEJA DIFERENTE	SEJA OUSADO	DEIXE SUA MARCA	NUNCA DESISTA
Promova uma visão inspiradora, conecte pessoas aos seus ideais. Faça do seu jeito, faça diferente!	Transforme seus negócios em uma alegre jornada, assuma riscos necessários para chegar ao topo.	Desde o primeiro dia de sua carreira alie aprendizagem teórica à prática e apresente ao mundo seu diferencial.	Por mais difícil que pareça, nunca desista de seus sonhos. Eles são a essência de sua vida, de sua felicidade.

Como educadora, tenho como uma grande inspiração o filme indiano *Como estrelas na Terra: toda criança é especial*. A grande mensagem é que cada ser humano é único e assim deve ser tratado. Exatamente como estabeleço a parceria entre minha empresa e meus clientes. São únicos, aprendem de forma diferente e têm objetivos diferentes. Foi a partir dessa visão, que estabeleci que os estilos das aulas devessem então seguir padrões diferentes de modo que todos possam progredir diretamente.

Damas de Ouro

MENSAGEM FINAL

O mundo dos negócios não é um jogo de regras fixas. Essas regras mudam diariamente. As mudanças são visíveis, principalmente, no que dizem respeito às práticas educacionais. As escolas de hoje, que procuram ser mais globalizadas, devem construir conhecimentos e desenvolver seus diferenciais. Alunos envolvidos com escolas e professores originais terão futuros promissores.

Uma pessoa realizada, de bem com a família, com ela mesma e com as pessoas que trabalha é certamente alguém mais produtivo, feliz e dinâmico, criativo e bem-humorado. Acredito que o amor à profissão é o alicerce do sucesso e da felicidade.

AMOR						
Finanças	Trabalho	Realização	Aprendizado	Saúde	Ambiente	Família/Amigos

Encontrar o equilíbrio certo em sua mente, corpo, vida pessoal e profissional irá ajudar a estabelecer seus objetivos e concretizá-los. Ser líder é uma tarefa desafiadora, é preciso tempo, paciência, confiança e uma atitude insistente e positiva para desenvolver conhecimento e capacidades. Acredite que tudo é possível. Pense grande. Desenvolva uma estratégia, direcione seus objetivos e faça os ajustes necessários. Acredite em você! Tenha fé e lute pelos seus sonhos. Cada conquista é o resultado de disciplina, dedicação e esforço. E lembre-se: Todos os dias temos uma nova chance, e um mundo novo repleto de boas novas. Basta saber reconhecê-las e aproveitá-las. Desejo a você Sabedoria e Força para vencer os desafios.

Escolha um trabalho de que gostes, e não terás que trabalhar nem um dia na tua vida. – Confúcio

17

Um líder de excelência sabe ler... pessoas

"Os limites da minha linguagem são os limites do meu mundo".
Ludwig Wittgenstein

Descubra aqui como ampliar sua linguagem para, assim, desbravar novos mundos. Boa leitura!

Leticia Belia Rodrigues

Leticia Belia Rodrigues

Fundadora do Instituto Alicerce, atua desde 2009 como consultora em desenvolvimento humano, coaching de vida e carreira, instrutora e designer de treinamentos cognitivos e comportamentais. Mestre em Administração de Empresas pelo COPPEAD/ UFRJ, pós-graduada em Comunicação e Imagem pela PUC-Rio, bacharel em Jornalismo pela UERJ e em Publicidade e Propaganda pela UFRJ. Graduação em Psicologia pela Faculdade Pitágoras de Uberlândia. Certified Master Coach pelo Behavioral Coaching Institute - BCI (USA). Executive Coach pelo Behavioral Coaching Institute – BCI (USA) e Sociedade Brasileira de Coaching, Personal & Professional Coach pela Sociedade Brasileira de Coaching, Trainer e Master Practitioner em Programação Neurolinguística pelo Metaforum International (Alemanha) com reconhecimento internacional pelo DVNLP, NLP-IN, IANLP e Society of NLP, licenciada como Trainer Taquion (Argentina), Analista de Panorama Social formada por Lucas Derks (Holanda). Possui dez anos de experiência executiva na área de Planejamento Estratégico, além de vivência como docente em Marketing, Programação Neurolinguística e Coaching.

Contatos
leticiacoach.com.br
institutoalicerce.com.br
Currículo Lattes: http://lattes.cnpq.br/2525111292211376
Facebook: Leticia Coaching e PNL
contato@leticiacoach.com.br
(34) 9207-0123

Leticia Belia Rodrigues

Como coach, sou procurada por gestores – homens e mulheres – que cresceram profissionalmente devido à sua competência técnica e confiabilidade. Começaram como analistas e especialistas e, aos poucos, foram assumindo posições de maior responsabilidade, como coordenadores, gerentes e diretores. As questões que trazem com maior frequência para o processo de coaching dizem respeito ao relacionamento interpessoal, seja pela falta de preparo para lidar com pessoas e equipes, ou pelo desconforto em assumir uma função mais estratégica e política na empresa em que atuam.

É muito tranquilo quando você é contratado para realizar um trabalho que conhece bem e depende apenas do seu empenho para alcançar os resultados exigidos. A coisa muda de figura justamente quando seu desempenho é reconhecido e você é promovido para funções que envolvem o gerenciamento de equipes para que, juntos, deem o retorno que a empresa espera. Além disso, o líder também é o porta-voz da equipe, é aquele que faz a intermediação entre a empresa, na figura de seus altos dirigentes, e os funcionários sob sua responsabilidade. Como manter a boa atuação em funções tão diferentes daquelas que projetaram seu nome na organização?

Frequentemente o profissional se vê lançado nesta nova realidade sem um preparo adequado. As graduações e pós-graduações ensinam muitas teorias e técnicas, no entanto as habilidades comportamentais e a parte prática das competências de liderança ficam a cargo da própria pessoa desenvolver, muitas vezes intuitivamente, sob as pressões do meio corporativo. E, entre outros motivos, é em busca de um "atalho" neste caminho que muitos gestores procuram o apoio de um coach.

As informações que trago aqui fazem grande diferença na atuação dos líderes, segundo minha experiência com coaching. Você vai perceber que elas são aplicáveis em todo relacionamento interpessoal, não só no ambiente profissional. Por isso, prepare-se para uma transformação na sua forma de ver e atuar em seus relacionamentos.

As pessoas são diferentes: ainda bem!

Não existe bom ou ruim na maneira de ser. As pessoas simplesmente são diferentes: têm histórias de vida diferentes, formas diferentes de ver o mundo, fazem interpretações diferentes de um mesmo fato, têm ritmos diferentes para tomar decisões e executar atividades... Diferente, diferente, diferente.

E isso é ótimo! Pois uma pessoa minuciosa e paciente, que gosta de tarefas rotineiras e trabalho individual, vai se encaixar perfeitamente em uma função na qual outra pessoa, mais expansiva e impulsiva, se ente-

Damas de Ouro

diaria só de pensar. Da mesma forma existe aquele que adora o novo, estar na rua, lidar com gente e se confrontar com desafios inesperados a toda hora. Mais uma vez, não existe melhor ou pior. Existe sim o mais adequado para cada função ou atividade. E o líder eficaz entende isso e usa as habilidades de cada um da equipe a favor de todos: da empresa, do bem-estar profissional individual e da harmonia do grupo.

Decomposição de palavras "grávidas"

Vamos começar a ponderar sobre a leitura que o líder deve ter de cada um com quem se relaciona – seja membro da equipe, par, cliente, parceiro ou superior. Consideremos a palavra "sucesso". Quando nos referimos a "sucesso" em uma comunicação, acreditamos que todos estão entendendo a mesma coisa. Mas não estão. "Sucesso" é uma palavra "grávida". E não é grávida como os humanos, mas sim como os felinos: parece ser uma palavra de entendimento único, mas na verdade tem várias interpretações possíveis dentro dela...

Qual a definição de sucesso para você? Como você vai saber que "chegou lá"? Quais as evidências que você terá de que atingiu o sucesso? Alguns compraram a ideia de que o sucesso é ter posses, usar roupas de marca, ter um cargo elevado em uma multinacional, ter carro e combustível pagos pela empresa. Outros constroem a definição de sucesso a partir da família: ter uma casa adequada para criar os filhos e um cônjuge amoroso e parceiro, ter um trabalho em horário comercial que não atrapalhe a convivência familiar, não faltar comida, saúde ou educação para cada um. Há, também, os que associam o sucesso a alguma ideologia ou estilo de vida: manter uma vida saudável, com hábitos e alimentação mais próximos do natural, ter uma vida com o mínimo de estresse e longe das grandes metrópoles. E assim podemos imaginar milhares de possibilidades de interpretação para a palavra sucesso.

Este ponto me lembra do filme "O Diabo Veste Prada" (*"The Devil Wears Prada"*, EUA, 2006). Em diversos momentos, as personagens que trabalham na revista de moda *RunWay* repetem como um mantra para Andie (Anne Hathaway): "Dezenas de garotas gostariam de ter o seu emprego". Essa era uma crença difundida na *RunWay:* de que era um lugar muito visado pelas pessoas para trabalhar. E, por conta disso, os profissionais que lá se encontravam se submetiam a situações de estresse elevado e de abuso moral. Para quem era um sinônimo de sucesso trabalhar na *RunWay*? O filme mostra que para a Andie não era.

Portanto, para saber como motivar e gerir sua equipe, é importante entender o significado de sucesso para cada um. E, para saber como se comunicar e entregar resultados para a empresa, superiores, clientes, pares e parceiros, também é interessante perceber qual a definição que eles têm de qualidade (está aí outra palavra "grávida"!) . Certamente as respostas não serão as mesmas que a sua. Aliás, qual é a sua resposta mesmo? Escreva aqui:

- Para mim, as evidências de que atingi o sucesso são:
- Reconheço um trabalho de qualidade pelas seguintes características:
- Ter qualidade de vida é:

Formas de representação da realidade

Todos têm preferências na forma de apreender e interpretar o mundo, que estão codificadas no modo de falar, gesticular e no direcionamento do olhar. É como criamos a nossa representação pessoal da realidade. E, sim, você pode descobrir o meio preferencial de expressão do seu interlocutor e aplicar este conhecimento a favor da sua comunicação com ele, de modo que o entendimento e a harmonia entre vocês sejam facilitados. São três as formas de expressão fundamentais: auditiva, visual e cinestésica.

Quem é mais auditivo, usa com frequência palavras que se referem a som. Por exemplo: "Isso não me **soa** bem", "Sei que ainda vou **ouvir** muito sobre você no futuro", "Aquela combinação de cores parece **gritar**" ou "Ninguém me dá **ouvidos**". Quando conversam sobre algo que precisam lembrar, costumam direcionar os olhos para as orelhas. Quando gesticulam, usam movimentos em uma altura mediana.

Se atentarmos para uma pessoa com preferência visual, perceberemos que ela faz muitos gestos enquanto fala, em geral movimentos amplos e altos. Ela gosta de informações visuais, por exemplo, na forma de gráficos coloridos. Seus olhos se direcionam para cima quando buscam lembrar-se de algo, e suas frases são cheias de palavras que remetem ao campo visual: "Aquele emprego me encheu os **olhos**", "Você **enxerga** longe", "Agora tudo está mais **claro** para mim", "Parece que você quer me **revelar** algo".

Aqueles que têm preferência pelo canal cinestésico fazem referência a termos relacionados a tato, olfato ou paladar, como: "Isso não está me **cheirando** bem", "Você já pode se **sentir** vitorioso", "Ela cantou de uma forma **suave**", "Eu tirei um **peso** das costas", "Meu coração está **apertado**", "Ela foi **áspera** comigo". São pessoas que aprendem quando "colocam a mão na massa" e usam movimentos mais baixos quando gesticulam. Para lembrarem de algo, costumam direcionar os olhos para baixo.

Uma vez identificada a preferência da pessoa, busque introduzir na sua fala as palavras que ela mais usa, sejam de natureza auditiva,

Damas de Ouro

visual ou cinestésica. O objetivo é incluir um elemento na conversa que fará com que o interlocutor se sinta mais à vontade com você e esteja mais aberto ao que está sendo dito. Este é um cuidado básico para momentos de *feedback*, em negociações e outros.

Ao fazer uma apresentação em público, saiba que sua audiência estará dividida entre estes perfis. Por isso, use estratégias que atendam cada um dos estilos: imagens e gesticulação rica para os visuais, uma voz com variações e ênfases no discurso para os auditivos, atividades que envolvam os cinestésicos. E, é **claro**, varie as palavras para que **toquem** diretamente a preferência de cada **ouvinte**.

Diferenças comportamentais

Observe as pessoas ao seu redor. Para começar, detenha-se às características daqueles que você conhece melhor e com quem convive. Você vai perceber que elas possuem traços individuais que marcam seu comportamento em diferentes momentos e contextos, dentro das seguintes opções:

Característica Comportamental	Manifestação Intensa	Manifestação Sutil
Comando: *Forma de lidar com desafios*	São pessoas exigentes, diretas, decididas, enérgicas, competitivas, obstinadas, intolerantes, com força de vontade e vigorosas. Têm pressa para atingir resultados e superar desafios. Tendem a ser *workaholics* e a ter menor qualidade de vida.	São discretas, cautelosas, concordantes, modestas, hesitantes, inseguras, pacíficas e comedidas. Primeiro pensam e depois aceitam o desafio. Tendência a se subestimarem. Maior facilidade para trabalhar em equipe.
Relacional: *Como interage com os outros*	São efusivas, atenciosas, sensatas, inspiradoras, carismáticas, políticas, persuasivas, confiantes, expressivas e sociáveis. Boas em negociação de conflitos. Podem perder o foco com facilidade. Gostam de reconhecimento público.	São prudentes, lógicas, retraídas, desconfiadas, objetivas, incisivas, calculistas e críticas. Boa capacidade de concentração, facilidade para trabalhar de forma solitária e em silêncio. Gostam de elogios sem exposição pública.
Constância: *Ritmo de trabalho*	São pacientes, resistentes a mudanças, possessivas, previsíveis, consistentes, calmas, passivas, pouco expansivas e metódicas. Monotarefas, terminam o que começam. Valorizam a qualidade de vida.	São versáteis, ativas, inquietas, multitarefas, flexíveis, impulsivas, impacientes e agem sob pressão. Gostam de movimentação e de mudanças frequentes. Têm facilidade de viver longe da família.

Leticia Belia Rodrigues

| *Disciplina:* *Como lida com* *normas, regras e* *procedimentos* | São preocupadas, cuidadosas, perfeccionistas, sistemáticas, formais, organizadas, diplomáticas, atentas aos procedimentos e sensatas. Costumam valorizar a teoria: gostam de ler, estudar, criam e respeitam regras. | São firmes, independentes, desinibidas, arbitrárias, teimosas, determinadas, impulsivas e individualistas. Dificilmente aceitam um "não" e têm resistência à frustração (perfil bom para vendas, principalmente se o Relacional for intenso). |

Quadro baseado na Teoria D.I.S.C.

O líder de excelência conhece suas próprias características comportamentais e mapeia os padrões das pessoas com as quais se relaciona. Não é preciso conhecer no detalhe a combinação dos aspectos de comportamento de cada um. Basta identificar, usando a tabela acima, ao menos um grupo de características que chamam a atenção nas atitudes cotidianas de quem você está observando. Isto é, se no quadro acima você encontrar qualidades que se encaixam com a forma de a pessoa agir, você terá boas pistas sobre como se relacionar com ela, seja para gerir – atribuindo funções mais adequadas a cada perfil - motivar ou se comunicar.

Você pode perceber também que, dependendo do perfil de duas pessoas que se relacionam, podem existir algumas armadilhas. É o caso de um líder reativo (manifestação intensa de constância ou disciplina) lidando com membros proativos de sua equipe (manifestação intensa de comando ou relacional). Existirá a tendência de este líder sentir-se ameaçado ou pressionado, e neste caso, em vez de usar a próatividade dos membros a favor dos resultados que precisam alcançar, pode reagir de forma a sufocar as iniciativas que surgem. Será, então, uma situação de estresse para ambos os lados, em vez de se promover a sinergia dos diferentes perfis em prol da organização.

Daí a importância do autoconhecimento e de conhecer seu interlocutor. Entender que existem os diversos comportamentos, identificá-los e alocar seus colaboradores nas funções mais adequadas para que possam efetivamente contribuir para os resultados, é ter visão estratégica e ser um líder de ouro. Agrada a equipe e a empresa. Da mesma forma, saber como seu superior percebe a realidade e recebe melhor as comunicações também favorecerá negociações e a apresentação de informações e resultados.

Uma vez consciente destas estratégias, passa a ser sua a responsabilidade de observar o perfil das pessoas e de adaptar a sua comunicação às delas. Não importa qual o tipo de relação que vocês tenham ou o papel hierárquico assumido.

Um grande líder atinge resultados surpreendentes a cada novo

Damas de Ouro

aprendizado, pois coloca logo em prática as novas competências que adquire, e vai além... Então, o que você está esperando? Mãos à obra!

18

As damas de papeis coloridos

Elas usam batom e salto alto e vão fazendo a escalada da vida
enfrentando palcos e cenários, superando desafios e colorindo a vida...

Lisbeth Paulinelli

Lisbeth Paulinelli

Assistente Social, com especialização em Política Social-UCG, formação complementar em Jogos de Empresa-MRG, Desenvolvimento Prático em Técnicas Vivenciais, Dinâmica de Grupo – pela SOBRAP e Técnicas Avançadas de Dinâmica de Grupo. Formação Holística de Base na UNIPAZ – DF. Consultoria Interna na área de Recursos Humanos, Música em Abordagem Vivencial. Capacitação como facilitadora em programas para Mobilização e Potencialização de Equipes. Vivência por 17 anos como Assistente Social e facilitadora no Banco do Estado de Goiás S/A em programas de desenvolvimento para Gerentes, formação de Supervisores, Multiplicadores Internos e Equipes de trabalho. Facilitadora da WIN – Desenvolvimento de Pessoas - BH, em Programas de Times de Alto Desempenho.Membership ASTD. Co-autora do Livro Jogos de Empresas e Técnicas Vivenciais. **Certificação International Coach – ICC – International Coaching Community.** Sócia e Consultora da HYDRA EDUCAÇÃO EMPRESARIAL E EVENTOS LTDA por 18 anos.

Contatos
www.hydraeducacao.com.br
lisseba@hydraconsultoria.com.br
lrpaulinelli@hotmail.com
(62) 3251 3716

Lisbeth Paulinelli

S e tem algo que eu admiro são aqueles homens e mulheres que conseguem desempenhar seus vários papéis de forma adequada e que, com sabedoria, sabem fazer aquelas combinações que parecem quase uma poção mágica para enfrentar e superar desafios e dificuldades do seu dia a dia. Eles conseguem simplesmente representar bem, redesenhando e colorindo seus papéis.

Hoje, apenas para fins didáticos, no contexto do pensamento que permeia este artigo, os homens ficarão de lado e o destaque serão as mulheres, as damas, que se fortalecem através do exercício do desempenhar inúmeros papéis ao longo de toda a existência. Sejam elas as deusas, rainhas, princesas, guerreiras, mães, donas de casas, profissionais, executivas, políticas, provedoras ou todas aquelas mulheres que nos deixam exemplos, para que possamos exercer com mais coragem e sabedoria nossos papéis.

Assistimos cada vez mais a aparição de verdadeiras damas valentes e de garra, que assumem posições e postos invejáveis, nos mostrando com assertividade como nos colocar à frente das duras batalhas e nos mover pela pura energia de ser mais, de fazer mais, de realizar, movidos pela atitude de coragem e sustentados pela opção em sempre vencer os obstáculos.

Como mulher, eu entendo e compartilho os dilemas, a energia e as cores que cada dama coloca na sua vida. Cada uma é movida por seus próprios motivos, pois todas as mulheres têm suas histórias, múltiplos papéis, demandas diversas, cobranças e problemas que as fazem próximas de perder o domínio de si, da situação e do próprio tempo...mas não perdem! Por outro lado, é enorme a capacidade desses seres, de quem me alegro ser irmã, de dar a volta por cima, assumir o comando da situação e se superar em todos os sentidos.

As verdadeiras damas não se entregam e não vivem reclamando e se lamentando: elas sacodem as poeiras das vestes, avaliam as forças, encontram mais onde jamais pensaram que havia...e viram o jogo! Ah...sim...essas damas também choram, experimentam as tristezas e os cansaços decorrentes das lutas que elas mesmas escolheram, mas renovam-se e fazem ser mais vibrantes as suas cores.

Verdadeiras damas fazem o mapeamento das diversas áreas de sua vida e investem fortemente analisando, planejando e estabelecendo metas para dar pernas aos seus sonhos. Elas têm foco e fazem acontecer, mesmo sem as condições entendidas no mais das vezes como as ideais.

Mas quem são as damas de papéis coloridos?

As damas de papéis coloridos são aquelas mulheres que souberam

Damas de Ouro

e sabem se diferenciar, são mulheres como todos os seres desse gênero, mas mobilizam em si muito mais das forças que cedem às naturais fraquezas e, por isso, são as verdadeiras damas. Elas sempre estiveram à frente, presentes, trabalhando e lutando, garantindo o seu lugar e conquistando o mais que merecido reconhecimento na sociedade. Revertem situações e se superam. Fazem com excelência. Dão cores e mudam as cores de seus papéis tornando a vida mais viva. Além disso, são símbolos de força, persistência e grandeza que se perpetuam pelos séculos. Insistem em ser duas nas suas essências de seres delicados e, no mesmo coração, na mesma mente, seres supreendentemente fortes e corajosos, às vezes além mesmo das escolhas.

Como encontramos mulheres de todos os tipos e características, posso afirmar que as damas de papéis coloridos apresentam alto grau de comprometimento e fazem parte de um grupo seleto, não importando sua classe social. Elas se doam e dão o melhor de si. Sempre. Mal abrem o olho, antes mesmo das primeiras gotas de água sobre o rosto, seus corações já pulsam intensos, queimando o combustível que captam dos sonhos e dos deveres a serem perseguidos e cumpridos, nessa ordem ou na inversa.

Muitas mulheres que sonharam um dia em se casar, ter filhos, que souberam concretizar seus sonhos, se dedicando com excelência aos seus papéis de esposas, mães , donas de casa e souberam conciliar os seus muitos afazeres, com certeza conseguiram conquistar o seu posto de damas de papéis coloridos. Devem ser aplaudidas e seus nomes pronunciados com respeito, muito respeito e a reverência a elas devida é uma questão elementar de justiça.

Com o tempo, os sonhos e contexto foram mudando e as damas se lançaram para valer no mercado de trabalho por vontade própria ou pura necessidade. Inicialmente para contribuir no sustento da casa e da família e, depois, e mais recentemente, com intenso fulgor, para refazer a sociedade, ressignificar seus contornos e, é claro, para serem enfim as damas soberanas de si mesmas, de uma vez por todas e para sempre.

As damas de múltiplos papéis coloridos tiveram que aprender – sozinhas! - a conciliar casa, filhos, marido ou companheiro, desenvolvimento intelectual e acadêmico, trabalho e ainda lidar com os dilemas e o enorme custo emocional de assumir papéis tradicionalmente masculinos na família, como a liderança, educação e provedoria do lar e dos filhos.

O desgaste emocional da mulher e aspectos penosos e drenadores de sua energia vital passam a refletir em muitos momentos no seu bem-estar pessoal. Como conciliar tudo? Como dar conta de tudo? Como cuidar de si mesma? Como administrar a autoculpa? Como enfrentar os medos e até mesmo, como não se deixar masculinizar? E

Lisbeth Paulinelli

como não perder a ternura, a infinita capacidade de se emocionar onde tudo parece Razão pura?

Pressões e cobranças de filhos, familiares e par afetivo mostram-se implacavelmente presentes e constantes. Mesmo assim, as damas de múltiplos papéis coloridos continuam em frente, não se intimidando. Procuram administrar e resolver os conflitos, fazendo as suas escolhas e as concretizando firmemente. Não dão trégua nem a si mesmas, porque sabem do que são capazes. Assumem novos postos, candidatam-se a vagas no mercado antes eminentemente masculinas, vencem duras e renhidas disputas e ganham competência, avançando nos conhecimentos, nas habilidades e nas atitudes.

Cada vez mais a mulher vem ganhando força e conseguindo bater os seus próprios recordes: como dona de casa, mãe, esposa e bancária e até feirante, vendendo churrasquinhos, por exemplo, para complementar a renda e, ainda assim, feliz e com disposição para chegar em casa cuidar das crianças, da casa e tudo mais. Além disso, encontra energia para sair cedo de casa, trabalhar e estudar à noite, enfrentando ônibus lotado e se sacrificando para conseguir chegar onde quer. Grande parte delas viu o casamento desmoronar e ficou só, com os filhos para sustentar. Que sufoco! Quantas mulheres que tiveram lutar para valer e que começaram a crescer passando por caminhos, hesitando por descaminhos parecidos com isso tudo?

As damas de papéis coloridos não param por ai. Elas vão em frente e de repente deixam, por exemplo, um emprego "estável" e se jogam com tudo num sonho: serem 100% mães, como volta e meia as mostram o noticiário. Irresponsabilidade? Não, coragem! Coragem para recomeçar ou continuar a busca por melhores condições de vida ,realização pessoal e, acima de tudo, o forte compromisso de conseguir fazer o melhor para os filhos. De repente, muda tudo novamente. Agora sim, tudo será diferente dizem elas e se enchem de energia para uma nova construção assumindo mais responsabilidades.

Cargos de comando, mais trabalho, viagens, casa, filhos, sobrevivendo, crescendo e transformando-se melhor como mulher, viga-mestre da família e profissional...na imensa solidão das lutas do dia a dia. Solidão sim, porém combinada com estratégias e práticas de automotivação para contrapor aos sentimentos naturais com o desejo de abandonar ou reduzir tudo ao meramente obrigatório.

As recaídas acontecem, mas passam logo. Muitas vezes, elas são consequências das grandes responsabilidades assumidas, das correrias, desgastes, do esquecimento de si mesmas, e até falta de reconhecimento da parte dos mais queridos...por quem elas lutam o tempo todo!

Com isso tudo, a mulheres modernas, as transformadoras do

Damas de Ouro

mundo para enfim melhor que sempre, precisam avaliar suas cores, investindo cada vez mais no seu autoconhecimento, na sua saúde integral, na sua espiritualidade, de forma que possam reforçar as características que as fazem conscientes do próprio significado.

Pesquisas de diversos institutos sociais em escala global, apontam que 52% das mulheres sonham em crescer profissionalmente e, assim motivadas, elas entraram em campo para valer. Aumentou o número de mulheres em cargo de liderança no Brasil, de acordo com o International Business Report 2012, da Grant Thornton, organização internacional de contabilidade e consultoria. Os dados revelam que 27% dos cargos de liderança no país são ocupados por mulheres, uma elevação de 3% em relação ao ano anterior e superior aos 21% no mundo todo. Globalmente, a Rússia conquistou a melhor posição (46%) e Japão a pior (5%).

A maior parte das mulheres em cargo de liderança no Brasil está na área de Recursos Humanos (16%) e no segmento financeiro, respondendo por cargos em nível de Diretora Geral (15%), Diretora financeira (13%) e na área Comercial (13%). O percentual de brasileiras que ocupa posição de sócia estatutárias em empresas de diversos perfis caiu para 6%, ainda segundo a fonte retromencionada.

Certamente, as mulheres terão cada vez mais chances de realização, se continuarem a desenvolver e exercitar suas características femininas. Tais características tem a ver com o forte espírito de liderança, persistência, determinação e coragem de ser o que se é e fazer o que se sonha. Elas têm maior facilidade para trabalhar em equipe, valorizando a parceria e a cooperação. São também mais cuidadosas com os detalhes e solidárias. Estudiosas, buscam cada vez mais criar, inovar e se diferenciar mantendo a fé inabalável que tudo dará certo.

Mulheres que ocupam cargos executivos são vistas como melhores líderes do que os homens, aponta ainda, um novo estudo da Universidade Duke, dos Estados Unidos. O importante, de acordo com os especialistas, é que elas quebrem a barreira do estereótipo de que são muito "sensíveis" para comandar uma negociação.

As damas de papéis coloridos são fortes e frágeis e, como qualquer outra mulher, gostam de serem amadas e elogiadas e não admitem serem passadas para trás ou que aproveitem de sua boa fé. Conseguem ser femininas, sensíveis e não se deixar masculinizar.

Construindo e reconstruindo incansavelmente seus sonhos, as damas vão colorindo e recolorindo seus papéis, cada parte parecendo se encaixar melhor com a outra e com o mosaico de novas e mutantes situações e, com mais segurança, fazem girar suas engrenagens e energias, tornando tudo mais significativo e sustentável.

Lisbeth Paulinelli

O fato é que as mulheres de papéis coloridos usam, felizes e com muita perícia, o seu batom e o salto alto e vão fazendo sua escalada.

Uma grande dama foi Cora Coralina, poetisa goiana, "uma mulher que fez a escalada da vida, removendo pedras e plantando flores".

Para finalizar, deixo um exercício para reflexão, se você estiver trabalhando com mulheres:

NOME : DAMAS DE PAPEIS COLORIDOS

OBJETIVO
Promover a reflexão sobre os papéis exercidos pelas mulheres e estabelecer melhorias.

APLICAÇÃO
Treinamento e Desenvolvimento.

FASE DO GRUPO
Todas as fases

MATERIAL
- Material já preparado: papéis coloridos em forma de pizza.
- Flipchart ou quadro branco para anotações
- Papel chamex e cola (ou fita crepe)
- Lápis
- Slides com as instruções

TEMPO APROXIMADO
- 1 hora

DESENVOLVIMENTO

1) Coloque em cima de uma mesa papéis coloridos cortados em forma de pizza, para que as participantes escolham seis pedaços das cores que preferirem.

2) Em seguida, peça que escolham seis papéis que desempenham no momento e coloquem em cada pedaço o nome de cada um. Caso não tenham o número, deixe em branco no primeiro. momento.

3) Com um lápis ou caneta deverão preencher cada pedaço respondendo o quanto estão satisfeitas naquele papel. Depois de tudo preenchido, peça que colem numa folha de papel chamex e numere

Damas de Ouro

por ordem de importância de um a seis.

4) A próxima etapa será o momento de fazer um levantamento sobre quais ações terão que fazer para melhorar o grau de satisfação em relação a cada setor.

5) Estabelecer metas e priorizar pelo menos duas delas e elaborar um plano de ação.

19

Transformando suas paixões em um negócio lucrativo

Pode acreditar, você é capaz de tudo! Dar um salto e criar uma vida extraordinária, ou seguir ouvindo aquele sussurro que aparece de vez em quando "O que eu poderia ter feito? Aonde teria chegado se tivesse feito diferente?" Este capítulo tem por objetivo apresentar o caminho da autonomia, apoiando-a a fazer perguntas certas e tomar as medidas corretas para trazer sua paixão para o mundo em um negócio lucrativo

Maju Limiyarti

Maju Limiyarti

Pioneira no trabalho de Coaching para Autônomas, criou o Mulher Integral como uma forma de unir e inspirar mulheres que buscam uma Vida Apaixonante e Feliz. É Bacharel em Administração de Empresas, Coach com certificação internacional em Coaching Express Cóndor Blanco. Suas especialidades são: Coaching de Vida e Carreira, Coaching de Prosperidade, e Coaching para Empreendedoras. Conferencista e Instrutora de Workshops da Organização Internacional Kai Woman (Desenvolvimento Pessoal para Mulheres). Tem 4 anos de treinamento intensivo capacitando-se com os melhores mentores do mundo no processo de Crescimento Pessoal - aonde aprendeu sobre Autoconhecimento, Liderança, Talentos, Crenças, Vendas, Prosperidade, Projeto de Vida, Meditação, Artes, entre outras ferramentas. Se especializou no Trabalho com Mulheres - e nossa vida integral.

Contatos
www.mulherintegral.com
ebook.mulherintegral.com
maju@mulherintegral.com

Maju Limiyarti

Há 100 anos, no Brasil, as mulheres não podiam votar, não tinham direito à propriedade, não podiam trabalhar em escritórios, nem participar de mobilizações políticas, econômicas ou sociais, nem sequer tinham direito a seus próprios corpos. As mulheres eram mercadorias e máquinas de parto.

Honro as mulheres determinadas que com sua coragem, inteligência e paixão abriram caminho para que todas nós pudéssemos seguir e trilhar uma nova realidade. Hoje, as mulheres têm Poder, são Líderes, Empresárias, Presidentes de Países, são Autônomas, Autênticas, e buscam a Liberdade diariamente.

Escrevi este capítulo para você, uma mulher com ideias e sonhos incríveis. Eu escrevi estas páginas, porque sei que você tem algo enorme para compartilhar com o mundo, e não quero que nada a limite de trabalhar com suas paixões e fazer aquilo que veio ao mundo para fazer.

Este capítulo tem por objetivo apresentar o caminho da autonomia, apoiando-a a fazer perguntas certas e tomar as medidas corretas para trazer sua paixão para o mundo em um negócio lucrativo.

Dentro da Escola *Kai Woman - Desenvolvimento Integral,* somos constantemente levadas à reflexão: Qual sua missão no mundo como Mulher? Será que é diferente empreender sendo Mulher?

Veja, são nítidas as diferenças dos homens: Corporais, Hormonais, Emocionais, de Cultura, de Crenças. Eu estudo sobre isso, e descobri que em geral, as mulheres não pensam em ficar ricas, que os homens são mais competitivos, e que a maioria de nós ainda é motivada pelo desejo de segurança e não pelo poder.

Empreender exige mais do que ter o conhecimento técnico, um produto ou serviço de qualidade e vontade de fazer a coisa acontecer, independente da sua atuação como advogada, palestrante, designer, música, médica, professora, esteticista, psicóloga, nutricionista ou autônoma de qualquer área. Se você é uma fábrica de ideias com grandes planos para o seu negócio, vai perceber que os resultados não aparecem de um dia para o outro, enquanto você fica sentada no escritório lindo que montou, esperando clientes te ligarem por causa do seu site super moderno.

Se você tem um senso de onde está indo, mas não tem certeza de como chegar lá, neste capítulo apontarei alguns passos que apoiam a transformar sua paixão em um negócio lucrativo!

Como Coach e Fundadora do Mulher Integral, auxilio o desenvolvimento de mulheres em cada uma das áreas da vida, na conquista da Felicidade. Trabalho com mulheres que têm ideias surpreendentes, mas estão sobrecarregadas com a lista de atividades necessárias para tornar seus ideais realidade. Eu criei um Guia de Negócios para Autônomas, aonde lhes dou a direção, apoio e motivação, à medida

Damas de Ouro

que criamos a estratégia e avançamos nos passos necessários para tornar a sua ideia realidade.

Qual o termômetro para saber como vai seu negócio? Avalie qual sua paixão por ele e qual é o Sonho por trás desta ideia ou empreendimento. É este Sonho que vai mover você para tornar real seu projeto, e não é um sonho que dure um suspiro, e sim um sonho que seja maior que os problemas e desafios que irá enfrentar. Tem que ser algo tão motivante que tudo o que você não gosta de fazer torne-se um grão de areia, frente aos resultados que conseguirá tornando seu sonho realidade.

Trabalhando com Coaching e com Mulheres descobri que na verdade, todas nós temos as respostas certas para nossa própria vida e para nosso negócio, mas às vezes simplesmente não sabemos como acessar essas respostas. Meu trabalho é baseado em fazer as perguntas certas. Sua sabedoria interior faz o resto!

E se você ainda não tem este Sonho motivante, que faz você acordar empolgada com a vida, com seu trabalho, farei algumas perguntas para inspirá-la, e se você já tem um sonho claro, estas questões servem para ativar seu propósito, pegue um papel ou um caderno, uma caneta e dedique 30 minutos para responder:

Imagine que sua vida é uma viagem, e você está dentro de um avião com o destino de encontrar seu sonho, esta é a última viagem da sua vida, e só tem um destino final, para onde este vôo irá levá-la? Aonde você quer chegar? Imagine que você tem tempo e recursos disponíveis, ouse imaginar.

Você chegou. O que você quer fazer? Para que você quer fazer isto?

Quem são as pessoas que fazem parte deste sonho com você?

Como as coisas vão funcionar?

Em qual lugar seu sonho vai se tornar realidade? (na internet, no banheiro, na Suíça)

Quando isto vai acontecer? E quanto vai custar para fazê-lo?

Você vai voar de Santiago para Paris, com escala em São Paulo? Ou é um vôo direto sem escalas? Você precisa traçar o roteiro para chegar lá. Sem pressa, visualize e coloque no papel com detalhes. A magia vai acontecer.

Se você não pode responder a todas as perguntas, não se preocupe, escreva um palpite ou desejo do seu coração. Por exemplo, se você não sabe a data exata para isto acontecer, mas sabe que pode ser entre julho e novembro, escreva julho-novembro. Depois, pode voltar e melhorar estas respostas, deixá-las cada vez mais detalhadas tornará seu sonho mais próximo.

Pode acreditar, você é capaz de tudo! Dar um salto e criar uma vida extraordinária, ou seguir ouvindo aquele sussurro que aparece de vez

Maju Limiyarti

em quando "*O que eu poderia ter feito? Quem poderia ter sido? Aonde teria chegado se tivesse feito diferente?*" Naturalmente, a escolha é sua. Mas estamos certas que é uma escolha que vai lhe trazer os sentimentos mais autênticos e apaixonantes, pois é o seu Sonho que está em jogo! Coloque suas aspirações no papel, esteja interessada em si mesma.

Quando se é autônoma e sua presença é indispensável para que o negócio exista, seu mundo interior também faz parte do empreendimento. Empreender é um Jogo, e existem regras externas que envolvem aspectos como planejamento, conhecimento de vendas, administração financeira e estratégias de marketing. E, não menos fundamental é o Jogo Interno (seus sonhos, sentimentos, crenças e paixões).

Quem é você, como pensa, o que sente? Quais suas crenças, seus hábitos? O quanto confia em si mesma? O quanto confia nos outros? Está vivendo de acordo com seus sonhos? Qual a sua capacidade de agir sob pressão? De agir apesar do medo e do desconforto? Até aonde você vai para realizar o que se propõe? Você se parece consigo mesma?

A verdade é, você é o que acredita sobre si mesma. Seus valores, seus pensamentos e crenças são fatores que determinam seu grau de sucesso, e se você deseja uma vida apaixonante, cheia de cores e energia, você precisa mergulhar dentro de si mesma.

Sabemos o que queremos, raramente pensamos duas vezes sobre algo que nos atrai. Mas o que nos faz acordar de manhã, o que faz nosso avião decolar e por que, é uma resposta de valor incalculável.

Hora de ser Autônoma. Pense como Pessoa e pense como Empresa. Uma combinação prática e profunda. Você descobre muitas coisas quando decide ser dona do próprio negócio, encontra recursos, valores e forças escondidas.

No mundo exterior, você precisa se posicionar e pensar como uma empresa com, pelo menos, estas áreas: Administração, Finanças, Marketing, Comercial e Produção.

A primeira é Administração, que envolve: Planejamento Estratégico - definição de missão, visão, valores, fortalezas e fraquezas - Legalização, Organização e Controle.

A área de Finanças diz respeito a: Investimentos pré-operacionais, fluxo de caixa (controle de entradas e saídas), etc..

A área de Marketing engloba os 7P's do Marketing de Serviços. Os 4 Ps tradicionais criados por E. Jerome McCarthy em 1960 e o 3 Ps do composto expandido por Valarie A. Zeithaml & Mary Jo Bitner, são eles:

- Produto (definir claramente o que você vai vender, e transformar isto em um produto, poder empacotar seu conhecimento);
- Preço (formação do preço de venda que pode ser em relação aos custos internos, à concorrência ou a disposição do cliente em pagar);

Damas de Ouro

- Praça (seu canal de distribuição, ou aonde está seu público alvo, sua praça pode ser um bairro, uma cidade, um país, ou pode ser a nível mundial – principalmente se for um produto/serviço online);
- Promoção (tudo o que envolve promover a empresa e você, do seu cartão de visitas à seu perfil nas redes sociais);
- Pessoas (todas as pessoas envolvidas no seu negócio, você, seus fornecedores, parceiros, etc.);
- Prova Física (se você vende um serviço, um produto intangível, a imagem visível deste produto é você, sua aparência, sua forma de vestir e comunicar, sua imagem pessoal agrega valor a seu serviço);
- Processos (todos os processos do seu negócio, divulgação, pré-venda, venda, pós-venda, e todos entre estes).

Na área comercial está tudo relacionado a atendimento de clientes e vendas, no caso de uma autônoma, você vende a si mesma e seus serviços.

A última área, Produção, diz respeito ao trabalho em si, ao serviço que vai prestar, ou ao produto que vai produzir/confeccionar. É a hora de por a mão na massa, entrar em ação.

Este é o jogo externo, a visão empresarial, necessária para qualquer negócio. Mesmo que você trabalhe sozinha, precisa ter esta visão do todo, e como fará do planejamento estratégico à administração de marketing.

Não menos importante, o jogo interno fala sobre Você, que é protagonista e indispensável nesta história toda. Ironicamente, quando você sabe quem é, e como funciona por dentro, pode lidar muito melhor com as forças externas, com os clientes, com a concorrência e o mercado.

Cito o Escritor e Mentor chileno *Suryavan Solar*, que descreve em seu livro *"Coaching Express – As Origens de um Novo Estilo"* os 4 elementos internos: Terra, Água, Ar e Fogo.

Comentarei cada um deles, e convido-a para observar o equilíbrio destes elementos dentro de você:

A Terra é o elemento mais denso da natureza. É o que traz objetividade, prosperidade, disciplina e ritmo, fundamentais para ter sucesso. Quando falta o elemento terra nos sentimos inseguras, ansiosas, distraídas, e custa concretizar e resolver as coisas.

A Água é a capacidade de fluir, a tranquilidade e serenidade, em movimento. É o que dá a resiliência, a capacidade de se transformar e adaptar-se às situações. Pessoas que carecem de água têm problemas nas relações por excesso de rigidez ou por falta de autoestima.

O Ar é o conhecimento e sabedoria, que coloca à serviço do mundo, quando transforma em um negócio. Caracteriza também a rapidez, visão e liberdade. Quando falta ar, somos pouco criativas e temos dificuldade de comunicar e escutar o outro.

O Fogo é a inspiração, a chama acesa, o grande propósito dentro de você. Quando você tem fogo é capaz de fazer do caos uma oportunidade, tem muita motivação e entusiasmo. Em falta ou mal direcionado, fazemos muitas coisas e acreditamos que tudo é importante e prioritário, não sabemos colocar limites e nos comprometemos com tudo que aparece na frente.

Estes são os quatro elementos do mundo interior. Todas nós temos os quatro, alguns mais ativos, outros menos marcantes. Se você tem excesso ou falta de algum, busque o equilíbrio. Se você sente que tem todos em equilíbrio, seja ousada com suas metas, corra mais riscos.

E tudo se resume a você, seus Sonhos e Paixões. A história mais poderosa que você pode contar é a sua. Sua vida é um presente! O que pode ser melhor que ela? A Vida é um caminho florido por talentos e intenções, perguntas e decisões.

Espero que este capítulo lhe inspire a escrever sua história com suas mãos e seu coração vibrando. Acredito que a autenticidade é uma força, tão poderosa quanto a energia solar.

Você está pronta para viver seu sonho? Pegue uma folha em branco para anotar e seja honesta ao responder:

Quanto você quer que seu negócio tenha sucesso?

Quanto dinheiro você quer ganhar fazendo isto?

Quantas pessoas você quer apoiar através disto?

Por este negócio você seria capaz de trabalhar até tarde da noite?

Seria capaz de se expor publicamente? Ser amada e criticada?

Capaz de dedicar seu tempo e energia para fazer o negócio funcionar?

Ou irá se distrair com outras coisas? Arranjar desculpas para as tarefas que não realiza ou tem dificuldade?

Você vai pensar o dia inteiro sobre seu negócio, e chegar ao final do dia sem ter feito nada?

Seja honesta, você realmente quer fazer isto? Você realmente quer ser autônoma? Realmente quer ser bem-sucedida trabalhando com seus talentos e paixões?

Porque, você pode ter sucesso! Mas tem que querer isso com paixão! Paixão suficiente para dedicar seu tempo, seu esforço, para fazer o trabalho necessário, para assustar-se um pouco, sair da sua zona de conforto, expandir os limites que você já conhece, para pedir apoio, para vender a si mesma, fazer telefonemas, enviar e-mails, se expor em público, para mudar vidas.

Eu sei que, se você quer, vai fazer o que tem que fazer para seu negócio funcionar, porque você merece trabalhar com o que ama!

Damas de Ouro

Vai desafiar a si mesma para fazer o que nunca fez antes. E fazer a diferença. Porque é isso que você está aqui para fazer!

E eu sei que você quer, e vai fazer! Você vai mudar o mundo.

20

Valores e ética

Os desafios de uma mulher no mercado de trabalho para alcançar o sucesso sem abrir mão de seus valores e da ética. Descubra como o jogo de cintura feminino pode ajudá-la a superar desafios, a conquistar a confiança dos demais profissionais ao demonstrar sensibilidade e, acima de tudo, o conhecimento sobre a área em que atua

Margarida Ranauro

Margarida Ranauro

Graduação em Engenharia Eletrônica (UERJ), mestrado Engenharia Biomédica (COPPE/UFRJ). Fundadora da empresa Blessolutions. Realiza trabalhos de Desenvolvimento Integral de Pessoas e Negócios que são possíveis devido à integração de suas diversas formações técnicas (Brasil, EUA e Alemanha) e experiência em mais de 20 anos em Consultoria de Negócios - Gestão de Projetos TI, treinamentos, workshop e palestras (Brasil, EUA, Canadá, Europa, Caribe e Ásia) com suas formações e experiência no Desenvolvimento Humano: Coach, Teoria Integral Ken Wilber, Cultura Organizacional (Tribal Leadership/EUA), Desenvolvimento Humano (Esalen Institute/EUA), Trainer em Eneagrama, Programação Neolinguística (PNL). Hipnose e Trainer na Oneness University (Índia) onde foi declarada "Desperta". Tem viabilizado profundas jornadas de transformação, elevação do nível de consciência e ampliação de perspectivas cada vez mais profundas e claras de si mesmo. Autora do livro "A Palavra como Caminho" (Ed. Rocco).

Contatos
www.blessolutions.com.br
www.blogblessolutions.com
www.margaridaranauro.me
mranauro@blessolutions.com.br

Margarida Ranauro

Fui contratada em uma respeitada, importante e reconhecida organização internacional como responsável pela Gestão de Tecnologia de Informação, com foco na implantação de um projeto global de um sistema ERP. Eles haviam recebido várias recomendações e referências positivas ao meu respeito de projetos realizados nos EUA, Canadá, Caribe, Europa e Ásia. Como o contratante não tinha conhecimento do valor hora cobrado pelo mercado para profissionais ERP, propus trabalhar um mês na condição por eles oferecida. Após esse prazo, eles conheceriam meu trabalho e poderiam reavaliar a minha proposta.

Durante as duas primeiras semanas, aconteceram várias situações em que demonstrei valores como honestidade, integridade, confiança, respeito, além do conhecimento técnico e rapidez de raciocínio lidando com vários e complexos assuntos ao mesmo tempo e com pessoas de liderança de vários países. Após essas duas semanas, disseram-me que haviam aprendido mais comigo do que em um mês com o grupo de profissionais do *Gartner Group*. Diante do excelente resultado do meu trabalho, o executivo principal decidiu ajustar meu pagamento para ser de acordo com o valor de mercado, conforme solicitado inicialmente.

Como o executivo principal estava entrando de férias e iria se ausentar, a responsabilidade do ajuste salarial ficou por conta de um executivo argentino. Ao ver que o salário de uma mulher executiva, loira e brasileira era superior ao dele, começou uma "guerra terrível", me boicotando e tentando prejudicar meu trabalho. Além disso, a decisão de implantação do ERP selecionado tinha sido contrária à escolha que ele desejava o que o estimulou ainda mais na sabotagem do projeto.

Usualmente tínhamos reuniões de planejamento até tarde da noite, quando decidíamos estratégias de implantação do projeto que seriam apresentadas na reunião executiva no dia seguinte. Durante a apresentação, ele manipulava informações e dados tentando 'puxar meu tapete', me colocando em situação embaraçosa. Apesar de muitas vezes massacrada nas reuniões, mantinha-me confiando que com o tempo as encenações seriam descobertas sem que eu precisasse violentar meus princípios e entrar no jogo que estava acontecendo. Algumas vezes, após reuniões, eu corria para o banheiro para chorar, não acreditava no que eu estava vivendo. Respirava fundo e minha mente dizia: vai embora daqui correndo porque não existem argumentos que sejam suficientes para reverter essa situação. Mas algo mais forte dentro do meu coração me fazia continuar e honrar a confiança que me havia sido depositada e contribuir para o sucesso do projeto. Não existia mais escolha - era uma questão de comprometimento ético e profissional – era ficar ou ficar!

Muitas mudanças foram acontecendo contrárias ao meu posiciona-

Damas de Ouro

mento, inclusive toda a minha equipe de consultores sêniores foi brutalmente substituída por consultores plenos e juniores latinos americanos prejudicando ainda mais o andamento do projeto. Lidava diariamente com minhas resistências às mudanças de planejamento e estrutura que estavam acontecendo, preconceitos, sabotagem, ou seja, conflitos internos e externos e a situação ficando cada vez pior. Procurava demonstrar com testes, resultados e gráficos estatísticos o quanto as decisões estavam sendo conduzidas para o fracasso do projeto e nada. Tínhamos inúmeros problemas e parecia que o caos era inevitável. Quando percebi o quanto estava me sentindo internamente separada daquele caos, ofendida, magoada, fragmentada por dentro diante daquela situação, minha percepção interna começou a mudar, me conscientizando dos conflitos que estavam dentro de mim; comecei então a acolher, aceitar e ficar em paz comigo e algo mágico naturalmente começou a acontecer também do lado de fora. Até que finalmente consegui comprovar a redução da produtividade com a nova equipe e que se continuássemos naquela direção não iríamos conseguir cumprir o cronograma para entrada em produção. Parece que os números ficaram mais claros para provar que algo deveria ser feito imediatamente para o 'navio não naufragar'. E assim foi feito! Novos caminhos foram traçados e decisões reestruturadas na busca do cumprimento do prazo do projeto. Tempos turbulentos sendo gradualmente substituídos por cooperação, colaboração e resultados positivos.

Apesar de todo boicote, intrigas, manipulação de dados e informações, o projeto foi implantado dentro do prazo, do custo estimado e sem problemas operacionais com todas as funcionalidades previstas funcionando em produção. E o mais surpreendente é que o executivo argentino reconheceu o meu trabalho e passou a me respeitar e admirar.

Muitas vezes, na minha caminhada profissional enfrentei obstáculos semelhantes a esse, remando contra a maré, saindo da normose dentro de atitudes consideradas senso comum no meio profissional. E algumas vezes, como nesse projeto, os resultados ratificaram minha convicção e prática de vida contrárias ao ensino de Maquiável que diz que os fins justificam os meios, provando que os meios são tão importantes quanto os fins. E que é possível obter sucesso com muito trabalho, qualidade profissional, alto desempenho, aliados à perseverança, credibilidade e confiança nos princípios e valores éticos que busco e acredito na minha vida.

Tenho vários mestres e gurus espirituais que me orientam na jornada da Unidade e na prática viva de valores baseados em princípios na minha vida pessoal e profissional. Essa prática flui naturalmente na minha vida, ela faz parte da minha essência, do meu Ser e me conduz cada vez mais na direção da integridade interna que se reflete no exterior na minha vida.

Um dos meus mestres é Gandhi, que me inspira em momentos de conflito pela perseverança, amor e principalmente pela sua simplicidade, ensinando por meio de exemplos de vida. Como na história abaixo que nos mostra que sempre temos três possibilidades de resposta diante de situações difíceis: inferior, medíocre ou extraordinária.

Mahatma Gandhi tinha habilidades intelectuais comuns quando era estudante. Ele pertencia à classe média, tinha estatura mediana, inteligência mediana, uma aparência comum, habilidades medianas, inteligência mediana, uma aparência comum, habilidades medianas.

Ele falhou como advogado na Índia e o seu irmão o enviou para a África do Sul, esperando que tivesse sucesso defendendo o caso de uns indianos na África do Sul.

Após um tempo na África do Sul, Gandhi estava certa vez viajando para Pretória, de trem. Ele ainda não havia sido completamente exposto à dor e ao sofrimento causado pelo Apartheid.

Ele comprou um bilhete e viajava na primeira classe do trem quando um passageiro ficou incomodado e junto com o TTE, o que coleta o bilhete, foram até Gandhi e pediram que ele fosse para outra classe. Gandhi recusou dizendo Comprei um bilhete de primeira classe e assim viajarei.

Quando o trem parou numa pequena estação chamada Petermaritzburg, Gandhi foi jogado com sua bagagem fora do trem, no meio da noite, de modo nada amável.

Enquanto ficava deitado tremendo de frio, tremendo de humilhação, no escuro que o cercava, foi confrontado com três possibilidades de resposta:

Resposta Inferior: sentir-se humilhado e magoado com a situação, e voltar para a Índia recusando-se a aceitar esse insulto.

Resposta Medíocre: acabar o caso que tinha que defender e voltar para a Índia, dizendo que nunca viveria entre pessoas que tanto o humilharam.

Resposta Extraordinária: ficar lá, completar o caso e lutar contra a injustiça racial que o havia magoado tanto e tentar aliviar a condição das pessoas que sofriam junto com ele, que eram submetidas ao mesmo tipo de dor.

E foi naquele momento que o Mahatma escolheu a resposta extraordinária e "A Grande Alma" nasceu dentro dele e ele se iluminou."

Quando ficamos presos em conflitos internos nós naturalmente ficamos preocupados somente com os nossos conflitos. Nós tendemos a continuar presos na busca do preenchimento das nossas

Damas de Ouro

necessidades e das nossas motivações pessoais. Por pensarmos que somos separados não existe cooperação entre as pessoas. Cooperação verdadeira não é uma prática ou atitude cultivável, e sim uma compreensão profunda onde vemos que não podemos existir sem o outro e que podemos sobreviver somente como um todo e não como entidades separadas. Essa consciência só é possível com a mudança de percepção de nós mesmos, ficando em paz conosco e não mais fragmentados internamente. Essa mudança de percepção naturalmente conduz ao florescimento da cooperação, onde nós sentimos uma profunda responsabilidade não apenas por nossas vidas individuais, mas por tudo a nossa volta também. Assim, conseguimos responder a situações difíceis e desconfortáveis nas nossas vidas de maneira extraordinária, fazendo de alguma maneira diferença no mundo.

Nessa caminhada profissional vivenciei várias experiências de conflito que me fortaleceram e amadureceram minha visão. Elevaram minha compreensão a respeito das relações humanas nas Organizações, suas limitações e complexidade, o que me inspirou e motivou ainda mais a contribuir efetivamente para que pessoas e profissionais conquistem a excelência de resultados baseados em valores e princípios.

Tenho integrado minha experiência profissional na área técnica com minha busca espiritual, compartilhando minha visão, realizando workshop, curso, palestra, publicação de artigos e livros e trabalhando como Coach (Executivo, Vida e Espiritual) e Mentor. Nessa jornada tenho auxiliado organizações e seres humanos a superar limitações, ampliar percepções e sentidos e elevar nível de consciência para patamares mais eficazes e eficientes. Como resultados temos pessoas transcendendo a consciência de escassez para a de abundância, movendo-se da separação para a integração, da reação à ação, da competição a colaboração, facilitando a convivência e conduzindo à vivência com mais plenitude e felicidade.

21

Metais e caráter são forjados no fogo Damas saem de cena na hora certa

O ouro é um metal, uma matéria-prima, que trabalhada fundamenta a produção de diversos produtos, para joalherias, medicina, nanotecnologia, exploração espacial entre outras

Maria Rita Sales Régis

Maria Rita Sales Régis

Psicóloga, mestranda em História- PPGHIS – UFES. Mestre Educação e Criatividade Aplicada – UCESC – Espanha; Especialista Psicologia Organizacional FEFACEL/RJ e em Políticas Públicas em Gênero e Raça – UFES. Facilitadora (Desenvolvimento de Lideranças, Criatividade, Gestão de Conflitos & Competência Emocional); Assessora e Implanta Projetos em RH. Pesquisadora no NEI – UFES; Professora universitária na Formação de Administradores, Psicólogos e Especialistas em Gestão de Pessoas. Escritora com artigos e livros publicados – Getúlio Vargas a Luz e Escuridão (Artigo) na Revista Dimensões 27 UFES; Um livro que precisa de um nome (Infantil), participação nos livros: Gestão de Pessoas e Criatividade e Inovação (Artigos) - Editora Ser Mais; Sentir, Sofrer e Surtar! - Editora Qualitymark; Sócia-diretora da Estratégia Consultoria em Gestão.

Contatos
escritoramariarita@gmail.com
www.lattes.cnpq.br/0010598355435297
www.escritoramariarita.com.br

Maria Rita Sales Régis

Na economia em face de sua escassez e elevada procura, o ouro serviu desde os tempos antigos como moeda de troca. Houve um período que o ouro tinha papel regulador na economia compreendido entre 1880 e 1914 denominado "Padrão Ouro". Toda moeda dependia da quantidade de ouro existente nos bancos centrais.

Essa introdução coaduna com a Dama que vos fala na crença de que pessoas são forjadas quando submetidas a situações complexas e obstáculos significativos, alcançando condição inigualável no seu viver pela capacidade de se conhecer, ampliar e aplicar suas competências, tornando-se assim um ser diferenciado.

...*First class*, a jovem Dama retornava de mais um sonho alcançado, o intercâmbio nos EUA – *New York*. Intermináveis caminhadas por *Manhattan, Soho, Central Park, Brooklin*, Visita a Museus, Peças na *Broadway*, praticava, sem abandonar seu bom humor, o inglês nova-iorquino. Tendo finalizadas suas atividades no seu primeiro dia de trabalho, foi convocada para uma conversa, a priori, cheia de dedos. Ouviu da sua gestora, mulher de grande competência e ousadia, a sentença de que seu perfil não satisfazia às exigências da empresa para atuar como Analista de Treinamento e ali dava por encerrado seu vínculo profissional. A empresa precisava de alguém mais focado, linear, reservado. A dita vaga surgiu havia seis meses e a jovem Dama que aqui chamaremos **Isa** a pleiteava desde então. Entendia que no seu setor de atuação – Seleção de Pessoas – findara os aprendizados. Queria desfrutar do dinamismo, superar os obstáculos que era desenhar, organizar e aplicar treinamentos.

Isa, sorridente, popular, argumentativa destoava do perfil que a empresa julgava mais adequado. Após ouvir a fala da sua gestora, olhou-a nos olhos e gentilmente retrucou: "respeito sua opinião chefa, mas discordo". Sabia que sendo trabalhada, forjada, alcançaria excelência na atividade proposta. Bem, estava feito! Após a gentil demissão, voltou para casa, contemplando as pessoas e paisagens, permanecendo quieta processando os últimos acontecimentos. Do brilho da Broadway à aridez da demissão em dois dias. Pouco tempo depois conversando com um grupo articulador de ações do governo sobre alguns planos profissionais, sondaram se ela aceitaria atuar por seis meses em um Projeto para T&D (pasmem!!!) treinamento e desenvolvimento para recepcionistas viajando por todo litoral baiano, ganhando três vezes mais do que ganhava na empresa. O projeto consistia na aplicação de um programa de capacitação de 80 horas desde Nova Viçosa até Costa do Sauípe. Claro que o aceite foi imediato. Assim pôde desaprender reaprender, estudar, conhecer e contribuir com a formação profissional de inúmeras pessoas. Teve a oportunidade de

Damas de Ouro

conhecer donos (as) admiráveis de pousadas e hotéis, seus desafios para manterem suas empresas, sobretudo na baixa estação. Este trabalho e outros eventos associados a fizeram providenciar o registro de uma empresa com espaço para avaliação e clínica psicológica, entrevistas de seleção e treinamentos (comportamental e para autoconhecimento), exames admissionais/periódicos para motoristas, orientação e suporte para recolocação profissional. **Isa** fazia intuitivamente desde 1994 o que hoje denomina-se Coaching.

A dita empresa em pouco tempo floresceu, atendendo a empresas de renome da região, suas terceiras e aos municípios vizinhos, tornando-se referência na pequena cidade de aproximadamente 130 mil habitantes.

Foi um tempo de muito trabalho, recompensador, porém convém relatar que **Isa** funcionava super bem na captação de clientes, elaboração e aplicação de projetos e produtos tais como treinamentos, palestras e consultorias, no entanto, na administração financeira, lamentavelmente, era um desastre. Fez muitas parcerias PERDE – GANHA. Prospectava, agendava, confirmava trabalhos e ao "parcerizar" a realização dos mesmos, ainda que cedendo tecnologia, arcando sozinha com as despesas e todos os impostos, remunerava o parceiro com 50% do valor de Nota sem nenhum desconto. Abençoada miopia!!!

Por outro lado, a empresa fez boas contratações. **Isa** lembra com carinho de três jovens cujos nomes terminavam em ETE. Elas ficaram conhecidas como as ISAETES. As três profissionais hoje são muito bem-sucedidas no que fazem: gerente administrativo, pedagoga e Advogada. A lealdade, a qualidade e o criticismo das três são a lembrança mais carinhosa que **Isa** tem da empresa, além dos clientes que proporcionaram relevantes aprendizados e desafios.

Como relatado, **Isa** era péssima na administração financeira da sua empresa. Produzia, ganhava bem, mas a forma de definir valores dos serviços, distribuí-los ou investir era totalmente equivocada. Confundia o capital da empresa aos valores da sua conta pessoal. Uma prática predatória prejudicial que, ano, após ano, reduziu o oxigênio da empresa. Após a comemoração de seis anos de mercado e na condição de empresária, visualizou o déficit acumulado, restando apenas a urgência de buscar inspiração de como resolver esse descaminho. Decidiu que precisaria estudar a situação acuradamente para assim fazer escolhas certas. Com essa missão e dever de casa, **Isa** sai de cena, atravessa o Atlântico, aportando na Península Ibérica. Encantada com toda a programação, uma disciplina em particular chamou sua atenção: metodologia para resolução de problemas que dissecava as situações de forma que as alternativas iam surgindo já priorizadas. Submeteu a estrutura da empresa como tema

Maria Rita Sales Régis

central da análise a fim de decidir se manteria ou encerraria suas atividades. Neste período, as ISAETES deram conta da empresa muito bem, os valores guardados cobririam despesas fixas até o retorno e alguns poucos parceiros que permaneciam faziam a movimentação financeira acontecer. Trocavam email's e se falavam uma vez por semana.

Durante todo o dia e nas noites, bem mais longas que as brasileiras, **Isa** revisitava a estrutura da pequena empresa que oferecia ambiente de trabalho agradável, forte identidade no mercado (cartão de visita, site na internet, carro com marca da empresa adesivada - um luxo na época) registro na CTPS, uniforme padrão empresas de aviação, salários diferenciados, café da manhã, lanche da tarde, cesta básica, convênio com (táxi, farmácia, salão, consultório odontológico, dermatologista, loja de cosméticos), prêmio / comissão por desempenho (PLR), subsídio para treinamentos que eram constantes inclusive Congressos em outros estados, enfim, um modelo de empresa, um sonho!

Análise concluída, coração partido, decidiu-se por encerrar a empresa...sair de cena, pausar o sonho, dada a sua ausência de talento para gerir adequadamente a parte contábil e financeira da empresa. Apesar do interesse, seu tempo era exíguo para estudar outras matérias que não as da sua prática profissional: GENTE. Buscou ainda articular a contratação de um gestor profissional. Encontrou algumas pessoas, no entanto a expectativa salarial não coadunava com a forma remuneratória proposta: fixo mais comissão dos resultados. Ansiavam por um salário fixo além das possibilidades reais da empresa, sobretudo naquele momento.

A página do livro, que contava a história das ISAETES, dos quase 80 clientes empresas ativas e cadastradas, mais de 300 assistidos em Seleção e Recolocação, clientes da área clínica, precisaria ser virada.

Em 2000 migrou de região e cidade para reescrever sua história. Repensou a vida, refez seu plano e seguiu. Compreendeu que existem dois tesouros e muitos acessórios na vida de um sujeito. Saúde e simplicidade são os tesouros. A fé, vontade e disciplina acessórios que delineiam os sonhos. O planejamento, a determinação que os concretizam, fazem sair do papel e da mente para o plano real.

Para **Isa**, ao sair de cena pela segunda vez, algumas impressões se consolidaram em certezas. Entendeu que carecia de mais atenção e aprofundamento para consigo e com o que ocorria no seu entorno. Ser alegre, entusiasmada (o) é um diferencial importante, mas existem situações que a razão deve ser convidada a fazer parte do baile das decisões. Um segundo forte aprendizado foi de que a fala de terceiros deve ser considerada, respeitada e, sobretudo avaliada, por ser a verdade delas e não a sua, assim quando alguém afirma que você é sensacional ou limitado, que está ou não pronto para tal ou qual desafio, a verdade

Damas de Ouro

é dele (a) e não a sua. Busque sua verdade dentro da sua mente, do seu sentimento, da sua disposição. Até que ponto o elogio, a sugestão, a crítica corresponde à realidade dos fatos? Capaz ou não você precisa ser seu mais importante interlocutor, o mais crítico e realista.

Reconhecer significa conhecer novamente e somente você consegue essa proeza. Seja gentil, agradeça o *feedback*, afinal é um presente mas avalie antes de tomar por verdade o que o ambiente externo lhe traz. A intenção é invisível aos olhos! No cotidiano observam-se pessoas, angustiadas, buscando a todo o momento reconhecimento de terceiros. Essa atitude é o mesmo que você expor sua massa encefálica até que alguém a (o) surpreenda ou felicite-o dizendo: "nossa que cérebro de formas tão originais!"

O terceiro aprendizado é praticar a humildade (aceitar a verdade, ter senso de realidade apurado), reposicionar-se na vida quando lhe apresenta os insucessos, recebendo e acolhendo suas limitações com respeito e carinho. Elas são suas, fazem parte de você. Não dá para negar, esconder ou dissimular o que não se é.

O último aprendizado é aprender a pedir ajudar, compartilhar a sobrecarga. Sempre em qualquer lugar, existirão pessoas dispostas a compartilhar a dádiva, seus sonhos e metas com você. Olhe ao seu redor, existem anjos no nosso cotidiano.

Assumir as limitações é fortalecer sua singularidade, ampliar suas possibilidades. Sair de cena muitas vezes é necessário para estudar melhor seu script. O que não se pode ter é uma atuação medíocre, marginal, desarticulada para esse papel tão importante chamado protagonista da sua vida.

Pessoas falam o que desejam, canetas escrevem o que pessoas desejam escrever, empresas nascem e são encerradas, parceiros surgem e se ausentam, estudos comprovam, contrariam, confrontam. O que tem sido feito de você e para você mulher, dama, protagonista da sua vida?

Pare, saia de cena, reflita, retome seus passos, sua respiração, seu pensar e agir com a máxima atenção, focada, reunindo toda energia que apenas você sabe possuir.

Vá e Viva!

22

Mulher: vaidosa, mãe, executiva, dona de casa, parceira etc. Um eterno desafio!

A maior dificuldade para as executivas é exercer os diversos papéis atribuídos à mulher. De um lado ser excelente profissional a despeito de ser mulher, e do outro ser excelente mãe e companheira a despeito de ser profissional – mas nunca se esqueça de que ninguém é supermulher!

Marisa Fernandes

Marisa Fernandes

Profissional com mais de 18 anos de experiência na área de RH, iniciou sua carreira em Recursos Humanos na DHL, onde atuou por mais de 6 anos como Gerente Nacional de RH. Logo depois assumiu a Diretoria de RH e Qualidade para a América Latina na CEVA, onde trabalhou por 9 anos. Foi Diretora de RH do Grupo TPV por 2,5 anos. Atualmente é Diretora de RH no Dia %. Profissional focada no atendimento das necessidades dos funcionários de acordo com o interesse e possibilidade da empresa em atender estas demandas por meio dos processos e seus medidores. Investimento em treinamentos necessários (motivacional, liderança, workshops, etc). Carreira em Y, Plano de Carreira, Comunicação Interna, Análise de benefícios, entre outros subprocessos fazem parte do escopo de trabalho desta profissional. Assumiu a Diretoria de RH do Dia Supermercados. Formada em Letras – Português/Inglês, pós graduada em RH pela UNIP e MBA em Gestão Empresarial pela BSP.

Contato
mferalm@yahoo.com.br

Marisa Fernandes

As mulheres têm sido identificadas com a natureza ao longo dos tempos. Desde as mais remotas épocas, a natureza tem sido vista como uma nutriente e benévola mãe, mas também como uma fêmea selvagem e incontrolável. Em eras pré-patriarcais, seus numerosos aspectos foram identificados com as múltiplas manifestações da Deusa. Sob o patriarcado, a imagem benigna da natureza converteu-se numa imagem de passividade, ao passo que a visão da natureza como selvagem e perigosa deu origem à ideia de que ela tinha de ser dominada pelo homem.

Se os tais sábios tivessem conhecimentos sobre os estrógenos, provavelmente as mulheres teriam sido condenadas a viver trancadas em suas casas, o que de fato acontecia.

Entre os celtas, as quatro fases da lua - nova, crescente, cheia e minguante - tinham relação direta com a vida feminina.

Ao longo de sua existência as mulheres são virgens, mães, anciãs e em determinadas épocas do mês, menstruam, o que vai possibilitar em ciclos vindouros, a realização de suas metas.

Passaram-se muitos anos e hoje a mulher é vista com muito respeito nas empresas, uma vez que conseguimos atingir um percentual bastante interessante no mercado de trabalho. A competitividade existe e isso não muda, devemos ver isso de maneira saudável, uma vez que as oportunidades são imensas e independem de sexo ou raça.

Saber lidar com o universo masculino das empresas pode significar também dosar a flexibilidade e o talento para atuar em equipe, qualidades gerenciais atribuídas às mulheres. É a capacidade de mostrar-se durona quando oportuno. Muitas executivas se mostram assim quando se deparam com um universo masculino, até que todos percebam que mulheres e homens estão no mesmo nível de profissionalismo. A maior dificuldade para as executivas é exercer os diversos papéis atribuídos à mulher. De um lado ser excelente profissional a despeito de ser mulher, e do outro ser excelente mãe e companheira a despeito de ser profissional – mas nunca se esqueça de que ninguém é supermulher!

Não existe fórmula ou segredos para o sucesso feminino na vida profissional. Para mim, um dos pontos mais relevantes é não ter medo de enfrentar as barreiras, de aprender etc.

O que mais dificulta a carreira da mulher são as outras responsabilidades que ela assume, como mãe, dona de casa, esposa etc. O grande desafio é para conciliar tudo isso, o que não é nada impossível, mas precisa ser muito bem programado para que tudo dê certo. Aceitar os entraves como algo positivo, podendo assim alavancar uma posição de destaque cada vez mais interessante, deve fazer parte do processo como um todo na vida pessoal e na vida profissional das mulheres.

Damas de Ouro

Minha experiência no mercado de trabalho brasileiro foi e continua sendo um grande aprendizado, isso me ajuda bastante a crescer e me dá a oportunidade de passar as experiências ricas que tenho para outras pessoas. Podemos então dizer que a vida é um eterno "Bumerang".

Iniciei minhas atividades há muitos anos, e deste tempo tenho aproximadamente 17 anos em cargo de liderança. Uma pessoa que colaborou muito para que tudo isso desse certo na minha carreira foi a minha ex-chefe e amiga, Nadia Ribeiro, uma pessoa maravilhosa que sempre me apoiou e acreditou muito no meu trabalho, dando oportunidades para eu me desenvolver, sabe ouvir as pessoas e leva a sério uma boa sugestão; enfim, é uma das executivas mais bem conceituadas no mercado de trabalho. Durante os anos que trabalhamos juntas eu cresci muito, amadureci e hoje me sinto preparada para qualquer novo desafio.

Sou muito grata à Nadia que me ensinou o caminho do sucesso, por meio de muito foco, transparência e determinação.

Sinto-me realizada na minha vida pessoal e profissional. Tento manter o equilíbrio entre elas, mas afirmo que meu trabalho é encarado com muita seriedade, algumas vezes fico disposta a abrir mão de muitas coisas para obter o sucesso – não tem outro jeito!

Mas mesmo com o foco muito forte na minha profissão, quando se trata de família ou amor não estou disposta a fazer concessões.

Algumas dicas que gostaria de dar às mulheres que estão no comando:

1- **Esteja atenta às pessoas**
   As pessoas são a maior fonte de aprendizado. Saiba ouvir e capte as coisas boas delas.
2- **Tenha seus "gurus"**
   Meu pai foi meu primeiro "guru". Ele me inspirou muito, porque estava frequentemente motivado no trabalho. Depois dele aprendi muito com a Nadia Ribeiro, que já comentei anteriormente.
3- **Procure sempre fazer melhor**
   Sempre busco a melhoria em tudo que faço, isso me motiva a conquistar e aprender cada vez mais.

Em média as mulheres têm resultados 1% melhores do que os homens em inteligência emocional.

Em algumas áreas as mulheres apresentam uma vantagem muito grande em relação aos homens. Por sua vez, os homens também apresentam resultados melhores do que as mulheres em outras áreas. Por este motivo é importante a diversidade nas empresas.

Olhando apenas as pessoas que ocupam funções de liderança,

observamos outras diferenças entre homens e mulheres.

Uso inteligente dos sentimentos, ou seja, entender corretamente as emoções e usar esta informação para otimizar a tomada de decisão. As pesquisas indicam que esta competência está associada à melhoria da: liderança, eficácia, relacionamentos, tomada de decisão, saúde e bem-estar; sendo um grande aliado dos líderes com alta Inteligência Emocional para criar maior valor econômico e social. Homens e mulheres têm uma forma distinta de identificar, gerenciar e utilizar as informações e a energia contida nas emoções. A percepção geral é de que as mulheres são mais sensíveis em relação aos sentimentos. Vários estudos demonstram que, na média, isto é verdade, mas apresenta três novas descobertas que são essenciais para entendermos estas diferenças entre os homens e mulheres.

1: Componentes da Inteligência Emocional

Assim como a inteligência cognitiva, medida pelo Q.I. (coeficiente de inteligência) é formada por vários componentes, a Inteligência Emocional também é multidimensional. Vários modelos teóricos de Inteligência Emocional apresentam componentes conceituais sutilmente diferentes, mas todos reconhecem a dimensão associada à capacidade de utilizar, de forma correta, dados provenientes das emoções. Isto é: como gerenciar, como integrar os fatos e como por em prática as informações trazidas pelas emoções. No Modelo Six-Seconds® de Inteligência Emocional, a forma como colocar as emoções em ação está estruturada em um processo de 3 pilares.

- Autoconhecimento – como interpretar suas próprias emoções
- Decisão de Escolha – conscientemente escolher a melhor resposta emocional
- Empenho Próprio – ter uma meta nobre, um significado, por trás de todas as suas emoções e ações.

2: Funcionamento da Inteligência Emocional

Os 3 pilares de Inteligência Emocional são compostos por 8 competências:

Autoconhecimento possui 2 competências; Decisão de Escolha possui 4 competências e Empenho Próprio possui 2 competências. Olhando para estas oito competências, parece que as mulheres apresentam uma vantagem sobre os homens em algumas delas, enquanto os homens se sobressaem em outras competências.

A maior diferença entre homens e mulheres está na competência "Refletir Consequências", a qual permite que as pessoas parem e avaliem os custos e os benefícios de suas ações, antes que tomem

Damas de Ouro

uma ação espontânea (agir no piloto automático, sem avaliar custo e benefícios da ação). Para fazer isto, é necessário saber combinar as informações táticas e factuais com o impacto das emoções e escolher a melhor decisão para você e para as outras pessoas, ao mesmo tempo.

As mulheres, em média, têm resultados 4,5% melhores, nesta competência, sugerindo que elas tendem a ter um maior equilíbrio emocional para avaliar os prós e contras gerados pelas emoções e não ajam no impulso, no piloto automático.

Por outro lado, os homens têm uma vantagem na competência Navegar Emoções, que significa utilizar as informações e a energia dos sentimentos para seguir em frente. Ou seja, seguir em frente apesar das barreiras emocionais que se apresentam; Responder ao invés de reagir às emoções. Esta é a competência do estudo, em que as mulheres apresentam os resultados mais baixos, sugerindo que, com mais frequência, as mulheres têm suas emoções controlando suas ações, ao invés de trabalharem e redirecionarem as emoções para seguir em frente.

Empatia é outra competência em que as mulheres têm resultados melhores do que os homens. Isto está muito associado às expectativas sociais que as mulheres nutrem (ousar e cuidar). No mundo dos negócios, isto se traduz numa importante vantagem competitiva, a habilidade de influenciar e engajar os demais.

3: Diferenças na Liderança

As diferenças entre líderes masculinos e femininos mostram mudanças importantes. Por exemplo, uma das competências que está fortemente associada ao sucesso profissional é Perseguir Metas Nobres, ou seja, a habilidade de colocar o propósito de vida em ação.

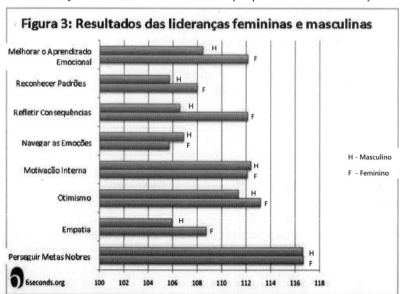

Marisa Fernandes

Resumindo, considerando a inteligência emocional contínua das mulheres, existe uma grande oportunidade para que elas agreguem valor e construam ambientes de trabalho positivos no mundo dos negócios.

Se não for pela necessidade de igualdade entre os gêneros, que seja pelo balanço comercial no azul. Uma pesquisa, feita pelo banco suíço Credit Suisse, com 2.360 empresas de todo o mundo, mostra que, nesses últimos anos de crise econômica generalizada, as corporações com mulheres na direção tiveram um desempenho bem acima daquelas totalmente dominadas por homens.

Foi-se o tempo em que as mulheres se comportavam como muitas donzelas dos antigos romances e contos de fada. Em histórias como Rapunzel ou A Bela Adormecida, elas se apresentam como figuras subservientes, que só tinham seus finais felizes condicionados à aparição de um príncipe encantado em suas vidas. No entanto, a postura feminina com o passar do tempo deixou de ser submissa e passou a ser independente e atuante na sociedade a partir de conquistas contínuas.

Cada vez mais as mulheres ganham destaque nas carreiras, em cargos de liderança e em funções outrora exclusivas do gênero masculino.

A porcentagem de mulheres no comando das empresas está praticamente igualada a de homens, segundo levantamento. Em 2002, 58% das empresas tinham à frente pessoas do sexo masculino. Já em 2012, esse índice se aproxima dos 50%, o que significa que as mulheres estão conquistando cada vez mais espaço no mundo empresarial.

No Brasil, várias mulheres estão à frente de grandes empresas. Em relação aos pequenos e micronegócios, a quantidade de mulheres liderando esses empreendimentos no país é quase igual ao número de homens nessa função.

Em 1910, durante uma conferência da Internacional Socialista em Copenhagen, na Dinamarca, foi decidida a instauração, em todo o mundo, de um Dia da Mulher. No ano seguinte, mais de um milhão de mulheres foram às ruas em diversos países da Europa para reivindicar o direito de voto e melhores condições de trabalho. A mensagem, porém, não chegou aos EUA. No dia 25 de março daquele ano, mais de 140 operárias de uma fábrica de tecidos de Nova York, entre as quais havia várias meninas de 12 e 13 anos, morreram no incêndio da unidade onde trabalhavam. Suspeita-se que os donos da fábrica tenham trancado propositalmente as portas para punir as mulheres, que haviam deflagrado uma greve dias antes para pedir salários equivalentes aos de seus colegas masculinos.

O Dia Internacional da Mulher, celebrado em 8 de março, é pretexto para uma série de eventos e manifestações em todo o mundo, que tem como objetivo melhorar a condição feminina e exaltar as vitórias já conquistadas. Porém, a reivindicação pela igualdade salarial continua vigente

Damas de Ouro

na maioria dos países. Mas inegáveis avanços foram registrados. Profissões outrora reservadas aos homens são cada vez mais exercidas por mulheres. Algumas conseguem, inclusive, alcançar posições de liderança.

23

Relacionamento com o poder

Muitas pessoas acreditam que quando alguém chega a determinadas posições em que tem a oportunidade de exercerem poder, mudam completamente a sua personalidade e a sua maneira de ver as coisas. Será que o poder verdadeiramente muda as pessoas, ou simplesmente dá a elas a oportunidade de revelarem o seu verdadeiro eu? Independente de qual que seja a resposta é importante aprendermos a nos relacionarmos com o poder

Mônica Bastos

Mônica Bastos

Professional & Self Coaching; Business and Executive Coaching; Coaching Assessment; Analista Comportamental; Coaching de Carreira – **IBC** - Instituto Brasileiro de Coaching, com Certificação e Reconhecimento Internacional pelo: **ECA** European Coaching Association, ICI - International Association of Coaching e **GCC** - Global Coaching Community. Possui formações e certificações em: Administração de Empresas, Liderança, Recursos Humanos, Passos para Excelência, Processo de Comunicação e Comunicação Institucional, Gestão de Qualidade: Visão Estratégica, Treinamento One Day Mastery (Coaching Especialista) e Estratégias de Branding. É palestrante, conferencista e membro da diretoria do Sefin-M Bahia – Fórum de Secretários de Finanças da Bahia. Chefe de Gabinete do Prefeito. Atuando há mais de 15 anos na Administração Pública Municipal tem vasta experiência em Gestão de Pessoas.

Contatos
www.monicabastos.com.br
www.monicabastos2005.blogspot.com.br
monicabastos@monicabastos.com.br
monicabastos.coach@yahoo.com.br
Twitter: @MonicaBastos10

Mônica Bastos

O conceito de poder tem variado no tempo, em função de muitos autores abordarem essa questão de maneiras diferentes. Porém, uma coisa podemos afirmar, sempre que ouvimos a palavra poder logo associamos a controle, ou seja, quando alguém está no poder, entendemos que este alguém está no controle de algo.

Na minha concepção, a palavra poder está relacionada à ordem, à hierarquia e ambas estão interligadas à liderança. Imagine um País sem presidente, um Estado sem governador, uma escola sem diretor, um banco sem gerente? Com certeza seria um desastre, pois não haveria gerenciamento. Assim entendemos que é necessário ter pessoas no controle das organizações, com autonomia e poder para gerenciá-las.

Todo bom profissional aspira crescer e assumir posições de gerência, e essa busca acontece pelo poder recebido junto com o cargo, ou seja, pela superioridade e outras vantagens adquiridas. Isso não é ruim, pois há uma necessidade muito grande do ser humano em ser reconhecido. Entendemos que na maioria das vezes o poder é adquirido em virtude de nossas competências e habilidades. Quando somos promovidos, estamos sendo reconhecidos pelo nosso esforço e dedicação, de outra forma não haveria da nossa parte estímulo e comprometimento na realização das nossas tarefas.

Muitas pessoas passam grande parte da vida almejando uma posição que lhes ofereça poder, mas infelizmente muitas delas não estão preparadas para exercer tais posições, por não compreenderem exatamente o verdadeiro sentido do poder a elas concedido, confundindo autoridade com autoritarismo.

Algumas vezes ouvimos afirmações de que o poder corrompe, e que transforma as pessoas de maneira negativa. Quem já não ouviu: "Quer conhecer uma pessoa, dê-lhe poder". Mas será que o poder verdadeiramente corrompe o caráter humano? Acreditamos que o poder faz com que o verdadeiro caráter de algumas pessoas seja revelado. Mas também não podemos esquecer de que o ser humano é um produto do meio em que se vive, ou seja, em muitos casos acaba sendo resultado do ambiente e de seus relacionamentos. Em outras palavras, convivendo com porcos, acaba apreciando e comendo farelo. Sendo assim, é de suma importância aprendermos a nos relacionar bem com o poder, para evitar que o mesmo, ao invés de tornar-se benção na nossa vida transforme-se em maldição. De antemão precisamos compreender que o verdadeiro sentido do poder é manter a ordem e promover o bem-estar, fazendo com que todos se submetam às normas estabelecidas.

Como nos relacionarmos bem com o poder? Para nos relacionarmos bem com o poder, precisamos entender algumas questões:

Damas de Ouro

Ninguém lidera ninguém sem seu próprio consentimento

Independente de qualquer que seja a instituição é importante compreender que o trabalho em equipe é essencial para o alcance dos objetivos estabelecidos. As pessoas não são iguais, todos têm uma personalidade única e seus próprios métodos de desenvolvimento de trabalho. Assim, é muito importante que a pessoa que exerce poder sobre qualquer equipe tenha habilidade para fazer com que essas pessoas de fato queiram ser por ela lideradas. Para isso é de suma importância que o líder saiba conviver com as pessoas. Saber se relacionar é uma característica importantíssima para qualquer líder.

Podemos comparar uma equipe de trabalho com o nosso próprio corpo, onde o membro, por menor que seja, tem sua importância. Como seriam as nossas mãos sem os nossos dedos? Ou os nossos braços sem as nossas mãos? Assim como todos os membros são importantes em um corpo, todos os membros são importantes em uma equipe. Cada um em seu devido lugar, exercendo a função que lhe foi atribuída.

Poderíamos afirmar que o cérebro é o órgão mais importante do sistema nervoso, pois ele é que controla todo o corpo, porém se uma parte do corpo apresentar algum problema, ainda que o cérebro queira, não poderá controlá-lo. E se todo o corpo ficar inerte? E se apenas o cérebro funcionar? De que adiantará mesmo o seu controle? E se o cérebro parar de funcionar? Como funcionará o restante do corpo?

Sendo assim, ainda que o poder esteja totalmente nas mãos do líder, se ele não tiver uma equipe para gerenciar de nada adiantará o seu poder. E se uma equipe não tiver alguém acima dela que gerencie e que dê as ordens, com certeza a equipe não funcionará, pois todos vão querer igualmente dar as ordens.

Então é de fundamental importância compreender que em uma equipe todos são igualmente importantes, exercendo com excelência as suas atribuições. O líder exercendo poder através de sua função de líder e o liderado obedecendo às ordens do líder, exercendo sua função de liderado.

O poder não é eterno

Como já dizia o grande Cazuza: "O tempo não para, não para, não, não para..." e como o tempo não para, podemos afirmar que ninguém escapa da ação do tempo. Muitas vezes esquecemo-nos deste grande detalhe e isso é muito ruim, pois nos dá um falso "empoderamento", onde muitas vezes esquecemos de que não somos eternos e de que tudo o que vivemos em algum momento chegará ao fim.

Mônica Bastos

E isso vale também para os cargos de chefia e para altas posições em que temos a oportunidade de exercer o nosso poder. Não importa o motivo, se não for por mudanças de gestão ou demissão, será por velhice. Não estamos querendo desmotivar ninguém, mas por mais competentes, eficientes, responsáveis e até poderosos que sejamos o tempo nos vencerá, e chegará o momento de nos aposentar e parar.

Sendo assim, temos plena convicção de que a única coisa que pode ser eterna na nossa vida é simplesmente a nossa história, o nosso legado, ou seja, aquilo que podemos deixar de bom para gerações futuras. E esse legado é construído durante toda a nossa trajetória nesta vida. A maneira como vemos e vivemos a nossa vida é que determinará se deixaremos ou não um legado.

O que esse assunto tem haver com poder? Na verdade tem tudo haver, pois a maneira com que exercemos o nosso poder, influenciará positivamente ou negativamente na nossa história.

Como estamos exercendo o nosso poder? Será que estamos respeitando as pessoas que estão "abaixo" da nossa autoridade? Será que estamos dando bons exemplos de liderança? Qual a impressão que nossos subordinados têm a nosso respeito? Como nos vemos daqui a quatro anos? Qual o legado que queremos deixar para a humanidade? Qual o nosso grau de comprometimento com o nosso legado?

Ao responder essas perguntas saberemos exatamente como anda o nosso relacionamento com o poder e se estamos permitindo ou não que o poder ultrapasse as barreiras do nosso "Eu", fazendo-nos perder a nossa identidade e o nosso bom senso.

É importante entender que **estamos no poder**, porém, **não somos o poder.** O poder é apenas um estado em que nos encontramos por determinado período, podendo ser curto ou longo, mas não eterno.

Quem somos, quando estamos exercendo o poder a nós confiado é o que realmente importa.

Com poder ou sem poder

À medida que entendemos que o poder não é eterno, temos que estar preparados para perdê-lo. Não estamos sendo pessimistas, pelo contrário, estamos sendo bem realistas. Infelizmente o mundo real nos obriga a trabalharmos com possibilidades, até com aquelas que nos pareçam bem remotas. E a vida é assim mesmo, cheia de altos e baixos; um dia, somos líderes e no outro, liderados e vice e versa.

É muito difícil, porém, nós seres humanos acreditamos que sempre estamos preparados para subir, e por mais difícil que seja, acreditamos também estarmos preparados para descer. Mas infelizmente

Damas de Ouro

para alguns, isso não é real, pois algumas pessoas quando assumem posições de poder acabam esquecendo quem verdadeiramente são abrindo um espaço em sua vida para mudanças negativas. Quando entendemos que as mudanças são negativas?

Muitas pessoas acreditam que o caminho em que estão percorrendo é reto que os levará apenas para frente. Não acreditam em atalhos que podem fazer retroceder e voltar para o início da jornada. Quando isso acontece, aparecem as mudanças negativas, o poder passa à subir a cabeça, fazendo-os esquecer de quem verdadeiramente são e de onde vieram e, principalmente, o motivo pelo qual estão ali.

A certeza de que não mais precisará de fulano ou ciclano pode nos fazer perder a humildade e a maneira positiva como tratamos as pessoas ao nosso redor pode se tornar negativa.

O poder pode nos fazer mudar as nossas prioridades e quem sabe até substituir os verdadeiros amigos por pessoas que se aproximam de nós simplesmente pelo poder ou posição que ocupamos.

É preciso compreender que existem pessoas ao nosso redor que nos amam e nos respeitam com poder ou sem poder. Existem pessoas à nossa volta que nos admiram simplesmente pelo o que somos e não pelo o que temos. Existem pessoas perto de nós que nos admirarão simplesmente pelo nosso esforço e dedicação em alcançarmos aquilo que tanto almejamos. Essas são as pessoas que de fato merecem o nosso respeito e dedicação, pois são pessoas assim que se porventura perceberem que pegamos um atalho de volta ao ínicio da nossa trajetória, ainda assim continuarão conosco nos apoiando e nos incentivando a não desistir. E é por essas pessoas que devemos fazer a nossa caminhada valer à pena.

Como fazer a nossa caminhada valer à pena? Compreendendo que o verdadeiro poder está dentro de nós mesmos, na maneira como vemos e compreendemos as oportunidades que o criador tem nos proporcionando. Entendendo que não é o que temos que é importante, mas aquilo que verdadeiramente somos.

É importante não esquecer de que com poder ou sem poder temos que continuar a escrever a nossa história, pois não é o poder que constrói o nosso legado, mas a nossa trajetória, a nossa maneira de ver e viver a vida. Quem sabe até a maneira como recebemos ou perdemos o poder?

Há dezesseis anos trabalho com lideranças políticas e, durante esses dezesseis anos, tenho aprendido bastante. As histórias dessas pessoas têm me servido de grande aprendizado. A vida delas tem me servido de experiências.

Durante todos esses anos pude presenciar como as pessoas se deixam influenciar negativamente com o poder. Vi grandes homens

Mônica Bastos

em seus momentos de grandeza desprezar suas famílias e no final ver lágrimas de arrependimento jorrar de seus rostos quando perceberam no término do seu poder, quantos momentos importantes foram perdidos, inclusive o crescimento de seus netos. E o mais doloroso é perceber que as únicas pessoas que os apoiaram foram justamente aquelas que em momento anterior, foram por eles desprezadas.

Pude conviver com homens que um dia foram grandes e que hoje mal são cumprimentados nas ruas, simplesmente por que no momento em que estiveram no poder, pensaram que tudo podiam e que aqueles momentos jamais acabariam. E o legado? Para grande parte destes homens, o legado não existe, o que ficará é simplesmente as lembranças de grandes momentos e principalmente o arrependimento por terem feito tudo de forma errada. Talvez nas suas mentes ainda pensem: se em algum momento tiver outra oportunidade como anteriormente tive, com certeza agirei diferente.

O que aprendi convivendo com esses grandes homens? Que o verdadeiro poder está dentro de nós, na maneira como conseguimos controlar a nós mesmos. Aprendi a compreender que o verdadeiro poder está em quem somos e não naquilo que possuímos. Aprendi que a nossa trajetória é que determina o nosso legado. Aprendi a manter os pés no chão. Aprendi que a nossa família e os nossos verdadeiros amigos merecem todo nosso respeito, cuidado e dedicação. Aprendi que a vida é uma verdadeira roda gigante que em determinados momentos nos leva para cima e em outros momentos nos leva para baixo. Mas o mais importante é: independente de onde estivermos jamais podemos permitir perder a nossa identidade.

Damas de Ouro

24

O poder do amor

O amor como tema principal na vida de uma mulher simples que desafiou o tempo e buscou todos os seus sonhos, independente das circunstâncias e dos condicionamentos impostos por uma sociedade machista e capitalista. Uma verdadeira "Dama" da simplicidade e da caridade sem abrir mão da sua parte mulher, mãe, irmã e filha. Viveu seus amores intensamente, ama a todos incondicionalmente. Hoje, com 82 anos continua sua jornada de disseminar o amor e a paz cumprindo assim sua doce missão nesse planeta

Nadia Gomide

Nadia Gomide

Palestrante, fundadora do Instituto Ânima de Desenvolvimento Humano, *Master-Trainer* em Programação Neurolinguística, treinada por grandes nomes como Robert Dilts, Valderez Ferreira, Jairo Mancilha, *Professional Coach* formada pelo Behavioral Coaching Institute (BCI), pós-graduada em Gestão Empresarial Estratégica (FIEL) e graduada em Estudos Sociais(CEUB). Atuando no desenvolvimento humano há dez anos através de palestras, *workshops* e treinamentos direcionados à melhoria dos comportamentos. Eterna apaixonada pelo Ser Humano dedica-se a auxiliar pessoas e organizações a encontrar o sua melhor performance. *Master Teacher* em *Magnified Healing* e Reike, Praticante e Professora de Meditações Ativas (OSHO Internacional Foundation – Índia).

Nadia Gomide

Julho de 1963. O vento e a poeira eram os vilões daquele dia gelado. No Planalto Central, na recém inaugurada capital, muitas famílias chegavam. Traziam, além dos filhos e da pequena bagagem, o coração repleto de esperança. Esperança em dias melhores. Depositavam nesse lugar frio e seco a fé de que a vida iria mudar. Sonhavam com oportunidade de trabalho, moradia e educação para os filhos. Não buscavam fortuna, apenas dignidade. Perseguiam um sonho, tal qual o de Dom Bosco. Construíam, tijolo a tijolo, a nova Capital do país e, com ela, teciam suas vidas, em meio às dificuldades e tempestades de poeira.

O nome dele era Elizeu, Elizeu Teixeira de Macedo, casado com Francisca Leopoldina de Castilho. Ele, homem calmo e amoroso. Ela, além do nome nobre, possuía a força no próprio olhar. A bravura e altivez eram estampadas em sua postura esguia. Essa pequena mulher de um metro e meio, analfabeta e simplória, teve doze filhos e a coragem de dizer: Graças a Deus morreram cinco. Questionada sobre a dureza dessa afirmação dizia: Deus sabe o que faz. Para sofrer nesse mundo bastam sete. Não gostava de ver os filhos à beira da miséria. Essa guerreira teve os filhos pelas próprias mãos. Acreditava na força de Deus e da mãe natureza.

Dos doze filhos, a primeira é minha mãe. Maria é seu nome, amor é seu lema. É carinhosamente chamada pela família e amigos de Neném. Como uma boa primogênita, ajudou a criar os irmãos. Muito cedo auxiliava nos trabalhos da casa e costurava as roupas da família. Apesar dos poucos recursos, vestia as irmãs iguaizinhas, como era costume. O algodão era cardado, fiado e tecido por elas, mãe e filhas, enquanto cantavam as modas de viola típicas da região. Neném não tolerava o trabalho no campo. Tinha habilidades com a máquina de costura, bordados e era uma visionária. Era uma jovem muito bonita e atraente. Sua pele branca realçava os cabelos lisos e claros. Tinha o corpo bem desenhado e o colo guardava os seios redondos e fartos. Foi fácil encontrar casamento aos 17 anos. Ficou com o marido quando a família se foi de mudança.

Apesar do olhar no futuro, tinha a inocência de uma criança. Casou-se com Pedro, homem bem mais velho. Após alguns dias, o marido pergunta: não vamos fazer nada? Ela assustada diz: o que temos que fazer? Depois de inúmeras tentativas, consumaram o casamento, despertando nela um vulcão adormecido. Sonhava com a maternidade e, casada, rezou por dez anos para engravidar. Conseguiu ser mãe não apenas dos filhos da própria barriga, mas de muitos outros.

Quinze anos depois, veio para a "capital da esperança" buscar apoio da família. Estava doente e separada. Trouxe pequena bagagem e dois filhos. O terceiro surgiu numa tentativa frustrada de reconciliação com o marido. Eu, com cinco anos, assustada ao presenciar suas crises de choro e falta de ar, rezava para ela não morrer.

Damas de Ouro

Recentemente soube que aquelas crises, na verdade, eram sua parte mulher sufocada, querendo explodir. Meu pai tinha pouca habilidade para satisfazer uma mulher de natureza quente como a dela.

Por um tempo ficamos na casa do meu avô. Logo nos juntamos a outras famílias e invadimos um lote. Nossa casa, muito simples, foi feita com pedaços de madeira e papelão. Cozinhávamos em um fogão improvisado com uma lata e restos de madeira catados no cerrado. Tínhamos pouca comida, só o básico. Naquela época, os vizinhos se falavam e trocavam gentilezas. Apesar de pouquíssimos recursos, tínhamos uma liberdade que já não existe hoje. Minha mãe, a Dona Neném, era a conselheira mais solicitada pela vizinhança. Vivia plantando sementes de amor e esperança naquelas pessoas tão tristes. Bem pequena conheci seu amor incondicional. Ao saber de alguma criança doente, ela recolhia, alimentava e medicava com chás e ervas para, em seguida, devolver à família. Fez isso várias vezes com filhos de prostitutas que ficavam pelas ruas, jogados ao acaso. Brincou de Deus ao mudar o destino de mães grávidas a caminho do aborto, acolhendo-as. Sempre pregou a vida.

O lugar era feio. Hoje se chamaria favela. Para nós era um assentamento. Famílias muito pobres se amontoavam em barracos de papelão com piso de chão batido. Tenho lembranças da enxurrada passando embaixo de nossa cama e do frio assoviando pelas brechas das paredes. Foi uma época dura para minha mãe. Lembro-me do ruído da máquina de costura marca "Necchi", da qual ela se orgulhava em possuir, zunindo noite adentro. Aquela máquina era nosso pai. Costurava pilhas de roupas hospitalares e bordava em ponto de "rococó" os enxovais das poucas crianças ricas da região. Logo de manhã podíamos sentir o cheirinho de comida simples e muito caprichada. Ela também vendia "marmitas" para os trabalhadores.

Depois de meses, recebemos a notícia de que seríamos retirados daquele lugar. Ali era muito central e destinado ao comércio. Era para pessoas com posse. Assisti por várias vezes o caminhão da fiscalização chegar e derrubar aqueles barracos. As famílias, seus pedaços de madeira e a pequena mudança eram levados para outro lugar. Tínhamos muito medo daquele caminhão. Sempre que ouvíamos o seu barulho, minha mãe se deitava e, embrulhada no cobertor, simulava febre alta e voz fraca. Compadecidos, os fiscais a deixavam para a próxima vez.

Essa cena se repetiu por inúmeras vezes. Todos se foram e nosso dia não chegou. Minha mãe tem a pele muito corada. Ela soube usar isso, junto a seus dons teatrais, para driblar os fiscais. O fez usando sua inteligência astuta. Estava determinada a ficar naquele imóvel. E ficou.

Nossa vida seguiu normalmente. Minha mãe tinha o dom de fazer tudo parecer natural. Não dramatizava. É das poucas pessoas que

Nadia Gomide

conheço que é feliz com o que possui. Não se envergonha da simplicidade. Enquanto a vizinhança reclamava por ter que colher verduras e frutas no lixo do mercado, ela agradecia a Deus por isso. É extremamente proativa. Consegue ver o lado bom de tudo e de todos. Educava-nos de forma firme e muito, muito amorosa. Dormíamos os quatro na mesma cama e podíamos sentir seu calor e proteção. Quando a chuva de vento levava o telhado, ela nos protegia no "esconderijo" de plástico e transformava tragédia em brincadeira.

A vida transcorria assim, amorosamente cuidando dos filhos e ajudando a família e os vizinhos. A parte mulher ficou trancada e amordaçada. Viveu só, sem amor, por muito tempo. Um dia, conheceu um homem e se apaixonou perdidamente. Preparava-se para o sábado como quem se prepara para as bodas. Esse homem foi o seu amor de final de semana por quinze anos. Durante todo esse tempo, ela acreditou que ele viria de mudança. Esse mineiro sofisticado, de gosto apurado, comia muito bem e nos ensinou a gostar de ópera. Foram anos em que conheci a parte mais feliz e mais triste de minha mãe. Algumas vezes, a sexta-feira chegava e ele não. Os olhos dela brigavam entre a rotina de trabalho e a porta da rua. Tempos depois descobriu que ele jamais viria de vez. Existiam outras duas mulheres esperando também. Agradeço a ele por ter sido o homem que fez minha mãe conhecer as estrelas, como ela diz, mas sinto raiva por tê-la feito sofrer. Aquele homem se perdeu entre amores e promessas.

Entre idas e vindas, expectativas e decepções, o tempo passava. A vida tornou-se um pouco melhor. Ela seguia ajudando tantas pessoas, como se fosse alguém de grandes posses. Um dia, acolheu uma vizinha chamada Eunice. Era uma doente mental maltratada pela família. Seu pai a jogara na rua após saber da gravidez. Seu corpo mostrava a barriga e o medo do futuro crescendo. Minha mãe abrigou essa mulher e prometeu cuidar dela e do bebê. Preparou o enxoval e gestou junto com ela essa criança. Ao buscá-la no hospital, minha mãe ligou dizendo: Traga mais uma roupinha, são dois bebês. Um casal. São parecidos com nossa família. Tem coisa aí! Depois de alguns meses, descobrimos que nas veias daquelas crianças corria nosso sangue. Eram filhos da louca com meu primo, na época adolescente. A menina é hoje a irmã que sempre sonhei, amorosa e companheira. O menino, um primo muito querido, foi criado pela minha tia. Hoje ele cuida dela idosa e na cadeira de rodas. Há alguns dias minha mãe perguntou: onde encontrava dinheiro para fazer tudo aquilo? Não soube responder, mas suponho que exista um milagre por trás do amor, uma fonte inesgotável de recursos que abastece quem se dispõe a fazer o bem.

Novembro de 1980. Aquela mulher que vencera tantas batalhas,

Damas de Ouro

mais uma vez desafia os condicionamentos. Quer experimentar uma nova vida. Reencontrou, meses antes, no velório do meu avô, o seu primeiro namorado, o Sr. Anésio. Estava escrito que tinham que viver algo juntos. Por sugestão do meu tio, acabaram por reatar o namoro. Ela, astuta como ninguém, encontrou logo uma maneira de saber se ele "funcionava". Ao vê-la em trajes pequenos, ele não hesitou. Provou que podia, e muito bem, dar o que ela queria.

A união se consolidou meses depois, no aniversário dela. Essa mulher que tem no sangue a determinação para ser feliz não se importou com comentários. Encarou a felicidade de frente. Recomeçou aos 60. Apesar da idade dos dois, tiveram a ideia de uma minifábrica de produtos derivados do milho. Em pouco tempo, tinham uma clientela cativa. Orgulhavam-se do título de melhores pamonheiros da cidade. Essa união resultou em uma renda extra e logo puderam comprar um carro com os próprios recursos. Após alguns anos, ela decidiu dirigir o próprio carro. A família foi contra. Eu, que jamais duvidei de sua capacidade de surpreender, apoiei. Aos 69, ela foi habilitada e ainda hoje, aos 82, totalmente independente, se beneficia do seu direito de ir e vir.

Com o Sr. Anésio viveu a plenitude de sua parte mulher. Teve sexo em quantidade e qualidade. Aquele goiano miúdo era muito viril. Diz ela que não podia encostar-se nele que acendia seu fogo. E ela respondia à altura. Teve com quem conversar nos momentos de descanso. Compartilhavam das mesmas ideias. Ele se apegou muito a ela. Segundo ele, ninguém cozinhava melhor. Nos últimos tempos, o apego era tamanho que ele sentia fortes dores se minha mãe se ausentava. Melhorava instantaneamente com sua chegada. Pelo seu amor pelo milho, matéria-prima do trabalho, brincávamos que minha mãe para ele era como um "milhoral". Curava qualquer dor. A chegada dele em nossa vida preencheu aquele lugar vazio de antes. Ela, que lutara tanto, finalmente tinha agora um marido, uma casa digna, um trabalho, e dirigia seu próprio carro. Estava muito feliz.

Certo dia, aquela eterna sonhadora confessou ter mais um. Sonhava em casar-se na igreja, oficializar a união com o seu amor. Inicialmente imaginei ser uma brincadeira. Não era. Como boa católica, queria receber a eucaristia. Só então me dei conta de que ela nunca havia participado desse momento tão sublime em sua crença.

Vi minha mãe realizar o seu grande sonho aos 79 anos. O noivo, com 81. Jamais vi um casal tão lindo e feliz. Ela entrou na igreja de noiva carregando um pendão de jade verde natural colhido meia hora antes da cerimônia. Estavam radiantes. Ele, antes tímido e singelo, estava elegante e sofisticado. Orgulhoso por receber minha mãe como sua mulher diante de todos. O diácono que realizou a cerimônia

Nadia Gomide

mencionou emocionado a história de vida deles. Foi uma linda celebração. Chorei ao ver minha mãe recebendo, pela primeira vez, a hóstia sagrada. A alegria da noiva contaminava cada convidado. Foi uma noite muito agradável. Os noivos ficaram na festa até o amanhecer. Pareciam incansáveis. No dia seguinte, curtiram a família, os presentes e viveram nos próximos meses sua eterna plena lua-de-mel. Uma doce vida. Durou pouco após a oficialização. Apenas dois anos e meio. Ele se foi em pleno segundo dia do ano, com a calma e tranquilidade que lhe eram peculiares. Trabalhara até noventa dias antes de partir. Foi premiado por Deus com uma morte rápida e sem sofrimento. Minha mãe, sabiamente, concluiu: foi em boa hora. Fomos felizes o suficiente!

Para minha mãe não havia terminado. Ela continua aqui firme e forte, como ela diz. Ama a vida que tem. Supera cada coisa amorosamente. Apenas dez dias após a morte do seu amor, recebeu a notícia de uma doença que acometeu meu irmão do meio. O diagnóstico dos médicos era pessimista. Um câncer em fase adiantada com metástase e tudo. Minha mãe, com sua fé absurda, não relutou em dizer: para Deus nada é impossível. Meu filho vencerá essa batalha. Maria nossa mãe estará conosco. Admiro-me quando ela, apesar da idade, acolhe nosso medo e diz: onde há fé não há o que temer. Segundo ela, o que Deus fizer está feito. Não podemos ir contra a vontade dele. Ao mesmo tempo em que decreta: meu filho vai ficar curado. Após alguns tratamentos e muita fé, ele está praticamente livre da doença.

Minha mãe, essa Maria de Ouro, faz planos para o futuro. Afirma, dia após dia, que vai vencer a dor ciática, a falta de cartilagem nos joelhos, o diabetes, e acredita firmemente que ainda vai viajar muito. Eu, de minha parte, não duvido, até porque, não sei se posso contar aqui por ser um segredo nosso, mas soube que ela andou conversando com aquele homem que a fazia ver estrelas. Parece ter piscado alguma antes cadente e eles pensam em se reencontrar. Meu Deus, ela vai recomeçar!

Damas de Ouro

25

A liberdade de ser feminina

Dama de ouro, o arquétipo:
"Mulher sensorial e prática ao mesmo tempo. Representa
nutrição física, espiritual e o mundo das sensações através da ótica
naturalista da vida. Figura calma, confiante, compassiva e segura de
si própria. Lida bem com valores terrenos"

Priscila Lima de Charbonnières

Priscila Lima de Charbonnières

Empresária, coach e astróloga especialista no desenvolvimento de competências comportamentais pelo uso da intuição. É formada pela Sociedade Brasileira de Coaching em Personal & Professional Coaching e Positive Coaching. Treinada pela Center for Skillfulmeans. Estudou Psicologia, Astrologia, Yoga, Reiki, Radiestesia, Feng Shui, Filosofias Ocidentais e Orientais. Especializou-se Astrologia. Com Linda Brady, autora do livroDiscovering Your Soul Mission: Using Karmic Astrology to Create the Life You Want, aprimorou importantes técnicas de desenvolvimento intuitivo. Escritora dos livros Ser + com Saúde Emocional e Manual de Múltiplas Inteligências.

Contato
priscilalima@intuitivo.com.br

Priscila Lima de Charbonnières

Mulheres de todo o mundo vivem, há milênios, uma espécie de sono profundo. Reprimem a essência da força de suas ancestrais mais antigas. Esse conflito parece nunca ter sido exposto de maneira tão evidente como nos dias de hoje na sociedade em que vivemos. Aprisionadas em condicionamentos impressos pelo modelo de sociedade patriarcal, inúmeras mulheres "sobrevivem" sem exercer o poder que as tornaria despertas para uma vida autêntica, de acordo com sua essência livre e sensorial.

"Liberdade significa a capacidade de dizer sim quando é preciso dizer sim, de dizer não quando é preciso dizer não e de ficar calado às vezes, quando nada é necessário - ficar em silêncio, não dizer nada. Quando se pode dispor de todas essas dimensões possíveis, existe liberdade".
Osho

A liberdade, em sua primeira e segunda dimensão, é física e psicológica. A terceira dimensão da liberdade é espiritual. Vem através da meditação, quando se percebe que não somos o corpo, não somos a mente, que somos consciência pura. Essa percepção é sensorial e é a ela que pretendo conduzi-la. A viagem ao despertar capaz de reconfigurar nossas vidas requer, antes de mais nada, um olhar ao modo de vida de culturas antigas. Esse direcionamento de atenção nos leva à essência de divindade - atributo que define a qualidade feminina no seu grau mais elevado. Filosofias milenares podem abrir janelas de consciência.

O Tantra, por exemplo, é uma tradição matriarcal, sensorial e desrepressora passada de boca a ouvido (param-pará). Essa era a filosofia de vida de um povo denominado drávida, que viveu no período pré-clássico, no norte da Índia, região conhecida como Vale do Indo, há mais de 5.000 anos. Seus registros tornaram-se escrituras secretas do hinduísmo e foram passadas, na medida do possível, de geração para geração, de boca a ouvido.

Estudos antropológicos apontam que naquela sociedade drávida, uma das muitas matriarcais que existiram, houve uma ruptura, quando a Índia foi ocupada pelos arianos. A partir desse momento as escrituras foram proibidas. Afinal, a filosofia tântrica é sensorial, matriarcal e desrepressora. Contrário aos arianos invasores, os drávidas eram um povo que vivia em função da agricultura, não-guerreiro, assim como outros povos em outras regiões da Europa antiga.

Para os drávidas, povo sensorial, a mulher era considerada uma divindade, principalmente pela sua capacidade de dar à luz, de extrema sensibilidade e intuição aguçada. A mulher era sensorial e, naturalmente, valorizava seu próprio corpo. Uma adoração natura-

Damas de Ouro

lista, pois o corpo era visto como fundamental ao princípio da existência. Essa sempre foi e sempre será a natureza da mulher, pois os hormônios femininos estrogênio e ocitocina são responsáveis pelos sentimentos de conexão e de amor. Ao contrário das mulheres, nos homens os hormônios testosterona e vasopressina, quando associados, desencadeiam o estado de agressividade.

Assim como a cultura dos arianos invasores, a cultura que recebemos de nossos ancestrais mais recentes cultua a guerra, é patriarcal e repressora. Os homens não podiam se render à sensorialidade feminina, pois caso contrário jamais sairiam para guerras e sim se entregariam aos sentimentos de conexão e amor.

Na maioria das sociedades matriarcais primitivas, havia o culto à fertilidade da mulher. Essa representação simbólica era expressa nas artes, na religião e nas lendas desses povos. Houveram sociedades matriarcais em vários locais do mundo, em especial Ásia, África, Índia, Oceania e alguns locais da América. Se a fertilidade era considerada divina, a sexualidade também era, e exercida principalmente pela mulher.

A vivência sexual era algo que conduzia a uma experiência divina, um ato sublime. Não havia a conotação religiosa repressora que aceita apenas a procriação, muito menos a banalização e a ausência de amor próprio que leva mulheres e homens apenas a prazeres momentâneos.

Desde o período Paleolítico, 10.000 anos antes de Cristo, as sociedades eram predominadas pelo matriarcalismo: a vida era conduzida pelas mulheres, mas não do jeito que vemos os homens conduzirem hoje em dia. Elas não se preocupavam em exercer o poder, pois não o conheciam como o conhecemos hoje. O conceito de riqueza não era conhecido e não havia proprietários de terras.

Os homens viviam em deslocamentos para a caça, principal forma de subsistência, enquanto as mulheres se dedicavam a outras diversas funções. A terra era usufruída, bem como tudo o que havia na natureza. Como relatou a pesquisadora Evelyn Reed, o sentido da vida era a vivência coletiva. No início do período Neolítico, 9.000 anos antes de Cristo, grandes alterações climáticas tornaram o homem mais sedentário e os grupos deixaram de caçar para se dedicar ao pastoreio. Com isso, passaram a fixar moradia e criou-se o conceito de propriedade e poder.

Surgiu então o patriarcalismo, que seguiu 'varrendo' o globo, abafou a filosofia tântrica e outras culturas e prevalece até a atualidade. As mulheres passaram a ser reprimidas. Os homens, longe de tentações, podiam se manter focados nas guerras. Para sair à luta, o homem guerreiro não podia estar profundamente envolvido em sentimentos. Precisava ser frio, destemido e determinado. A convivência com as

Priscila Lima de Charbonnières

mulheres, sexo e prazeres passou a ser proibida, para não 'amolecer' os corações masculinos. Posteriormente, no ocidente surge a Igreja e impõe suas regras próprias, com o intuito de manter a população e a sociedade sob controle.

A confissão foi uma das grandes ferramentas adotada pela Igreja Católica para controlar o que as pessoas faziam ou deixavam de fazer. Herdamos a cultura de vigilância sobre os nossos atos, de culpa e castração. Essa herança está enraizada em nosso subconsciente: servir aos interesses alheios praticamente sem condições intelectuais ou emocionais de optar.

Trazemos em nosso DNA resquícios cristalizados da repressão. Mesmo que nossa mente consciente opte por nos libertar, isso é difícil, pois temos regras internas e crenças limitadoras. Com isso, o poder feminino, o poder divino da sensorialidade, têm estado adormecidos por séculos e milênios.

Atualmente, após movimentos feministas, invenção de métodos anticoncepcionais e eventos libertários como o Woodstock, mulheres trabalham fora, lutam para atingir cargos que antes eram apenas destinados aos homens, engajam-se contra a violência doméstica e defendem a liberdade sexual. Mas as mulheres estão agindo como os homens. Lutam 'por isso e por aquilo' e se esquecem do seu próprio poder: sensorial e não guerreiro. Ao lutar, distanciam-se de suas maiores qualidades e tentam ser o que não são, acreditando que assim atingirão a sensação de liberdade. Mas dessa forma deixam de fluir com a vida, de se valorizar, e deixam de perceber quão divinas e livres são. Mulheres sempre foram e sempre serão diferentes dos homens.

O poder feminino está em sermos femininas e não masculinas. O feminino é, naturalmente, receptor. Com muita propriedade, a Cabala, filosofia judaica que interpreta o universo da criação e seus mistérios com base em significados ocultos, nos ensina que quando estamos abertos a receber nos tornamos um recipiente vazio, para transmutarmos a luz ou a própria divindade que em essência somos. Isso é feminino, *Yin*, sensorial.

O método Ho'oponopono, utilizado no Hawaí pelo dr. Hew Len para curar criminosos com patologias mentais através do esvaziamento de suas próprias memórias, também ensina que, ao esvaziarmos a mente subconsciente, consciente e superconsciente, recebemos inspirações divinas.

Yoga e meditação também nos levam ao estado de não-mente. O vazio nos torna capazes de observarmos com clareza, de atingir a hiperconsciência, samadhi ou iluminação. Esse estado receptivo é absolutamente sensorial e obrigatoriamente não repressor. É tântrico.

Damas de Ouro

É livre. É a pura consciência da existência.

Quando as mulheres se assumem tão tântricas quanto são por natureza, surge a receptividade para as inspirações divinas, o verdadeiro poder feminino enquanto divindades encarnadas. Tão divinas quanto a própria Existência.

Observem o milagre que é gerar um novo ser humano em seu ventre, alimentá-lo, ensiná-lo, aconselhá-lo, formá-lo um adulto, um cidadão do mundo e, assim, contribuir para a evolução da espécie humana. Isso é divino.

Quando nos conectamos com essa divindade que habita em nosso íntimo, surge a certeza de que podemos executar com maestria qualquer outra tarefa. Tudo se torna simples perante tão grande missão que as mulheres têm para com o desenvolvimento da humanidade. Quando a mulher está ciente de seu poder pessoal não há na Terra uma só tarefa que não possa executar. Com a consciência do poder feminino de cocriar com a existência, a chama interna se acende e nos torna capazes de qualquer que seja nossa missão. Improvisar, intuir, executar, aprender, ensinar em qualquer área de atuação.

Atuemos com liberdade e segurança em qualquer cargo que outrora foi destinado apenas aos homens, como mulheres livres e sensoriais que somos em essência.

Mulheres que se masculinizam para assumir determinados cargos distanciam-se de outros aspectos importantes de suas vidas e não se sentem plenas. Estão sempre lutando por algo inatingido e estão cada vez mais distantes de suas essências.

No atual contexto, é necessário que as mulheres assumam diversos cargos, na sociedade, na liderança da economia, nas instituições, mas antes disso é necessário que se assumam como seres singulares tão capazes quanto os homens em alguns aspectos, mais capazes em outros e menos capazes em alguns. Mais cedo ou mais tarde, a mulher sente os chamados da vida para perceber a importância de se conectar com sua sensorialidade, com seus instintos matriarcais, e para se libertar de condicionamentos e crenças repressoras que estão cristalizadas no subconsciente.

Chega um momento em que a alma pede que se entreguem aos prazeres, se valorizem e desfrutem a vida. São processos libertadores que ocorrem mais frequentemente próximo aos 28 e aos 56 anos. Quando a mulher redescobre esse poder, surge a chama interna, a intuição, a sabedoria e a liberdade. Conexões que tornam a existência sagrada.

É necessário voltar a assumir a sensualidade como parte complementar e não contrária à espiritualidade. Quando o conflito deixa de existir, a mulher assume seu verdadeiro papel na família, na sociedade e na existência.

Priscila Lima de Charbonnières

Quando entra em contato com a consciência, com a essência sensorial e espiritual, surge a mulher de força.

Cada caminho é único e é atingido quando há auto-observação e *flexible mind set*.

Pergunte-se se tem sido profundamente honesta consigo mesma. Medite sobre isso e, após um longo e prazeroso processo (sim, se não for prazeroso não é tântrico), virá o despertar.

Mulheres livres de fardos do passado e do futuro vivem plena e sensorialmente o momento presente e experimentam intimamente o sentimento de conexão com a liberdade da alma. Despertam corpo, mente, sentidos; entram em *flow*.

E assim caminha a humanidade...

Damas de Ouro

26

Empresa gentil = lucro maior
(Mundo gentil = felicidade maior)

Gentileza faz muito bem à saúde, ao sucesso e à conta bancária. Uma pesquisa feita na Universidade da Califórnia mostrou que as pessoas são mais felizes quando gentis. Para vencer a concorrência só existe um caminho: atingir a excelência nos relacionamentos. Tom Peters, guru de administração, foi pontual ao enfatizar que "o caminho para a maximização do lucro é uma atitude decente". E ainda reforçou o surpreendente fato de que "a gentileza é de graça e dá lucro". A decisão entre ser e não ser gentil é de cada um!

Rosana Braga

Rosana Braga

É jornalista, consultora em relacionamentos, conferencista, escritora, graduada em Psicologia, formada pelo Processo Hoffman da Quadrinidade – curso oferecido aos alunos de pós-graduação em Liderança na Universidade de Harvard, e em Eneagrama nos Relacionamentos Pessoais e Profissionais. Reconhecida como uma das maiores especialistas em relacionamento & comunicação do país, Rosana Braga desenvolve um trabalho considerado inspirador e eficaz, promovendo mudanças no âmbito profissional e pessoal. Avaliada duas vezes consecutivas entre os cinco melhores conferencistas do Congresso Brasileiro de Treinamento e Desenvolvimento (CBTD), com nota média de 9,83, Rosana é pesquisadora em sua área há mais de dez anos e surpreende ao propor atitudes e soluções no complexo mundo das relações, conduzindo as pessoas a se apoderarem de seu potencial, ressaltando a diferença entre "quem quer" e "quem faz". Contratada pela Microsoft como escritora oficial do MATCH.COM, o maior site de relacionamentos do mundo, bem como para o site PAR PERFEITO, é autora de diversos livros, dentre eles o grande sucesso O PODER DA GENTILEZA, que aborda questões comportamentais cuja mensagem central é: o modo como você trata as pessoas determina quem você é! e também do FAÇA O AMOR VALER A PENA, do PÍLULAS DE GENTILEZA, entre outros. É ainda autora e apresentadora dos DVDs de treinamento corporativo O Poder da Gentileza no Atendimento ao Cliente e O Poder da Gentileza no Atendimento Telefônico e do DVDs Inteligência Afetiva, volumes 1 e 2.

Contatos
www.rosanabraga.com.br
rosana@rosanabraga.com.br

Rosana Braga

As estatísticas comprovam! Uma pesquisa realizada na Universidade da Califórnia pela professora *Sonja Lyubomirsky*, mostrou que as pessoas são mais felizes quando são gentis. E não só isso: que uma variedade de atitudes gentis gera mais felicidade do que repetir várias vezes um mesmo gesto gentil. O resultado dessas pequenas ações, garantem os cientistas, vai além do que os olhos podem ver.

Outro estudo, publicado na revista *Proceedings of the National Academy of Sciences*, comprovou também que a gentileza é contagiante. "Quem se beneficia de um ato de gentileza, passa adiante a gentileza para pessoas que inicialmente não estavam envolvidas no ato", declararam. A generosidade de uma pessoa, durante o estudo, se espalhava para três outras pessoas e, em seguida, para nove pessoas com as quais estas três interagiam e assim por diante.

Tal dado prova que José Datrino tinha toda razão! Imortalizado como o Profeta Gentileza e de quem conto a história completa em meu livro O PODER DA GENTILEZA, ele não se cansava de repetir: Gentileza gera Gentileza.

Outro dado interessante é mostrado na pesquisa feita com 15 mil adultos, durante 15 anos, também pela Universidade da Califórnia. O estudo revelou as duas principais causas que dobram as chances de uma pessoa sofrer de hipertensão e problemas cardíacos, doenças que causam prejuízos incalculáveis às pessoas, às empresas e ao governo. Certamente, muitas pessoas diriam que as causam têm a ver com falta de dinheiro, saneamento básico ou até saúde pública. Sem dúvida, essas são questões que precisam ser revistas urgentemente, mas as duas principais causas reveladas pela pesquisa são: hostilidade nas relações interpessoais e impaciência ou pressa.

E o que é isso senão falta de gentileza com o outro, com a vida e consigo mesmo? E os números não param por aí. Quando disse que a gentileza influencia diretamente também a sua saúde profissional e financeira, não estava sendo subjetiva! Obviamente, não se trata de transformar a gentileza numa moeda de troca, mas terminam sendo inevitáveis os benefícios propiciados por esta conduta também no âmbito profissional e, portanto, financeiro. O fato é que as empresas têm valorizado cada vez mais os colaboradores, atendentes, vendedores e gestores que sabem conciliar, mediar e ter uma atitude positiva diante das dificuldades, de qualquer ordem.

Profissionais que tumultuam o ambiente de trabalho, são intolerantes e hostis e que não sabem trabalhar em equipe nem se comunicar, são convidados a deixar a empresa na primeira oportunidade. O mercado é cada vez mais exigente e para vencer a concorrência só existe um caminho: atingir a excelência, especialmente na fidelização

Damas de Ouro

dos clientes. E é muito fácil, enquanto consumidores, perceber que deixamos uma marca ou um serviço de lado – e ainda falamos mal deles – quando somos atendidos sem gentileza e respeito.

Entretanto, enquanto fornecedores, ou seja, enquanto empresas gentis, muitas vezes os gestores demoram a compreender que se não investirem, urgente e constantemente, no treinamento e no desenvolvimento da gentileza de sua equipe, de seus gerentes e líderes, rapidamente perderão lugar para aquelas que investem. Uma pesquisa feita pela *US News and World Report* revelou os motivos pelos quais as empresas perdem seus clientes. Ao contrário do que muitos pensam, o valor do produto ou serviço é menos levado em conta (apenas 9%) do que a qualidade desse produto (14%), e a qualidade do produto, bem menos que a qualidade do atendimento (68%), conforme mostram os números.

Isso mesmo: sete a cada dez clientes deixam de dar lucro a uma marca ou serviço porque ficaram insatisfeitos com a atitude do pessoal, com a qualidade do tratamento que receberam. Ou seja, ninguém gosta de ser maltratado, muito menos quando está pagando por um produto ou serviço. E lembre-se que essas pessoas não só abandonam o tal fornecedor sem gentileza na primeira oportunidade, como também fazem questão de avisar ao maior número de pessoas para não se tornarem clientes dele.

A Manager Assessoria em RH, empresa dedicada à captação de profissionais, entrevistou 132 principais executivos de RH de empresas com mais de mil funcionários em todo o Brasil e questionou: "O que mais conta na hora da contratação de um colaborador?". E o resultado foi categórico: conhecimento técnico e comportamento. Mas note bem: ficou claro que, com bom conhecimento e mau comportamento, o profissional é facilmente descartado, enquanto que com um comportamento extraordinário, mesmo sem conhecimento técnico suficiente, tem grandes chances de ser contratado e treinado.

E a falta de gentileza não afeta uma carreira ou uma empresa somente no momento da contratação. Sabemos que em qualquer organização existem problemas a serem resolvidos o tempo todo. O que determina o sucesso ou o fracasso de cada uma é o modo como lidam com esses problemas. As que estão atentas ao ambiente, sempre promovendo harmonia, integração e motivação, certamente estarão muito menos sujeitas aos prejuízos causados por afastamentos, faltas e absenteísmo, ou seja, com o tempo de trabalho perdido quando os empregados não estão na empresa, ou produzindo aquém do que poderiam se estivessem bem!

O maior problema é que muitos administradores e até os pre-

Rosana Braga

sidentes de empresas, equivocadamente, ainda compreendem a gentileza por um viés romântico. Mas a verdade é que este comportamento deixou de ser "artigo de luxo" para se tornar requisito fundamental na postura de todos, na vida em geral e dentro de uma empresa. Recentemente, uma revista especializada em empregabilidade publicou uma pesquisa revelando que 87% dos colaboradores são também demitidos por inadequações comportamentais. Porém, mais do que garantir estabilidade ou sucesso profissional, a gentileza é fator determinante para aumentar o lucro das organizações. Ou seja, empresas e colaboradores que não conhecem ou ainda duvidam do poder da gentileza estão fadados senão ao fracasso, certamente à estagnação ou à falta de sucesso.

No que se refere aos afastamentos, improdutividade ou absenteísmo, não é difícil supor que empresas gentis, no sentido amplo e irrestrito da palavra, propiciam – direta e indiretamente – mais saúde física e emocional aos seus funcionários, evitando inclusive pedidos de demissões de profissionais em busca de uma empresa mais saudável para a qual possam oferecer a qualidade diferenciada de seu trabalho. Ao contrário, empresas que não sabem valorizar nem reconhecer seus colaboradores, que não priorizam a gentileza no atendimento interno e externo, terão não só evidentes problemas para manter parcerias, concretizar negócios e conquistar o mercado, como também para manter a saúde, inclusive financeira, de seu sistema produtivo.

É é triste constatar que os dados não têm sido nada promissores. A Previdência Social mostra que as duas principais causas de afastamento nas empresas são estresse e depressão. Isto é, fatores comportamentais! Para se ter uma ideia do tamanho da encrenca, em 2006 o número de afastados foi de 612 pessoas. Em 2009, pasme, esse número subiu para 14 mil. Isso mesmo: em apenas três anos, a depressão e o estresse aniquilaram 22 vezes mais a produtividade dos trabalhadores. E se isso não for preocupante, se esses dados não servirem para alertar os gestores de que algo precisa ser feito para despertar em seu pessoal uma nova forma de se relacionar e de viver, não consigo imaginar onde vamos parar!

E quer saber quanto isso custa aos donos das empresas? Basta fazer contas. Vamos supor que, numa organização, duas pessoas sejam afastadas durante 15 dias por questões de saúde. Um por conta de uma depressão e a outra por causa de uma crise de hipertensão. Ambas estão, muito provavelmente, com problemas de relacionamento e comunicação, e não seria nada surpreendente se acreditássemos que esses problemas afetam também o ambiente corporativo. É absolutamente certo que com um pouco mais de gentileza,

Damas de Ouro

esse quadro poderia ser visivelmente melhorado!

Mas voltando ao raciocínio matemático, o fato é que, se trabalham oito horas por dia, serão 16 horas desperdiçadas em cada um dos 15 que estarão fora. Considerando que não trabalhem aos finais de semana, serão 160 horas jogadas no lixo ao final da segunda semana. Dinheiro deixado de ganhar. Tempo que não produziram. Mas não é só isso! A empresa terá de pagar o salário e também os encargos desses funcionários como se estivessem trabalhando. Quanto isso significa de perda em valores? E em resultados? Qual o tamanho do prejuízo? Certamente, grande! E nem começamos a falar naqueles que estão na empresa mas, além de produzirem bem menos do que poderiam se estivessem motivados, integrados e se sentindo num ambiente acolhedor, ainda causam conflitos entre os colegas por pura falta de gentileza. Assim, creio que não restem mais dúvidas de que a gentileza é determinante na produtividade e no lucro das empresas.

Tom Peters, considerado guru de administração de empresas desde a década de 1970 até os dias atuais e coautor do livro *In Search of Excellence* (no Brasil, editado com o título de Vencendo a Crise) foi muito pontual ao enfatizar que uma empresa pode fazer uma tonelada com matéria-prima, mas o interessante é ter uma proposta de valor agregado diferente. "Toda empresa deveria ter um diretor de experiência", aconselha, defendendo que a coisa mais dura e duradoura são os relacionamentos, os nossos clientes, por isso a importância da execução com Excelência. "Execução são as pessoas. Se você executar bem, já ganhou dos outros. Sou louco por execução", declarou. Para ele, as empresas só existem por um único motivo: para prestar serviços. E isso vale para uma igreja, um hospital, uma loja e para todo mundo. "O caminho para a maximização do lucro é uma atitude decente". O especialista garante que as simples cortesias são a base da satisfação e retenção de clientes e funcionários.

Como líder, diz ele, você precisa dedicar a sua carreira para o desenvolvimento de 100% das pessoas no seu cargo. "Você saberá que está tendo sucesso quando puder ver que eles estão comprometidos com a excelência em tudo que fazem". Desta experiência, Peters listou as seguintes lições: **1** - A qualidade das interações positivas pode ser mais memorável do que o problema. **2** - Funcionários felizes fazem clientes satisfeitos. **3** – Fazer a coisa certa gera qualidade. **4** – A gentileza é de graça e dá lucro.

Sim, foi o que ele disse! A gentileza é de graça e dá lucro! Por isso, mesmo que se tenha de investir em treinamentos acerca do poder da gentileza, termina me parecendo fácil fazer comparações.

Rosana Braga

Entre a produtividade e o absenteísmo, entre a gentileza e a dificuldade de se relacionar, o preço pago pelos afastamentos causados pela falta de gentileza é extremamente mais alto. Leonardo Boff, teólogo, escritor e professor universitário que levanta a bandeira da gentileza com mestria, muito bem avisou: "Ou seremos gentis e cuidaremos uns dos outros ou nos entredevoraremos". Eu arriscaria dizer que temos perdido ótimas oportunidades de cuidarmos uns dos outros e, assim, já estamos nos entredevorando, muitas vezes. E pagando um preço bastante caro por isso! A questão é: até quando?

Mas se estatísticas, pesquisas e números não são convincentes para você, faça o teste. Tente ser um pouco mais gentil a cada dia e observe as mudanças, os resultados em seu dia a dia, ao seu redor. Até porque, no que se refere à sua vida pessoal e profissional, as atitudes e as decisões são sempre suas!

Damas de Ouro

27

Vantagem de ser mulher no mundo dos negócios Lembrando...

Neste artigo, descrevemos um pouco da experiência vivida por duas empresárias, que passaram por diversas situações; pisaram na bola e depois mudaram o jogo. Esperamos que este artigo, de alguma forma, ilustre um pouco as situações que algumas mulheres passam e enfrentam, bem como a forma com que superam desafios e obstáculos, aproveitando da melhor forma o fato de ser mulher para conquistar o sucesso

Sandra Mayumi Nakamura & Vanessa Fernandes

Sandra Mayumi Nakamura & Vanessa Fernandes

Sandra Mayumi Nakamura: arquiteta e Urbanista, Esp. em Engenharia e Gestão Ambiental, Sócia gerente da ECOTECNICA, Diretora Comercial e Técnica.

Vanessa Fernandes: arquiteta e Urbanista, Esp. em Engenharia e Gestão Ambiental, Sócia gerente da ECOTECNICA, Diretora Técnica.

Contatos
www.ecotecnica.com.br
(41) 3026-8639

Sandra Mayumi Nakamura & Vanessa Fernandes

Para lembrar e comemorar as conquistas sociais, políticas e econômicas das mulheres, desde 1909 é comemorado o dia Internacional da Mulher. É um marco importante para avaliarmos os avanços que temos até a atualidade e também nos fazer refletir sobre toda a discriminação e violência em que as mulheres sofreram e algumas ainda sofrem em todo o mundo. A partir dessas conquistas, a mudança que houve no olhar que se lança às mulheres (as suas capacidades e habilidades) nos favorece e nos protege de uma forma valiosa. E para consagrar o que se defende que é a igualdade, várias mulheres puderam efetivamente realizar grandes conquistas nos diversos setores da sociedade e, aos poucos, nos diversos lugares do mundo.

Começando...

Inspiradas e abarcadas nestas mudanças, há 13 anos, resolvemos abrir uma empresa de Consultoria Ambiental e de Planejamento Urbano, a Ecotécnica Tecnologia e Consultoria Ltda. Apesar do meu pai ser um japonês proveniente do Japão, com a criação baseada na visão masculina, sentiu, em seu próprio trabalho, que diferentemente do Japão, no Brasil a mulher tinha mais espaço e que provava ser muito capacitada e comprometida em suas tarefas. Então, tive bastante incentivo para abrir meu próprio negócio, e ainda atuar em uma atividade dominada pelos homens.

Estruturando...

No primeiro momento, busquei uma colega de faculdade para ser sócia deste novo negócio. E, por sorte, tivemos ajuda de amigos de meu pai que acreditaram em nós e nos apoiaram diversas formas. Depois de resolver a burocracia e a estruturação do espaço físico, fomos finalmente buscar clientes. Pensávamos em atender o setor público e privado na área de planejamento e meio ambiente. No início foi muito difícil, pois éramos iniciantes ainda, e analisando nossos concorrentes, percebemos que em nosso ramo, o conhecimento *know-how* e o *network* eram as chaves para alavancagem da empresa. Assim, resolvemos nos capacitar mais, fazendo cursos de especializações e participando de eventos e atividades ligadas ao meio ambiente e planejamento. Hoje, a sócia inicial (colega de faculdade) não faz mais parte da equipe da empresa, pois o proveito equivocado do fato de ser mulher não se adequou a nossa filosofia, e então, pouco tempo depois acabou saindo da empresa. Anos mais tarde, uma nova profissional foi convidada a ser sócia, Vanessa Fernandes, Arquiteta e Urbanista, e que também escreve juntamente comigo este artigo.

Damas de Ouro

Pisando na bola...

Antes de entrarmos na questão central deste artigo, apresento um relato de situações ou lições que tiramos de "fatos ocorridos" no início da história da empresa. Como eu havia comentado, alguns equívocos ocorreram no trajeto da empresa. O fato é que a primeira sócia (chamaremos aqui de Sra. VM.) quis se utilizar dos atributos femininos de forma negativa. Percebi situações constrangedoras com clientes. Participei de reuniões, onde autoridades ficavam de olho em seus atributos femininos, ocasionando convites para festinhas particulares. Mas o fato é que, ficava cada vez mais difícil de conviver profissionalmente com a Sr. VM, isso estava me deixando muito mal e triste, pois muitas coisas estavam convergindo para a direção contrária que uma empresária gostaria. Via-me pisando na bola... errando feio!!! Tinha que fazer algo!!! Em algumas situações, eu me encontrava encurralada, pois acabava ficando no mesmo patamar que ela...me confundiam, achando que eu agiria como ela. Quantas vezes tive que me trancar nos quartos dos hotéis e ligar o chuveiro e fingir que tomava banhos demorados, pois alguns prefeitos ou secretários me ligavam, deixavam recados ou até me aguardavam no lobby do hotel para "fazermos" algo à noite. Tive que fingir que não havia recebido recado nenhum ou que não ouvia baterem na porta por estar no banho!! Ou tive que usar aliança falsa para dizer que já era comprometida ou casada...Que sufoco!!

Mudando o jogo!

Mas, felizmente, conseguimos mudar o jogo, a Sra. VM , sócia antiga, saiu e uma nova profissional, Vanessa, entrou na sociedade. E da mesma forma, que inicialmente havíamos acreditado e planejado: o conhecimento, o comprometimento e eficiência deveriam ser nossas ferramentas para alcançar o sucesso. E sermos mulheres nos daria vantagem, pois este seria nosso diferencial.

Renovação do time, missão e visão!

Nossa equipe atualmente é bastante heterogênia em suas qualificações e perfil, mas a maioria é composta por mulheres. Apesar de "ser mulher" não ser um fator condicionante da empresa, acaba naturalmente tendo mais mulheres do que homens. Assim, a ECO-TECNICA acaba tendo muito do toque feminino e conjuntamente com toda sua equipe foram definidas as seguintes questões:

Sandra Mayumi Nakamura & Vanessa Fernandes

Missão: tornar-se referência na prestação de serviços no Brasil e exterior, atendendo a qualidade e a satisfação de seus clientes, aliada a responsabilidade socioambiental.

Visão: prestar serviços de assessoria e consultoria ambiental e de planejamento, adotando uma filosofia de trabalho apoiada na seriedade, comprometimento e pontualidade na execução dos trabalhos.

Assim, passamos a buscar trabalhos que transformam a sociedade, por meio de ações de melhorias das cidades, criando novas leis e ações inovadoras e justas. Além de auxiliar na instalação de novos empreendimentos nas cidades, através de licenciamentos ambientais, respeitando as legislações vigentes e os interesses do empreendedor e dos governos.

Os negócios (ou o jogo)...

A grande maioria de nossos contratantes do setor público são do sexo masculino, como secretários e prefeitos de diversas cidades e estados, onde realizamos trabalhos como: Planos Diretores Municipais, de Habitação, de Saneamento Ambiental, de Gerenciamento de Resíduos Sólidos das Cidades, Códigos de Obra e Postura Ambiental entre outros. Para quem não tem muita intimidade com esses termos, significa que nós URBANISTAS, em conjunto com a sociedade e o setor público, definimos diversas regras para as cidades como: onde podem ser construídas indústrias, prédios, cemitérios, limites de alturas e taxas de ocupação; como deve ser a fiscalização; pré-requisitos e estudos necessários para a instalação de empreendimentos (principalmente shoppings, mercados, condomínios, indústrias); contrapartida dos empreendedores (ex: para o trânsito, para o meio ambiente) na cidade; como as concessionárias (principalmente de lixo, água e esgoto) podem cobrar. Já para o setor privado, elaboramos estudos de viabilidade e realizando a consultoria ambiental para os processos de licenciamento ambiental, elaborando estudos de impacto ambiental ou de vizinhança, além de planos de controle ambiental. Para este nicho de clientes, que ainda em sua maioria são homens também, temos a função de esclarecer ao empreendedor sobre suas responsabilidades, buscando trazer segurança jurídica, principalmente de não deixar ou pelo menos alertar para que não cometam erros nos processos de instalação de seus empreendimentos, optando pela forma mais rápida e fácil, ferindo a ética e fragilizando o processo. Felizmente, nos dias atuais, sentimos muitas mudanças acontecendo, onde as "coisas" erradas uma hora ou outra acabam aparecendo. Isso nos traz muita esperança e propriedade em defender o caminho certo para se alcançar os objetivos.

Damas de Ouro

A vantagem que tiramos de ser mulher nos negócios (ou o jogo)...

E para "lidar" com essas autoridades aprendemos a utilizar de forma positiva o olhar mais moderno que a sociedade de hoje tem sobre o "ser mulher". De forma sucinta tentamos apresentar situações em que conseguimos tirar vantagens do fato de sermos mulher, e é claro, devemos muito isso as grandes mulheres pioneiras, que marcaram nossa sociedade **com a imagem da mulher guerreira, honesta, justa, gentil, cheia de garra e perseverança.**

O fato de ser mulher e eu por ter a descendência japonesa, faz com que se crie naturalmente uma imagem de pessoa idealista e honesta, inibindo muitos a chegarem diretamente a mim com propostas indecentes e totalmente não éticas. É claro que acaba sobrando para alguns da minha equipe, que são "o escudo", sofrendo pressão ou recebendo o recado. Já perdemos a conta de quantas vezes isso aconteceu, pois é de se imaginar com quantos interesse mexemos quando trabalhamos com planejamento urbano, mudando, alterando ou direcionando o crescimento das cidades. Imaginem quanto uma pessoa poderia ganhar, caso seu terreno ou gleba se transformasse em uma zona industrial, ou se parâmetros de altura fossem alterados, permitindo a construção de prédios? Ou quanto uma pessoa poderia perder, quando por motivos de proteção ao meio ambiente, ficasse definido que aquela região não poderia receber indústrias ou não poderia ter prédios? Ou o quanto uma empresa concessionária poderia perder ou ganhar dinheiro com mudanças de tarifas ou cronograma de obras? Visualize o quanto nós "cutucamos" alguns "grandes"! Mas por competência e sorte, nossa equipe é bem coesa e também há o fato de sermos mulher, o que acaba nos protegendo dessas situações.

Outra questão que é bem recorrente em nosso dia a dia, pelo fato de sermos mulheres acaba despertando em muitos homens um cuidado maior no trato e na atenção despendida. Principalmente em reuniões, acabam sendo mais **atenciosos e cuidadosos** em suas colocações. Apesar de não sermos frágeis e não gostarmos de nos aproveitar dessa imagem, ocorre que o tratamento mais cuidadoso nos beneficia, inclusive, perante a equipe do próprio contratante, que necessariamente acaba nos tratando com maior respeito e cuidado, mantendo o mesmo tratamento realizado pelos seus superiores. Recentemente, estivemos presentes em uma reunião que ocorreu no Japão, com uma grande montadora que está se instalando no Brasil juntamente com seus fornecedores japoneses. A reunião foi bastante tensa e longa, mas aparentemente, muito diferente das anteriores (onde muitas grosserias e cobranças fortes foram realizadas). Mas

Sandra Mayumi Nakamura & Vanessa Fernandes

com a nossa presença, tudo foi muito mais pacífico e tranquilo (apesar de estar bastante tensa na presença de 25 diretores homens, sendo a única mulher o mito de que os japoneses são machistas e não admitem mulheres na liderança, caíram por terra, uma vez que, acataram a todas as orientações por mim elencadas. E no final das contas, mais quatro empresas ligadas ao grupo nos contrataram para resolver a suas situações aqui no Brasil. Segundo comentários de pessoas que estavam nessa reunião, as novas contratações ocorreram porque consegui responder de igual para igual, aos diretores mais "temidos", de forma **sutil** e **sensível**, eles me respeitaram.

A tendência dos negócios (ou do jogo)...

Percebemos que muitas empresas estão renovando seus funcionários e revezando um pouco mais a gerência ou comando dos diversos setores, pelos jovens executivos. Os mais antigos acabam ficando com a função de conselheiros ou assessores e os mais jovens e dinâmicos com o papel de comando. Sentimos que essa nova geração, compreende e respeita muito mais as mulheres, entendem mais o potencial que as mulheres têm, quando lidam com os problemas ou grandes desafios. Sabemos também que não adianta listarmos as diversas virtudes que a mulher tem ou deixa de ter, pois o mais importante é que, sendo homem ou mulher, no mundo dos negócios, o que imposta é **ter o conhecimento, demonstrar dedicação, compromisso e seriedade.** Então, independentemente do sexo da pessoa, a dedicação e o jogo de cintura para lidar com as diversas situações devem ser entendidos e vislumbrados. Enche-nos de esperança e expectativas, saber que cada vez mais teremos espaço e reconhecimento no mundo dos negócios e que novas mulheres surgirão. Estamos ansiosas para conhecer outras mulheres guerreiras!!

Por fim...

Gostaríamos de agradecer a oportunidade que nos foi dada, para expor e contar um pouquinho do que somos, do que já passamos e buscamos como mulheres de negócio.

Damas de Ouro

28

Motivação para liderar

A história vivida por cada ser humano pode servir de modelo ou inspiração para outros. Entendendo estas mensagens compreendemos o significado de nossas próprias vidas. Minha breve contribuição com Motivação para liderar; segue este exemplo. Num tempo onde todos buscam a independência, física, mental, emocional, minha pretensão é auxiliar pessoas a conhecerem-se levando a essa resposta

Sandra Regina Rüdiger Ayyad

Sandra Regina Rüdiger Ayyad

Sandra Regina Rüdiger Ayyad, brasileira, Bacharel em Psicologia e Psicóloga (CRP:28740) formada pela Faculdade de Ciências e Letras São Marcos. Cursou Pós-graduação em Administração de Recursos Humanos pela Universidade São Judas e Docência do Ensino Superior. Especialista em Metodologia em EAD, é mestranda em Filosofia pela Faculdade São Bento. Profissionalmente; possui vivência de 29 anos em sólida carreira desenvolvida na Gestão em Recursos Humanos; carreira executiva ascendente, atuando em organizações de porte. Seu foco é o Desenvolvimento de Pessoas. Formada em Liderança Situacional (Paul Hersey – Brimberg & Associados), possui vários cursos de especialização. Atualmente é Coordenadora do curso Superior Tecnológico em Gestão de Recursos Humanos na Anhanguera Educacional/ Uniban e é professora de várias disciplinas na graduação e Pós-graduação. Sócia e Diretora da RUDIGER & AYYAD T&D, ministra palestras e cursos em empresas. Autora de dois livros: MENTE ALQUÍMICA – Um processo de Integração dinâmico, publicado pela editora STS, em 1987 e A CABALA E AS EMPRESAS – A aplicação da tradição esotérica no dia a dia das organizações; publicado pela editora MADRAS, em 2001. Em 2013 foi Coautora no livro: MANUAL DAS MÚLTIPLAS INTELIGÊNCIAS – Editora Ser Mais. Tem publicado vários artigos em revistas e jornais, além de participar de programas de rádio e TV.

Contato
sandrarudiger@uol.com.br

Sandra Regina Rüdiger Ayyad

Desde pequena sempre gostei muito de me apresentar em público. Adorava quando era escolhida para recitar versos no pré e no primário. Achava divertido me apresentar.

Também tive uma característica interessante, muitas amiguinhas. Por estudar em escola católica as turmas eram só de meninas. Éramos educadas com dois propósitos: para nos tornarmos esposas ou professoras. Só fui entender isso quando atingi a adolescência, época em que comecei a questionar tudo. Foi aí que entendi porque meu irmão mais velho estudou em um colégio diferente do meu. O dele era de menino (tinha meninas também), mais era em menor número. Após estudar em minha infância bons anos nesta escola católica, queria experiências diferentes. Quando cheguei ao segundo grau (ensino médio atualmente) fui para o colégio do meu irmão. Escolhi estudar Patologia Clínica; fiz um curso técnico. Não que eu fosse atuar nesta carreira, minha intenção era fazer faculdade, mas foi a saída para incrementar meus estudos.

Sabia que a área médica era muito boa, e me atraia pensar em estudar a mente humana. Direcionei-me nesta área. Fiz vestibular e cheguei onde queria. A melhor faculdade em São Paulo (naquela época, anos 1980) em Psicologia. Estudei Freud, Adler, Jung e tantos outros com verdadeira admiração. Já gostava de história[1] e filosofia, ambas as disciplinas foram a base dos meus estudos, além, é claro, estudos sobre anatomia e fisiologia humana, voltados à parte clínica.

No terceiro ano da Faculdade, resolvi que iria fazer um estágio. Queria aplicar na prática os conhecimentos que ainda estavam bem frescos. Mas tinha dúvidas sobre a área clínica e a área organizacional; ambas me atraíam muito. Estudava pela manhã e à tarde das 13h às 18h, fazia estágio em uma empresa de grande porte em São Paulo. Lá aprendi a aplicar testes, entrevistar, fiz meus primeiros cursos de integração. Comprei livros sobre esta área, comecei a aplicar testes psicológicos e aprendi a fazer laudos. Fiz um ano de estágio nesta área, mas queria mais. Aprender na área clínica, pois já estava quase terminando a faculdade, precisava treinar. Fui chamada por uma grande empresa da área médica, onde atuei em medicina preventiva, aprendi a conviver com os especialistas médicos, a trocar informações sobre os pacientes, nesta época já estava com meu primeiro diploma, bacharel em Psicologia, faltava mais um ano para me tornar Psicóloga. Fiz a especialização nas três áreas: Clínica, Educacional e Organizacional. Não me arrependo, pois tenho a oportunidade de transitar por todas elas hoje. Fiz terapia também; este era um dos requisitos para nossa formação. Todos os nossos professores afirmavam isso em sala de aula, alguns eram exagerados, queriam colocar a sociedade toda em análise!

---

[1] Sobre história fiquei encantada com um livro que falava sobre os Deuses Gregos – *O livro de Ouro da mitologia – História de Deuses e Heróis – autor: Bulfinch, Thomas*, suas histórias percorriam os estudos de Sigmund Freud, os filósofos também.

Damas de Ouro

Muito jovem e recém-formada fui trabalhar em uma empresa de construção civil de grande porte em São Paulo. Meu primeiro registro foi como: selecionadora júnior. Já tinha experiência, mas precisava aprender os métodos da empresa. Foi fácil, não demorou muito já atuava em outras funções, dava treinamentos, comecei a atuar com descrição de cargos e salários. Entendi os níveis organizacionais na prática, e não tive dificuldade em entender hierarquias. Após quase quatro anos na mesma empresa queria mais, fui para uma grande agência de publicidade em São Paulo, onde uma das grandes apresentadoras de TV de hoje, que tinha acabado de se divorciar, estava temporariamente trabalhando como secretária. Nesta época eu era Analista de Recursos Humanos. Minha primeira tarefa foi iniciar o Manual de RH. Meu Gerente de RH escrevia artigos para o Jornal O Estado de S. Paulo, uma pessoa muito culta e experiente. Chegou o Plano Color, vocês se lembram.

No dia seguinte fui chamada para demitir todos os temporários, estagiários, e depois eu fui demitida. Acho que muita gente se lembra disso, foi um período difícil para todos os que trabalhavam, fiquei quase um ano desempregada devido à recessão. Muitos anos depois, eu estava no consultório de um amigo meu, cirurgião plástico, conversando com sua esposa, e ao sair, dei de cara com ele, o ex-presidente.

Após este período difícil minha carreira decolou. Fui contratada para atuar em Recursos Humanos, numa empresa do ramo metalúrgico, eram três empresas. Queriam que eu implantasse tudo em Recursos Humanos. Seleção, treinamento, salários. Comecei pelo básico, recrutamento e seleção. Desenvolvi os formulários; ficha de solicitação de emprego; organizei o departamento de pessoal, criando os formulários de movimentação de pessoal, criei os relatórios de *turnover*, comecei as pesquisas salariais, implantei critérios de seleção para cada cargo, descrevi e analisei os cargos, montei as pastas com a estrutura da organização, implantei os primeiros treinamentos, e os benefícios para os funcionários. Eu era uma só, mas tive um grande desafio, que foi superado com sucesso. Neste período já estava cursando minha primeira Pós-graduação em Administração de RH, que me ajudou muito. Como já estava casada há uns dois anos, eu engravidei. No curso da Pós, recrutei uma assistente, que me ajudou neste período.

Após o nascimento da minha filha, uma menina linda; tive outro desafio. Meu período de licença maternidade estava terminando, deveria voltar para a empresa. Esta foi a época mais difícil da minha vida, deixar meu bebê com meus pais, às vezes eu chorava. Sabia que eles cuidariam dela, como cuidaram de mim, mas eu me sentia culpada (como toda mulher se sente) neste período. Quando estava junto com minha filha, era muito especial. Dedicava para ela o me-

Sandra Regina Rüdiger Ayyad

lhor, meu tempo com ela era de qualidade. Sempre foi. Permaneci nesta empresa fazendo a manutenção de tudo o que foi implantado.

Recebi uma proposta de uma empresa de grande porte no setor de Tecnologia de ponta; era irrecusável. Também tinha tudo por fazer; a empresa cresceu depressa, mas não se estruturou devidamente em Gerir Pessoas. Meu desafio era para encarar isso. Havia muitos projetos, desde implantações na área da qualidade, até treinamentos. A empresa não tinha *turnover* alto, mas era necessário organizar esta parte também, detalhe: a empresa ficava em Alphaville. Como já tinha alguns cursos realizados na área de qualidade, que na época era o modismo, fui contratada e lá permaneci por um bom tempo.

Foi lá que tive a oportunidade de realizar um curso de extensão em Liderança muito importante para o meu desenvolvimento. Liderança Situacional. Fiz o curso aqui em São Paulo, juntamente com outros gestores de empresas grandes como a que eu trabalhava; foi o período em que entendi que nossas redes de relacionamento são fundamentais para tudo. Comecei a me dedicar às minhas redes e estabelecer outras. Tive um amigo, o João Honório[2], que há pouco tempo nos deixou e que dizia o seguinte: *"quero amigos que na hora em que precisar possa contar";* realmente este é o espírito da empregabilidade.

Foi neste período já mais madura que decidi transferir os conhecimentos que tinha adquirido e ensinar. Fazia muitos cursos em muitas áreas, já possuía vivência profissional, comecei a realizar consultorias em minha área de atuação que é bem ampla. Percebi também, muito rapidamente, que alguns aspectos importantes eram deixados de lado na gestão de pessoas e que eram essenciais para motivá-las. Assuntos como relacionamentos, motivação e liderança passaram a fazer parte de minhas consultorias. Agora, já dedicava um tempo para trabalhar com empresas da Grande São Paulo e de Alphaville, vários ramos e portes. Fui para cidades fora de São Paulo, atender empresas que precisavam de cuidados nesta área.

Lembro-me que em uma das empresas em que atuei tive de educar os próprios proprietários quanto à questão do treinamento. Um deles com uma formação excelente em uma das melhores escolas de Gestão de São Paulo, a FGV duvidava da eficácia do treinamento e de sua aplicação prática no faturamento da empresa. Consegui convencê-lo, e uma semana após a aplicação do treinamento o faturamento obteve um substancial aumento. Ele chegou à porta de minha sala e de lá falou: "quero um treinamento desses que você fez, toda semana", completo aqui; como se fosse pãozinho quente!

Depois de anos de vivência profissional, pensei em dar aulas em Universidades. Sem avisar ninguém, enviei meu currículo para uma

---

[2]João Honório–Profissional de RH, pessoa dedicada, mais de 40.000 mil pessoas devem seus empregos a ele. Meses antes de seu falecimento em 2011 esteve comigo na Universidade, realizando uma palestra sobre Empregabilidade. João Honório, dizia: "fique sem emprego e perderá seu rosto, que estará estampado nos cartões de crédito e nas folhas de cheque". Os PHD´s (Por Hora Desempregados) foram a matéria-prima dele.

Damas de Ouro

grande Universidade em São Paulo, cadastrei também no site. Logo fui chamada para entrevista, a oportunidade era na região de Osasco. Logo de cara me ofereceram nove aulas, no período noturno, com turmas de administração e ciências contábeis, daria também duas aulas de psicologia para duas turmas de enfermagem. Assumi todas as aulas e foi excelente, uma verdadeira reciclagem para mim. Precisava retornar aos livros e rever conceitos há muito tempo estudados, dos quais me apropriei em minhas vivências profissionais. Desde que comecei como estagiária até o momento em que me tornei Diretora na área de RH e hoje como proprietária de uma empresa de Consultoria em Treinamento e Desenvolvimento de pessoas, jamais pensei que desse tão certo como professora Universitária. Aliei minha experiência pessoal ao conhecimento acadêmico, que para mim era real.

Logo fui convidada para dar aulas na Pós-graduação, e estou lá desde 2006. Em 2010, passei a tutora do curso; e em 2011 passei a Coordenadora do curso Tecnológico em Recursos Humanos, em que estou até hoje. Mas continuo ministrando aulas para os tecnólogos e na Pós também. Continuo com minha empresa de T&D.

Acredito que ter Talento não é tudo. Saber se relacionar com as pessoas é muito importante, além da coragem para agir. A coragem é um elemento fundamental para nosso sucesso. A maior parte das pessoas busca pelo conhecimento, mas não bate na porta, então ela não se abrirá. Só ficar observando não amplia nossas experiências; precisamos agir. Esta é a base à motivação. Ação! Se você chegar ao ponto de sua vida em que a desilusão te venceu, fique esperando por que você morrerá bem rápido.

A vida é feita de MOVIMENTO, este é um dos segredos do Universo. Enquanto você estiver em atividade, viverá. O fato de estar faltando um elo da corrente o motiva para viver.

Segundo o PHD. Idalberto Chiavenato[3], meu ex-professor, "a motivação é um estado íntimo que leva uma pessoa a se comportar de maneira a assegurar o alcance de determinado objetivo ou de se engajar em uma atividade para satisfazer suas necessidades pessoais".

Para isso precisamos construir um Propósito em nossas vidas. Qual é o seu? O que você procura?

Quando misturamos essa busca, com benefícios aos outros, experimentamos um êxtase em nosso próprio espírito, segundo o teórico Abraham Harold Maslow, este é um dos níveis de nossa autorrealização.

---

[3]Prof. Idalberto Chiavenato – Graduado em Filosofia e Pedagogia; Pós Graduado em Administração de Empresas, mestre (MBA) e doutor em Administração pela Universidade da Califórnia.

Sandra Regina Rüdiger Ayyad

Citando O Profeta, Gibran Kalil Gibran, "quando você está trabalhando, o passar das horas deve soar como música extraída de uma flauta... E o que é trabalhar com amor! É como tecer uma roupa com fios que vem do coração como se fosse o seu bem-amado a usá-la".

Este é um dos conhecimentos dos VEDAS, são textos sânscritos escritos por volta de 1.500 a.C.; A palavra VEDA significa conhecer, estes escritos foram estudados por muitos sábios: Sócrates baseou seus conhecimentos neles, mais atualmente Deepak Chopra.

Sócrates, que foi considerado o mais sábio dentre os homens, após ler estes escritos construiu seus ensinamentos nos quatro "H". Segundo ele, o homem, para ser bem-sucedido na vida precisaria tê-los.

1. HUMOR – Ser bem humorado é importante, pois pessoas mal-humoradas estragam seus relacionamentos.
2. HABILIDADE – Devemos procurar aprimorar nossos talentos, buscarmos afiá-los como instrumentos.
3. HONESTIDADE – Sermos honestos com as pessoas, assim atrairemos a confiança delas.
4. ...e o último "H" que o imortalizou: A HULMIDADE – Sendo um homem tão sábio ele sempre dizia: "só sei que nada sei".

Quero encerrar fazendo um comentário de meu mestre, o sábio Dr. Celso Charuri.

"Devo dizer para vocês o seguinte: ninguém na vida tem tudo, ou sabe tudo, porque a própria Lei que governa diz que, se você souber tudo, você perde o ponto de atração. Então é necessário que não se saiba do próximo passo, porque o próximo passo dá a você a sensação que motiva o trabalho, MOTIVA A VIDA".

Damas de Ouro

29

Uma mulher moderna "veste" sua profissão como a um traje de gala e se torna um verdadeiro camaleão entre os melhores

O universo conspirou a favor de quem desejou ser grande fazendo das mulheres alvo de incansaveis estudos dos grandes especialistas, todos com o intuito de desvendar aquela que seria a mais poetica e a mais misteriosa das formulas. O segredo? Simplesmente ser Mulher

Sandra Santos

Sandra Santos

Gestora de processos gerenciais pela universidade Metodista de São Paulo. MBA em Gerenciamento de Projetos pela AVM Cândido Mendes; MBA em Petróleo e Gás pela AVM Cândido Mendes. Especialista em docência para nível superior pela FGV. Mestranda em Desenho, Gestão e Direção de projetos pela Universidad Europea Miguel de Cervantes - Funiber. Graduanda em administração de empresas pela universidade Estácio de Sá. Atuante na administração contratual de projetos de grande porte no setor de óleo e gás.

Contato
ssantosdesouza@gmail.com

Sandra Santos

Sigmund Freud, o pai da psicanálise, definiu a mulher como um ser delicado e inacessível, um mistério para o homem que quase nunca sabe como lhe dar prazer, exceto o prazer maior, da maternidade, mas nem mesmo ele previu o papel das mulheres na sociedade do futuro, de encontro com a alta tecnologia e sucesso.

Com o passar dos anos os objetivos foram mudando e aquela mulher, mãe, esposa foi vendo a possibilidade de ser também uma profissional de negócios.

Novos pensamentos e definições foram surgindo e a imagem da mulher do futuro foi se remodelando, tanto que para Oscar Wilde a finalidade da arte é, simplesmente, criar um estudo da alma. Friedrich Nietzsche dizia que não é a força, mas a constância dos bons resultados que conduzia os homens à felicidade. Seria um presságio do que estaria por vir? As definições tornaram-se complexas e as mulheres continuaram avançando no tempo, conquistando espaço nas empresas, já não era mais a mãe e a esposa, já não era somente uma profissional entre tantos. Foi então que o mundo dos negócios associou um estudo de alma feminina aos resultados que traziam felicidade aos homens e finalmente a fórmula estava sendo desvendada.

Mas ainda havia um mundo de barreiras, tão bem definidos e orientados por Che Guevara: "os poderosos podem matar uma, duas ou três rosas, mas jamais conseguirão deter a primavera inteira". União, esforços, muito suor e até mesmo muitas lágrimas eram necessárias, mas quem falou que mulher gosta de economizar? Dedicação... a partir daí começou uma batalha interna, era preciso ir além da beleza exterior, já que esta provoca o ladrão mais do que o próprio ouro (Shakespeare) era preciso saber usar com sabedoria, e as lágrimas, estas sim, apesar de arder no rosto trazem um vendaval de sensações e ideias.

O futuro chegou e com ele as mais sábias, modernas e competentes mulheres, capazes de cuidar da sua beleza, que cativa à todos, e capazes de conciliar família com horas de dedicação ao trabalho e aos estudos.

Mas o que faz dessas camaleoas tão ágeis e tão promissoras?

A receita é exigente mas os resultados são: supervisionar com eficácia, coordenar com precisão e gerenciar com perspicácia.

Administre o seu tempo! Faça com que suas propostas beneficiem a sua gestão!

Ao desenhar métodos eficazes para a execução de projetos, proponha também que todos os processos de acompanhamento e controle sejam realizados ao mesmo tempo que qualquer outro processo de direção: iniciação, planejamento, execução e fechamento.

Damas de Ouro

Desta forma se pode observar como os processos de planejamento vão se adaptando à medida que se desenvolvem os de execução e vice-versa. Isto só é possível perante à existência dos processos de acompanhamento e controle. Se não os tiver crie-os!

Contudo, o que se pretende é alcançar os objetivos definidos e acordados mediante a adaptação contínua às circunstâncias que surgem durante o desenvolvimento do projeto, modificando os planos convenientemente, se for necessário, e em função do desenvolvimento real do projeto realizando um acompanhamento e controle adequado durante a execução dos mesmos. Isso, faça valer seu tempo!

Mas para tudo existem regras, que com esperteza serão seguidas. Algumas literaturas sinalizam como praticar seus padrões de gestão de forma que estes irão trazer maior visibilidade de todo contexto do projeto não o separando em partes, como habitualmente se faz. É uma forma holística de colher e administrar os resultados, prevendo quando esses podem "escorregar" e desalinhar as propostas. Tempo é dinheiro! Não se perde tempo, se ganha. Na visão geral, temos apenas duas portas, uma de entrada e a outra de saída, como numa redoma, onde os projetos são administrados conforme habilidades da gestão, só entra e sai o que se deseja e for necessário. Tudo é um projeto na vida de uma mulher!

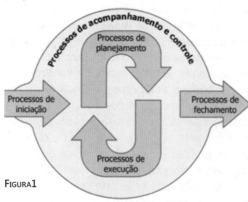

Figura 1

Administre os conflitos!

Nem toda regra tem uma exceção, administrar conflitos vai desde uma situação externa até os conflitos internos que requerem sabedoria para conduzir atividades que podem envolver documentação, sistemas de acompanhamento, procedimentos de resolução de conflitos e níveis de aprovação necessários para autorizar mudanças e atividades rotineiras, são situações reais, que acontecem em casa ou no trabalho.

O segredo é nunca medir forças em um ambiente de competição, e sim uni-las! é administrando as barreiras psicológicas da afeição que se mostra grande controle emocional.

Às vezes é preciso soltar um palavrão, pois falar palavrões, apesar de não constar do manual de boas maneiras, já é objeto de estudos e em estima-se que passará a ser uma recomendação médica, isso

Figura 1: Correspondência dos Grupos de Processos de Direção de Projetos ao ciclo Planejar/Fazer/Revisar/Agir (PMI, 2004).

Sandra Santos

porque proferir palavras deste tipo ajudaria a aliviar a dor, segundo informou o jornal britânico Daily Mail. Mas, considere o momento ideal para proferi-lo e os ouvintes, use-o como benefícios para aliviar o estresse e não simplesmente como meios de agressão.

Busque motivação para liderar, motive!

Buscar inspiração e inspirar para liderar em momentos difíceis, esta é uma situação em que todas devem refletir: o que é necessário ver, pensar e analisar para aprender com os erros cometidos, mas também com os acertos? Uma alinhada estrategicamente vê os desafios como deveres e não apenas como direitos.

Além disso, é fundamental conhecer quem está ao seu lado, pois apesar de que se possa estar pisando em rochas ou solo escorregadio, estes fazem parte de um solo inseguro que cobram de uma líder um momento de enxergar que a equipe vai prosperar ou que vai necessitar de intervenção, e é como líderes que se constroem planos de ação concretos, atingíveis, e que possam conquistar a confiança de todos, dando uma razão para seguir em frente, pois quando se conhece os anseios de quem os acompanha encontra-se motivos para seguir em frente e superar os obstáculos. Uma líder exemplar fala com os membros da equipe e ouve-os quando estes identificarem pontos altos e pontos baixos do projeto fracassado ou de sucesso, abre espaço para que falem sobre as oportunidades e as ameaças. Se for possível, e não conflitar com seu controle de dano, converse também com os principais parceiros, fornecedores e até clientes, é pela boca que se sobrevive em meio a tanta competitividade.

Se em determinados momentos o cenário for competitivo entre os próprios companheiros de trabalho, se vista como tais, se caracterize como tais, esteja em seu lugar por alguns instantes, conheça seus pontos fortes e fracos, esta atitude irá quebrar o paradigma de que existem tantas diferenças e que uma mulher precisa de beleza externa para liderar.

Nunca se modere em motivar e se motivar, uma equipe espera que você vá além de identificar e comunicar as falhas, mas que os resolva ou então que promova a resolução dos problemas.

Reconheça o esforço de todos, não somente o seu, saia com a equipe para comemorar, isto vai mantê-la motivada e aproximar os seus de seus objetivos, não se exclua por ser líder.

Tenha pensamento positivo, pois toda derrota começa dentro daquele que a busca, não esqueça de que as mulheres têm grandes poderes invisíveis.

Damas de Ouro

Seja eficaz ao apresentar seus resultados (Metas)

Pratique a Assertividade! Este termo indica afirmação, assevera-ção, alegação, argumento, todos fundamentais no meio corporati-vo, uma profissional confiante, certa de suas atitudes, com diálogo aberto e com espírito de liderança é a essência de qualquer projeto, independente de sua identidade, uma gestão moderna perpetua-se como uma gestão participativa, transparente, preocupada com resul-tados e alinhada aos valores organizacionais: é uma líder assertiva.

As companhias buscam este perfil de líder desde o momento em que realiza uma entrevista, dentre outros métodos encontrados para moldar este profissional é por intermédio de avaliações de desem-penho, pesquisa de clima e por *feedback*s aplicados pelos líderes su-periores, portanto atenção, essas características não se desenvolvem da noite para o dia, aperfeiçoe-as. Uma líder assertiva desenvolve as suas restrições e surpreende.

Negociação

Um dos passos, prévios à negociação, mais importante, consiste em tratar de avaliar o melhor possível os custos reais das atividades que quer executar.

Os negócios são atividades altamente transformadoras, podem va-riar, desaparecer e aparecer outros novos, em um curto espaço de tem-po. Isto também convêm prevê-lo na medida do possível na hora de estabelecer a relação com aqueles que lhe ajudarão a obter o sucesso. Por isso, exige-se de uma líder que esta seja o mais flexível possível.

A busca deve ser constante pela ordenação de todas as propos-tas e para estabelecer uma classificação que fixe uma sequência de negociação. Nunca pular fases, por maior que seja a segurança em prosseguir, deve-se analisar as consequências de tal aceleração.

Toda negociação é um processo independente. Avalie todos os critérios de avaliação estabelecidos, condicione as propostas rece-bidas e fornecidas de acordo com as políticas organizacionais. As organizações envolvidas no projeto podem ter políticas formais ou informais que podem afetar a avaliação das propostas.

Desenvolvimento intelectual

Reconheça seus erros e seus pontos fracos. É neste momento que surgirão grandes estratégias! Seduza as pessoas com conhecimento! Toda informação recebida é uma importante arma para a ignorância

Sandra Santos

de determinados assuntos. Busque imparcialmente a sua atualização, e nunca a sua reciclagem, pois reciclar é para um determinado grupo de profissionais, onde mulheres sábias não se encaixam. A curiosidade deve ser a fuga das vaidades e ampliar a sua luz de forma a nunca ofuscar a sua mente viciada em bons resultados.

É como já dizia um sábio: é preciso estudar, estudar, estudar!

Relacionamento com o poder

Não basta querer ser poderosa, tem que se sentir e ser poderosa! Nunca subestime sua força, mesmo estando entre gigantes, somos resultados daquilo que buscamos. Seremos vistas como quisermos ser vistas, se fracassar somos vitoriosas por estar competindo e nunca por ter fracassado. É errando que se aprende, a lição é eterna.

Tomada de decisão

Para que se tenha uma decisão assertiva é preferível que tome a todos como um cliente, desta forma saberá medir as necessidades e os excessos atribuídos a este momento tão especial. Lembre-se, o objeto final sempre busca a satisfação e o êxito nas ações. Tenha sempre em mão os jogos de empresas, são grandes aliados e sua visibilidade é toda a favor da liderança. Calcule os ganhos e as perdas em todas as situações mesmo estas parecendo favoráveis. Recalcule sempre!

Mude quando tiver que mudar, não é insistindo em ideias desalinhadas que se mantém o sucesso.

O trabalho deve ser uma fonte de satisfação, pois ninguém é tão ignorante que não tenha algo a ensinar e ninguém é tão sábio que não tenha algo a aprender. Uma vez já dito que, mulheres e elefantes nunca esquecem, apenas buscam sabedoria nos homens e nas coisas assim como a mesma satisfação sentida em uma camisola de cetim.

Considere que a maior parte dos problemas do ser humano decorre de sua incapacidade de ficar calado, de não usar as palavras, situações e pessoas à seu favor, pois o ser humano é o mais fraco objeto do mundo, mas é um objeto que pensa, porém, em hipótese alguma se deve deixar que os hábitos sejam uma segunda natureza com a intenção de destruir a primeira, onde nunca um ser humano é tão grande como quando está de joelhos, é com humildade e sensatez que se vê tantas mulheres se dirigindo ao topo, o segredo está justamente no conhecimento da ciência como a alma da prosperidade das nações e a fonte de vida de todo progresso, está no simples ato de maravilhar-se com um descobrimento, mesmo sendo ele tão comum a todos, é se

Damas de Ouro

permitir conhecer e experimentar o novo, por mais simples e "careta" que pareça, o segredo é nunca descartar possibilidades.

A mulher nunca pergunta qual a sua raça, sua nacionalidade ou religião, mas sim qual o seu sofrimento e no terreno da observação, a sorte favorece somente as mentes bem preparadas.

30

Eu, Autor ou Vítima da História?

O livro da nossa história é escrito a cada momento. Há aqueles que escrevem sua história com criatividade e autenticidade; são autores que olham para sua obra com um forte senso de "valer a pena". Há outros que se acomodam diante dos capítulos dramáticos da história e assumem o papel de vítima, abrindo mão do privilégio de escrever, tornando-se apenas coadjuvantes. Que tipo de pessoa é você?

Sara Vargas

Sara Vargas

Graduada em Direito (Universidade Federal de Uberlândia-MG), especialista em Terapia Sócio-Construtivista e Psicodramática de Famílias e Casais (Pontifícia Universidade Católica - GO), membro da Associação Brasileira de Terapia Familiar. É Personal, Professional e Positive Life Coach, membro da Sociedade Brasileira de Coaching. Esposa de Rodrigo Rangel e Pereira, mãe de Lucas, Jéssica, Kelly e Kethleen, fundadora e presidente do Pontes de Amor, Organização Não Governamental de apoio à adoção e garantia dos direitos à convivência familiar e comunitária no Triângulo Mineiro, associada à Associação Nacional de Grupos de Apoio à Adoção (ANGAAD). É escritora (Felicidade 360, Editora Ser Mais), palestrante, desenvolve o Programa de Saúde Familiar prestando consultoria e coaching familiar. Atua na formação, capacitação e motivação de líderes com projetos em parceria com empresas, instituições e escolas. Desenvolve coaching pessoal e empresarial.

Contatos
www.sbcoaching.com.br/ocoach/sara_vargas
saravargas@netsite.com.br

Sara Vargas

Como seremos lembrados?

Em 2012 uma tia muito querida faleceu aos 80 anos e como seria sepultada no mesmo túmulo que meu avô, era necessário exumar seu cadáver. Devido às circunstâncias, fui eleita para acompanhar o ato.

Ao abrirem o caixão me surpreendi com o estado das roupas de meu avô. Após 13 anos debaixo da terra estavam intactas. Seu terno, gravata azuis e sua camisa branca estavam sujos, mas perfeitamente envolviam seu esqueleto, como no dia em que o enterramos. Como somos efêmeros! Após a morte até nossas roupas duram mais do que este invólucro, nosso corpo.

Logo em seguida seus ossos começaram a ser colocados dentro de uma caixa. Obviamente não desejo esta experiência a ninguém, mas envolvida pelo silêncio daquele insólito momento, à medida que seus pedaços iam sendo colocados no recipiente, me emocionava. Ao ver seu crânio pensei em quantas boas ideias e palavras de sabedoria já tinham sido produzidas daquela mente, quantas histórias marcantes meu avô já contou, o quanto aqueles ouvidos ouviram meus risos, palavras e meu choro. Ao recolher os ossos de seus braços, me lembrei dos seus abraços, do balanço de madeira que aquelas mãos construíram para eu brincar, dos carinhos e coceguinhas que recebi. Ao retirarem seu fêmur, recordei-me do colo, me vi brincando de escorregador por sobre aquelas pernas. Concluí que é isso que fica quando a gente se vai: Nosso amor palpável, tangível. Meu avô é sem dúvida uma das maiores referências na minha vida, não pelos bens que deixou ou pelo quanto trabalhou ou estudou, mas por sua coerência, integridade, objetividade e amor. Todos os dias pela manhã abria a Bíblia comigo, com minha avó e com quem mais estivesse em sua casa, ensinava princípios de vida, de ética, de caráter, histórias inspiradoras, fazia uma oração abençoando o nosso dia e depois eu poderia brincar, ver TV ou fazer qualquer outra coisa. Disso eu não esqueço, jamais.

O amor pode sim ser medido, cheirado, percebido, sentido por nossos abraços, pela quantidade de beijos, elogios, palavras de afirmação que repartimos, pelo colo, ombro amigo, pelo compromisso que temos com as pessoas. Se eu era conhecida como "o rabinho do vô", aquela que até quando ele ia ao banheiro ficava esperando do lado de fora da porta, é por que estar ao seu lado me engrandecia, me agradava, eu me sentia amada e importante, ele me ajudava a contemplar as inúmeras possibilidades que a vida me oferecia. Foi alguém que escreveu com sua vida uma linda história, exercendo bem o seu papel de homem, esposo, pai, avô, mestre, músico, pastor.

Damas de Ouro

Tudo isso me trouxe algumas perguntas: Por que vivemos a vida como se não fossemos morrer? Será que tenho dado todos os beijos e abraços que devo? Se a morte me surpreendesse levando a mim ou a alguém que amo muito, a sensação seria de dever cumprido ou me arrependeria de ter me apegado a queixas irrelevantes? Teria eu administrado meu tempo com sabedoria ou me arrependeria dos jogos que não fiz com meus filhos por que estava cansada demais, das noites que não tive com meu amado por picuinhas que no fundo nem tinham relevância? Teria eu elogiado as atitudes que admirei? Dito aos meus familiares e amigos o quanto são importantes para mim? No fim de tudo, o que vai permanecer? Pelo que seremos lembrados? Temos contado os nossos dias com sabedoria e satisfação? Ao contá-los estamos tendo um senso de realização? Como se lembrarão de você e de mim? Temos sido autores ou vítimas da nossa história?

Autor ou vítima?

A vida de cada um é naturalmente presenteada com situações favoráveis e desfavoráveis; o Sol nasce sobre todos, mas a tempestade também vem uma hora ou outra sobre cada um de nós. O que difere é a forma como reagimos ao dia ensolarado e ao dia do trovão. Nossa postura e atitude faz a diferença no que vem adiante. Há pessoas que diante do infortúnio correm para a caverna, isolam-se no seu mundo, outras gritam por socorro ou partem para a batalha e lutam até o último momento. É natural sentir medo, sentirmo-nos perdidos em tempos difíceis. Há tempo para chorar e tempo para sorrir. Há tempo de se unir e tempo de se apartar. A questão é por quanto tempo vou me render aos "por quês"? Será que não deveríamos buscar conhecer a construção que a vida está proporcionando com aquela situação e as oportunidades que ela me trás? Perceber que a desgraça de hoje pode ser o empuxo para o pódium amanhã?

Em 2005, Daiane dos Santos em uma competição internacional de ginástica artística, se apresentaria logo após sua principal rival, que por sinal tinha ido muito bem em sua performance. A equipe brasileira vivia momentos difíceis e a própria Daiane vivia um período conturbado em sua carreira. Enquanto a ginasta brasileira se apresentava com ótimo desempenho, um problema no equipamento de som silenciou a música. Apesar do susto e do silêncio Daiane não titubeou e continuou sua apresentação emocionando plateia e jurados. O público marcava o ritmo com suas palmas e o inusitado acabou colaborando para a glória ao invés de produzir uma tragédia. Daiane ficou com a medalha de ouro tornando aquele dia memorável principalmente pelo foco e perseverança que teve para alcançar seu objetivo.

Na história da vida existem autores e vítimas. Autores de suas histórias fazem das dificuldades trampolins para chegarem a seus objetivos. Vítimas lamentam e justificam seus fracassos: "Foi a música que se calou." A diferença é que os autores escrevem suas histórias, as vítimas vão tendo suas histórias escritas, por que a história continua a ser escrita a cada dia, independentemente do nosso esforço ou apatia. Ocorre que quando abrimos mão de ser autores da história, as chances de não gostarmos do resultado final são enormes. Quando decidimos arregaçar as mangas, colocar a criatividade para fora, abrir mão do medo da crítica e ser autênticos, estamos a caminho da realização.

Identidade e propósito

O autor sabe quem é e prossegue em se conhecer. Distinguir nossa identidade, virtudes, crenças, as forças e ameaças que nós mesmos apresentamos à nossa história é imprescindível. Conhecer o meu propósito de vida, minha missão, o que realmente vai me trazer um senso de plenitude na vida é fundamental. Contudo também preciso definir bem os meus valores.

Quem sou eu? Temos o hábito de nos descrever apenas pelo que fazemos, por nossa profissão. Somos muito mais do que isso. Quem é você? Esta maravilhosa jornada da vida fez de você um ser único, com uma história singular. Olhe para si e observe quem você se tornou. Quais são seus talentos, suas forças, sua vocação? Onde você se encontra hoje? Um olhar sobre nós mesmos amplia nossa percepção sobre os capítulos que desejamos escrever em nossa história. Quais são seus níveis de satisfação nas principais áreas de sua vida? Você com você mesmo, passando por sua saúde física e emocional, sua espiritualidade, vida social e lazer, seus relacionamentos, qualidade de vida, sua vida profissional. Observe o que pode melhorar, o que você gostaria de ter no lugar do que tem hoje. Sonhos são apenas sonhos se não forem acompanhados de planejamento e serão apenas sonhos e planos se não dermos o primeiro passo. Ao identificar o que desejo, o que preciso para chegar lá? O que posso fazer diferente hoje, nesta semana para que meu sonho se aproxime um pouco mais da realidade? Pequenas mudanças contínuas de atitude promovem grandes resultados. Observe que é impossível ter meus sonhos claros se não me conheço bem, se não sei quem sou, onde me encontro, se não olhar com atenção para a minha história e para o meu "hoje". Para contemplar o amanhã, preciso dessa plataforma; se não sou como quem deseja correr sobre nuvens. Escreva suas conclusões. Coloque seus dese-

Damas de Ouro

jos, sonhos e planos no papel. Acompanhe seu desenvolvimento e faça ajustes quando necessário, mas celebre cada conquista, seja pequena ou grande. A celebração é o reconhecimento de que estamos em movimento rumo a um destino que vale a pena ser conquistado. Bons autores possuem um espírito grato, este espírito é uma de suas grandes forças e produz uma atitude otimista.

Quando reconheço quem sou, posso identificar o meu propósito, minha missão de vida com mais facilidade. Nossa missão fala da razão da nossa existência. Para que estou inserido no século XXI? O que vou proporcionar?

É irritante quando algo não cumpre o propósito para o qual foi criado. Um ventilador foi projetado para ventilar. Uma caixa de som serve para amplificar o som. Mas já houve momentos em que ao ligar o ventilador ouvia barulho e nada de ventilação; e ao ligar a caixa de som saía mais vento do que uma produção sonora desejável de ser ouvida. Tanto o ventilador quanto a caixa de som estavam produzindo algo diferente do seu propósito e prontos para serem descartados. Muitas pessoas se tornam indesejáveis por que estão perdidas quanto ao seu propósito. Quem desconhece sua missão se perde em sua história e acaba entrando como coadjuvante na história de várias outras pessoas que conhecem bem a sua missão. O problema é que não nascemos para ser apenas coadjuvantes e quando entramos e permanecemos neste papel começamos a nos sentir prejudicados, como se os outros nos devessem o apoio e auxílio que oferecemos. Geramos um crédito a nosso favor cujo contrato nunca foi firmado, tornando as relações desagradáveis. Há quem se mistura tanto com aqueles que amam, que em nome deste pseudo amor vão abrindo mão dos seus próprios sonhos e objetivos, das suas características próprias, até da sua dignidade e pensam estar salvando um relacionamento ou uma pessoa por agirem assim. Só existe casamento quando há dois. Só há admiração quando há o admirado. Um filho só se sente seguro e amado quando há uma figura parental presente, no bom exercício de seus papéis. Preciso saber onde eu começo e onde eu termino, o que é responsabilidade minha e o que não é. Quando faço tudo o que os outros determinam para mim, ainda haverá tempo e energia para viver os meus próprios sonhos, a minha própria história? O autoconhecimento é um processo contínuo e para me conhecer de fato preciso conhecer quem me criou. A espiritualidade é outra força inerente aos autores. Ao conhecerem o grande Autor da Vida percebem que de fato somos coautores de uma grande história, que o Grande Autor levará a um bom fim.

Quem você considera um grande ícone na história? Nossos heróis nem sempre obtiveram fama, suas histórias registradas em li-

Sara Vargas

vros, mas se observarmos atentamente heróis têm algo em comum: repartiram sua vida com o próximo. "O homem não foi criado para ser feliz, mas para amar." (C. S. Lewis) Ninguém consegue ser realmente feliz quando a sede pela felicidade sobrepuja o interagir com o próximo. Quem é feliz, faz gente feliz, proporciona alegria, prosperidade, bem-estar na vida dos que o cercam. O autor olha para sua obra e enxerga o todo; vê a si mesmo e também os outros. Na história há vários personagens, há uma rede de relacionamentos que precisa ser bem construída, nutrida, cuidada, valorizada.

Livre para compor

Os dramas da nossa história precisam ser bem processados. Para prosseguir a escrita é preciso virar a página de maneira apropriada e com a devida atenção, se não posso virar várias páginas juntas, deixando de redigir partes imprescindíveis à obra ou rasgar páginas que deixarão marcas indesejadas. Ao viver situações desfavoráveis somos abordados pelo medo. O medo não é um inimigo, pois quando aparece na medida certa traz consigo a prudência e passa a se chamar temor; entretanto quando nos domina, nos paralisa. Quando dominados pelo medo, não agimos, antes reagimos. Ao reagir perdemos a oportunidade de planejar, atuar de forma coerente aos nossos objetivos, missão e valores. Para Jacob Levy Moreno a espontaneidade, a criatividade e a sensibilidade são recursos inatos do homem; já nascemos com a capacidade de desenvolvê-los. No entanto, estes fatores podem ser perturbados por ambientes ou sistemas sociais constrangedores. Quando temos furtada a possibilidade de sermos espontâneos, criativos e sensíveis vamos perdendo a capacidade de redigir nossa história de forma autêntica.

Todos temos marcas na vida que ameaçam roubar nossos direitos autorais. Fugir ou não olhar para estas páginas não as despe da força que exercem sobre nós. O medo aprisiona, escraviza, e quando nos domina faz de nós vítimas. A vítima teve seus olhos vendados pelo medo. O autor sente medo eventualmente, mas a vítima é por ele dominada. O autor não ignora áreas e eventos espinhosos, mas os ressignifica. Só vencemos o medo quando o reconhecemos; a partir daí podemos buscar novas alternativas.

O livro da nossa vida contém dramas, romances, aventuras, comédias, suspenses, há quem vai ler e gostar, há quem vai desprezar. Não sabemos ao certo quantas páginas ainda poderemos escrever. Escrevo a página do dia que se chama "hoje" e que seu título seja algo parecido com "Realização."

Damas de Ouro

31

Passaporte para as mudanças

O projeto que poderia ser o pivô da maior frustração na minha carreira, foi na realidade o passaporte para que eu me tornasse: intra-empreendedora, empreendedora nos negócios e empreendedora social. Aprendi importantes lições na adversidade e uma delas foi de que não se pode subir rapidamente uma montanha, sem conhecer cada um dos trechos percorridos, pois isso pode dar a falsa sensação de se chegar ao topo

Sueli Batista

Sueli Batista

Jornalista, empreendedora social e empresária; MBA em Terceiro Setor e Políticas Públicas; Diretora da Studio Press Comunicação, Jornal Rosa Choque e Instituto EcoGente - Desenvolvimento Humano e Responsabilidade Socioambiental. Assessora de Comunicação do Sistema Fecomércio/Sesc e Senac-MT; Presidente da Federação das Associações de Mulheres de Negócios e Profissionais - BPW Brasil – Gestão 2011-2013; Primeira presidente da BPW Cuiabá- 2001-2006. Membro do Conselho Nacional dos Direitos da Mulher-CNDM-2010-2013; Membro do Comitê de Comunicação da Confederação Nacional do Comércio - CNC - período 2010-2012; Membro do Comitê Gestor Executivo Nacional do Prêmio Sebrae Mulher de Negócios, 2011-2013. Dentre as premiações que já recebeu, constam: o Diploma Mulher Cidadã Bertha Lutz - o maior reconhecimento a cidadania, entregue pelo Senado Federal e a "Cruz do Mérito Empreendedor Juscelino Kubitscheck", no grau de comendadora. Autora de livros com foco na memória empresarial e cultural.

Sueli Batista

De volta para o começo da minha vida eu me vejo no bairro de Artur Alvim, zona leste de São Paulo, onde passei minha infância, adolescência e parte da minha juventude. Eu, jovem, pobre, órfã de pai, o funcionário público João Batista dos Santos, vigia da caixa d'água, me tornei a principal parceira de minha mãe, Almerinda Felipe dos Santos, no sustento da família. Pude contar somente comigo para meus estudos secundário e superior. Meus irmãos Luiz Carlos, Sérgio e João tiveram outras prioridades, e concluíram somente o ensino básico. Posso dizer, com toda certeza, que os estudos foram fundamentais para a minha mudança de vida.

Na construção da minha carreira, iniciada formalmente no ano de 1974, sempre priorizei atuar em ambientes corporativos sinérgicos. Mantive-me rotineiramente disposta a oferecer, além do meu trabalho, a minha motivação e bons resultados, catalisando assim oportunidades de ascensão e liderança. Antigamente, as estruturas empresariais eram mais sisudas, e ser da geração "baby boomer" me possibilitou acompanhar muitas mudanças no ambiente corporativo.

A década de 80 foi importante para a inteligência empresarial, para a competitividade de mercado, para novas estratégias de gestão e para que eu dirigisse o foco para a minha própria mudança. No ano de 1983 me formei em jornalismo e criei no ano seguinte, um produto para ocupar um nicho de mercado na área editorial, a Sampa-Revista da Noite, dirigida ao turismo e entretenimento. Convenci duas editoras associadas, a Tallamus e a Aplausos, a investirem no meu projeto. Vivenciei naquele momento a importância de se estabelecer relacionamentos saudáveis na profissão, que em síntese pode vir da admiração e da confiança.

O aprendizado...

Um produto novo, no mais alto nível gráfico editorial da época, impresso no parque gráfico da Editora Vecchi, no Rio de Janeiro e distribuída nas bancas de jornais pela Dinap, empresa da Editora Abril, parecia perfeito demais...Já sentia que estava vendo minha carreira, no topo, como se eu tivesse subido rapidamente ao ápice da montanha.

Nem tudo na vida acontece como almejamos, e temos de realmente saber lidar com as mudanças, por mais que sejam inesperadas. Quando estávamos finalizando a segunda edição da revista, uma grande editora nacional lançou no mercado uma publicação similar, que vinha encartada em uma das suas revistas semanais. Se isso não bastasse, o nome que se destacava na publicação era Sampa.

Tivemos o cuidado de antes de lançar a revista, patentear o nome, isso até certo ponto me tranquilizava. Os diretores das empresas as-

Damas de Ouro

sociadas optaram, por outro lado, a suspender a publicação. Não queriam riscos, por serem empresas de pequeno porte. Sempre procurei na minha vida potencializar o positivo, e optei por não ficar passiva assistindo a disputa entre "Davi e Golias", analisando o porte das editoras associadas, e a editora que estava utilizando a marca em uma publicação concorrente a nossa. Eu não era uma personalidade jurídica, e pouco porderia fazer para reverter o quadro, tinha um acordo formal com as editoras, que me garantia 40% na participação dos lucros.

No período que a Sampa estava paralisada, tive que encontrar formas para me manter. Por mais que o meu estado vibrante de vida era alto, eu já não vislumbrava, num curto prazo, o retorno da publicação. Passei a compreender que existiam outros caminhos a ser percorridos. O meu sonho de empreender, que eu trouxe da infância, aliado a minha determinação em ser uma vencedora, não me davam trégua e foram meus aliados na mudança da minha trajetória. Num domingo de setembro, de 1985, o desanimo queria me abater, mas ao ler um anúncio nos classificados do jornal "Estadão", de que uma rede de rádio e televisão estava contratando jornalistas para trabalharem em Cuiabá-MT, encontrei o antídoto. Enviei o curriculum e conquistei uma das três vagas oferecidas.

A mudança...

Fui selecionada para trabalhar no Departamento de Jornalismo da TV Centro América, filiada da Rede Globo, em Mato Grosso, e tive apenas três dias para me mudar para Cuiabá. Foi algo impactante, mal deu tempo para me despedir da família. Não tive como pesquisar sobre a cidade que eu ia morar, e nem sobre o veículo em que eu iria trabalhar. Afinal, a disseminação da internet era algo ainda distante.

Ter vindo para Mato Grosso sozinha, com poucos recursos financeiros, nenhuma experiência em televisão e sem conhecer ninguém, foi um risco nada calculado. Ter sido recebida pelos jornalistas da emissora com frieza, como se eu fosse uma ameaça aos profissionais, a maioria sem formação superior, foi o fator inesperado. A rejeição e a indiferença poderiam ter me estimulado a retornar. Ter vivido na selva de pedra, por outro lado, me tornou forte e sobrevivi matando uma onça pintada por dia, no sentido figurado, é claro.

Assim que cheguei na sede da TV Centro América, fiz uma análise preliminar do ambiente, e não precisei nem sair da sala de espera para antever que não teria a melhor das recepções. Procurei então analisar a situação estrategicamente, e nos primeiros dias, de minha permanência em Cuiabá, procurei ter uma visão global do mercado de comunicação, conversando com as pessoas e visitando veículos. O resultado foi positivo: no dia 1º de dezembro de 1985 eu já possuía dois registros em carteira na área de jornalismo, na emissora de televisão e no jornal "O Estado de Mato Grosso".

O intraempreendedorismo

A emissora de TV foi importante na minha carreira, por ter sido a empresa responsável por minha mudança de cidade, mas fiquei pouco tempo nela. O jornal foi relevante, por reconhecer minha dinâmica profissional, e me possibilitar a ascensão, fiquei três anos na empresa. Durante o último ano que trabalhei no veículo, dividi meu tempo, atuando meio período no Sistema Federação do Comércio de Bens, Serviços e Turismo do Estado de Mato Grosso- Fecomércio/ Sesc e Senac- MT, onde ingressei em maio de 1987, com o desafio de implantar um Departamento de Assessoria de Comunicação. Além de ser a precursora do setor, eu passei a ser a gestora, cargo que ocupo até hoje.

Durante o exercício da profissão na Fecomércio/ Sesc e Senac-MT, tive os meus olhos voltados para o todo. Inovei, criei projetos com começo, meio e fim, que inclusive hoje fazem parte da memória institucional da entidade e são importantes como ferramentas de disseminação de informações internas e externas. Na função, eu tive muitas conquistas e reconhecimentos, a exemplo da Comenda do Comércio entregue pela instituição, e o prêmio nacional da mais consagrada organização associativa brasileira de jornalismo empresarial, a Aberj. Integrei, em período recente, o primeiro comitê de Comunicação da Confederação Nacional do Comércio-CNC. Por mais que os anos tivessem passado, eu nunca deixei de acompanhar tendências e acredito que isso garantiu a minha empregabilidade e, também, certa flexibilidade na minha atuação profissional.

O empreendedorismo empresarial

Em 1988 eu deixei o Jornal "O Estado de Mato Grosso". Fundei no mês de março do referido ano, a minha própria empresa, a Studio Press Comunicação e Editora Ltda, que detém o pioneirismo de ser a primeira especializada em assessoria de imprensa. O interessante é que tanto a TV Centro América, quanto o Jornal O Estado de Mato Grosso configuraram como meus clientes, em publicações dirigidas. Até os dias de hoje estou conciliando a atividade de empreendedora, com o de intraempreendedora.

Em 1997 ingressou na empresa, Mariza Bazo, que veio de Barre-

Damas de Ouro

tos, interior de São Paulo, se tornou minha sócia. Eu acredito que ela se aliou a mim, na melhor época. No coração da América do Sul, assim como eu, a empreendedora também fincou sua bandeira, é também uma "dama de ouro". Passamos a ser duas bandeirantes paulistas, da era moderna, a garimpar novos projetos, a exemplo do Jornal Rosa Choque, publicação feminina, que nos rendeu mais um pioneirismo, foi o primeiro jornal a entrar na internet, em Mato Grosso. No ano de 2010, com nossa sociedade bem-sucedida, abrimos um novo empreendimento, o Instituto EcoGente-Desenvolvimento Humano e Responsabilidade Socio-ambiental. O portfólio dos nossos empreendimentos legítima nossa atuação, nos deu reconhecimentos públicos e nos orgulha. Temos trabalhos desenvolvidos para empresas e instituições de referências, em níveis estadual e nacional.

O empreendedorismo social

Desde 2001, concilio as minhas atividades profissionais e empresariais às atividades voluntárias, numa ONG feminina de caráter internacional. Muitos me perguntam, como consigo ser sucesso em três áreas distintas? Eu respondo que é a paixão pelo que faço.

O terceiro setor chegou na minha vida quando, em dezembro de 2001, fui empossada como primeira presidente da Associação de Mulheres de Negócios e Profissionais (Business Professional Women) BPW Cuiabá. A organização pertence a uma das mais influentes redes femininas do mundo, a BPW Internacional, que foi fundada em 1930, pela advogada americana Lena Madesin Phillips e está presente em cerca de 100 países, e em todas as regiões do Brasil. Dentre os seus objetivos constam: impulsionar a mulher na carreira e nos negócios e com isso promove ações para uma sociedade mais inclusiva, empoderada, justa, humana e igualitária.

Para fundar a BPW Cuiabá eu precisava de 30 associadas. Consegui superar, sendo que 133 mulheres de negócios e profissionais assinaram a ata de fundação. Um fenômeno na história da BPW. Quase dez anos depois, em maio de 2011, fui eleita presidente da Federação das Associações de Mulheres de Negócios e Profissionais-BPW Brasil, que atualmente congrega 21 associações. Acredito que a ascensão seja atribuída a minha visão sistêmica, e a atuação que tive em duas gestões anteriores, como segunda vice-presidente e primeira vice-presidente, respectivamente. O fato de eu trabalhar de forma alinhada e focada, para o sucesso de projetos e das parcerias inovadoras, a exemplo do Prêmio Sebrae Mulher de Negócios, que sou uma das gestoras executivas, e do Programa Trabalho e Empreendedorismo da Mulher, da

Sueli Batista

Secretaria de Políticas para as Mulheres, da Presidência da República, o qual eu contribui através da elaboração e gestão de projeto.

A BPW Internacional tem representantes na ONU, Unicef, OIT, Unido, WHO, Unifem, UNCTAD, FAO e ILO, dentre outras agências mundiais. No Brasil tem assento no Conselho Nacional dos Direitos da Mulher-CNDM, o qual sou integrante desde agosto de 2010.

A recompensa

"É preciso que eu suporte duas ou três larvas, se quiser conhecer as borboletas. Dizem que são tão belas", citei este trecho de "O Pequeno Príncipe", para me remeter à conclusão deste artigo. A obra inspiradora de Antoine de Saint-Exupéry, me acompanha em diversas etapas da minha vida, e posso dizer que está entre as publicações que são minhas referências. Ter buscado a liberdade para viver, sonhar e realizar, ter a capacidade de superar obstáculos e não me permitir a zona de conforto, levou-me, não só a uma carreira de sucesso, mas também a sair do lugar comum e conhecer lugares fantásticos.

Participei de várias missões internacionais na BPW e na Fecomércio/MT, e tive condições também de investir, com meus próprios recursos, em viagens, entrando em contato direto com outras culturas. Conheci lugares e pessoas, em cidades da Argentina, Paraguai, Uruguai, Chile, Bolívia, África do Sul, Estados Unidos, Emirados Árabes, China, Finlândia, Polônia, Rússia, Dinamarca, Suécia, Estônia, Noruega, Itália, França e Portugal.

Dentre os destaques das minhas caminhadas pelo mundo, a partir de 2009, posso dizer que foi importante ter recebido o título da Soberana Ordem da Integração Cultural Brasil Estados Unidos, no auditório da ONU, em New York-USA; ter representado o Conselho Nacional dos Direitos da Mulher, na missão brasileira, chefiada pela então, ministra Iriny Lopes (SPM-PR), a 55º Comissão das Nações Unidas sobre o Status da Mulher - CSW55- ONU em New York-USA; ter chefiado a delegação brasileira ao Congresso Internacional da BPW, à Helsinque – Finlândia; ter integrado a missão internacional do Prêmio Sebrae Mulher de Negócios, a Itália e a França, e ter sido painelista no Fórum Internacional sobre Mulher e Desenvolvimento Sustentável, que ocorreu, em Beijing- China, em missão organizada pela conselheira superior da BPW Brasília, Jupyra Ghedini.

No Fórum, à convite da All-China Women's Federation, falei para representantes de 42 países, sobre as boas práticas socioambientais da BPW, no painel sobre Economia Verde e Responsabilidade Corporativa. Aproveitei a viagem para conhecer a Grande Muralha da

Damas de Ouro

China, o único monumento feito pelo ser humano que é visto, da lua, a olho nu. Daquele ponto, muito distante de São Paulo minha terra natal, e de Cuiabá, minha cidade do coração, eu tive a nítida certeza de que há muito mais, no mundo, a se conquistar, e que eu tenho que continuar garimpando, para colecionar verdadeiros tesouros no mundo do conhecimento, pois somente desta forma eu continuarei a ser uma "dama de ouro".

32

Desenvolvimento intelectual e inteligência interpessoal

O desenvolvimento intelectual é construído continuamente, mas o estudo técnico e aprofundado, por si só, não garante o sucesso. Precisa-se do desenvolvimento da inteligência interpessoal que se baseia na integração entre conhecimento mais habilidades e atitudes. As ações assertivas são aquelas que unem a base científica com a capacidade de lidar com pessoas. Isso é ter triunfo na vida pessoal e profissional

Vitória Goulart

Vitória Goulart

Sócia-diretora da APO Desenvolvimento Empresarial, empresa com sede na cidade de Belo Horizonte. Graduada em Fisioterapia, Mestre e Doutora em Saúde da Mulher pela Faculdade de Medicina da UFMG, Especialista em Saúde Cardiovascular e em Gestão Pública. Palestrante nas áreas de saúde da mulher, saúde ocupacional, linguagem corporal no trabalho, crescimento profissional, marketing pessoal, etiqueta corporativa e liderança. É Master Mind formada em LINCE (Liderança, Inteligência Interpessoal e Comunicação Eficaz) pelo Instituto Jamil Albuquerque, Escola de Desenvolvimento de Líderes com a filosofia de Napoleon Hill. Atua nos setores de docência universitária e treinamento empresarial focado na saúde e no autodesenvolvimento. Ministra treinamentos na área de atuação e organiza eventos na área de saúde e de desenvolvimento pessoal e profissional.

Contatos
www.vitoriagoulart.com.br
contato@vitoriagoulart.com.br
www.facebook.com/palestrantevitoriagoulart
(31) 9111-9890
(31) 3273-8488

Vitória Goulart

Liderar no ambiente intelectual! A carreira intelectual deve ser direcionada a partir do desenvolvimento de uma liderança transformadora. Mas, o que vem a ser uma liderança transformadora? O crescimento intelectual deve ter como base um plano de êxito pessoal, uma comunicação eficaz, um entusiasmo como força propulsora, uma construção de relacionamentos de classe mundial, um controle de preocupação eficiente e uma correta administração do tempo. Essas atitudes e habilidades permitem desenvolver uma liderança intelectual por meio da valorização integral do ser humano.

Em meados da década de 90, tomei a decisão de ser agente de saúde. O que é ser agente de saúde? É participar da saúde das pessoas de forma ativa! A partir desta decisão ingressei no curso superior de Fisioterapia. A Fisioterapia é a ciência da saúde que estuda, diagnostica, previne e trata os distúrbios do movimento humano decorrentes de alterações de órgãos e sistemas tendo por objetivo promover, aperfeiçoar ou adaptar o indivíduo à melhoria de qualidade de vida. Ser fisioterapeuta me permitiu participar ativamente da vida das pessoas e, com isso, tenho a capacidade de contribuir para uma valorização do ser humano.

O atendimento clínico ao paciente significava muito pra mim, mas sempre tive um entusiasmo muito grande na fala e na comunicação interpessoal por meio das palavras. Uma força que encontrei para atingir como fisioterapeuta as pessoas ao meu redor foi desenvolver a minha capacidade de transmitir o meu conhecimento para o maior número de pessoas. Iniciei, ainda na vida acadêmica, participações em monitorias para ajudar os alunos nas dificuldades técnicas com as matérias, promovi cursos livres de assuntos simples para a população de modo geral juntamente com outros profissionais já com permissão técnica para o mesmo e comecei a me encantar pela vida acadêmica, pela docência do ensino superior.

A minha paixão sempre foi a área cardiovascular... Hoje entendo o porquê. O sangue é o fluxo da vida e representa a alegria que gera felicidade. O sangue se movimenta a partir de uma bomba propulsora, o coração que impulsiona a nossa vida, que nos fortalece a cada dia, que bate cada vez mais forte de acordo com as nossas emoções, que bate de acordo com as nossas atitudes.

Qual é o fator determinante de sucesso intelectual das pessoas? Eu sempre me perguntava isso. Por qual motivo pessoas com a mesma formação técnica tinham destinos pessoais e profissionais diferentes? De acordo com a Associação Americana de Engenharia o nosso conhecimento técnico é responsável por 15% do nosso sucesso na vida, enquanto que as nossas habilidades e as nossas atitudes determinam

Damas de Ouro

85% do nosso triunfo! Nossa! Que informação! A minha dedicação ganhou mais força. Direcionei as minhas atitudes para a comunicação. Ingressei em um Mestrado em Saúde da Mulher, sempre valorizando a comunicação de qualquer forma. Atualmente, estou em Doutoramento também em Saúde da Mulher e percebo claramente como reorganizar os nossos procedimentos e atitudes pode ter impacto positivo nas nossas vidas e na vida das pessoas que queremos atingir!

Todas as pessoas que ingressam na vida da graduação devem ter uma semente plantada no seu interior do desenvolvimento intelectual. Os 15% do conhecimento técnico parece representar pouco, mas é a semente que deve ser valorizada por toda a vida. Aprimorar-se cada vez mais, romper as barreiras da graduação, buscar sempre novos conhecimentos desenvolve conexões cerebrais importantes como base para a inteligência interpessoal. Quanto mais se estuda, mais se está preparado para enfrentar o maior problema de todos os tempos nas organizações de trabalho: as relações interpessoais. O desenvolvimento técnico está totalmente ligado a sua habilidade de se conectar com pessoas, de saber fazer um planejamento estratégico, ter um adequado raciocínio lógico e se destacar profissionalmente.

A base para o sucesso profissional é ter um plano de êxito. Ter um planejamento da sua vida acadêmica, definir as suas metas para daqui um mês, um semestre, um ano é fundamental para o alcance dos objetivos e sonhos. E esse planejamento deve ser feito por escrito. Passe da imaginação para o papel. Acredite! Como diz Napoleon Hill: *"Se a minha mente consegue imaginar, então eu consigo realizar!"*. Crie a vida que você quer para você. Crie a sua visão. Assim, se você tem um planejamento pessoal você terá como atuar como um líder de iniciativa no seu ambiente de trabalho e vai saber influenciar as pessoas com a sua organização mental de forma produtiva.

No momento em que você organiza as suas tarefas você transmite segurança e consegue atingir de forma eficaz o outro por meio da comunicação verbal e não-verbal, ganhando cooperação das pessoas.

Outro fator importante que participa ativamente no processo do sucesso de vida e de trabalho é a capacidade de ter entusiasmo. O entusiasmo é uma força transformadora que depende somente de você. O mundo não pode ser o responsável pelo seu entusiasmo. Essa sensação deve ser cultivada dentro do seu coração e passada para as suas ações, nós somos responsáveis por nossas atitudes. Tenha um objetivo principal bem definido e seja um entusiasta! Laura Abbud citou uma bela frase: *"A vida sem entusiasmo é como a flor sem perfume."*

Aristeu Campos fala que *"uma atitude mental positiva resulta de uma vida dedicada ao auto-aperfeiçoamento e trabalho"*. O indiví-

Vitória Goulart

duo para ter uma atitude mental positiva deve desenvolver algumas ideias e se comprometer com várias ações. Entre elas, saber ter metas. A cada passo que damos na vida, precisamos ter metas. Desde organizar um domingo, como de manhã vou à padaria, depois ao clube e descansar no fim da tarde, até daqui dez anos serei diretor clínico de um grande hospital. Meta é onde se quer chegar, é o destino da bola em um jogo de futebol, é a vitória! Outro direcionamento importante para uma atitude mental positiva é combinar presente e futuro. Plantar e colher. É querer mais e melhor. É realizar pequenas tarefas. É comprometer-se com projetos pessoais, é comparar-se consigo mesmo, mas sempre valorizar o outro, sempre fazer novos contatos, ser uma pessoa aberta ao mundo, ao aprendizado. É controlar as preocupações. Como consigo controlar as preocupações? Simples: sempre pergunte, isso é um problema ou uma preocupação? Se for um problema, tem solução! Não deixe as preocupações comprometerem a sua saúde mental e física. Organize-se!

Uma atitude mental positiva tem como fator fundamental a administração do tempo. Para unir desenvolvimento intelectual com inteligência interpessoal precisamos ter organização. Precisamos nos concentrar em nós mesmos, dividir as nossas tarefas, "dar conta do recado", para que com isso tenhamos confiança das pessoas. Dessa forma, conseguimos nos relacionar melhor por meio da experimentação de uma liderança de alto desempenho.

O aprendizado é eterno. Precisamos sempre abrir a nossa mente para tudo que nos é apresentado. Precisamos nos interessar em realizar, sair da zona de conforto e trazer mudanças positivas ao mundo. Precisamos deixar a nossa marca no mundo. Precisamos agir e mostrar o quanto o ser humano é capaz de fazer acontecer para melhor. Precisamos estar de corpo e alma para a nossa família e para o nosso trabalho. Precisamos estar ativamente nas nossas atitudes, precisamos dar bons exemplos, precisamos ir sempre mais, mostrar conhecimento e fazer o bem, sem ser bom.

Essas são atitudes de um grande líder intelectual. Preze a sua formação intelectual sempre, assim você despertará nas pessoas o interesse por você. As pessoas estão ligadas ao que você faz e não ao que você fala. Por isso, aja! Faça acontecer na sua graduação, na sua pós-graduação, no curso que a empresa ofereceu. Procure se destacar, faça valer a sua estadia na Terra. Seja um modelo de vencedor para as pessoas que têm o privilégio de conviver com você!

Desenvolva o seu conhecimento técnico sempre paralelo à inteligência interpessoal. Existir é relacionar-se! O ser humano nasceu para viver em grupos e para isso é preciso observar regras. As re-

Damas de Ouro

lações humanas são uma arte que exige muita inspiração e talento. Mas para isso existem técnicas que facilitam a vida e aumentam a efetividade. Por isso, tenha o hábito da leitura sempre, extrapole o conhecimento técnico da sua profissão e viaje no mundo da liderança de alto desempenho, assim você conquistará tudo e a todos! O que importa para o mundo não é quanto você sofreu para atingir os seus objetivos. O que realmente tem importância é quanto você conseguiu. Mostre o seu talento por meio da sua inteligência interpessoal e passe a ser o senhor das suas emoções.

Encerramento

Neste livro você teve a oportunidade de conhecer o pensamento de mulheres executivas, de negócios, acadêmicas, da área de saúde, empreendedoras de suas carreiras.

Todas tinham algo a compartilhar. Vimos muitos aspectos de um mesmo assunto: lidar e se relacionar com pessoas. Algumas até se denominam especialistas em GENTE. Gente como você, como Eu e nossas escritoras compartilharam suas experiências e aprendizados para nos encorajar a construir uma vida que valha a pena ser vivida.

Em todos os artigos nossas escritoras falaram de suas verdades e sob o seu ponto de vista. Escritores famosos, poetas, músicos, pensadores e acadêmicos foram fontes de inspiração e aprendizados.

Pessoas que nos acompanharam na construção de nossas vidas foram citadas. Lembramos-nos de colegas de trabalho, familiares, amigos, filmes, livros. Que singela homenagem! Você esteve nessa jornada com escritoras principiantes ou não, pouco importa, que venceram os desafios de conciliar as diversas mulheres acolhidas dentro de cada uma de nós.

Damas de Ouro, um título que sugere ao feminino elegância e classe e que junto com um metal nobre se traduz em um valor inestimável. As Damas de Ouro podem ainda contribuir muito com a sua trajetória como líder. Este livro é uma obra que pode ser lida e relida, você pode ler aos poucos, degustar cada história na ordem que quiser, pode ser pauta de reuniões e grupos de discussão, pode ajudar você a ampliar o horizonte. Aqui você encontrou uma fonte de inspiração para traçar planos de ação, superar obstáculos e construir resultados. Você pode explorar os contatos das Damas de Ouro dessa publicação e acompanhar a sua evolução e com isso adquirir novos conhecimentos e aprendizados. Tal como o jogo de cartas ou da peça de xadrez, este damas de ouro é vivo, é mutável. O livro mostra em toda a sua essência que liderança pode ser desenvolvida e que não há liderança sem o consentimento do liderado.

Além disso, não podemos esquecer que o poder da comunicação é à base da liderança. Liderar é se relacionar, interagir, motivar e influenciar os liderados a contribuírem com os objetivos do grupo ou da organização.

Ao longo da minha carreira, conheci W.E.Deming em seus princípios de administração denominado Qualidade Total, preconiza–a administração deve acordar para o desafio da nova era econômica, conscientizar-se de suas responsabilidades e assumir a liderança no processo de transformação; que os relacionamentos devem ser pau-

Damas de Ouro

tados na lealdade e confiança e através do exemplo dos líderes.

Liderar requer melhoria contínua.

As escritoras que aqui estão com você, escreveram, sobretudo com o coração, com orgulho. São mulheres, são Damas de Ouro.

Malu Monteiro

LANÇAMENTO
Chegou o novo livro de Leila Navarro

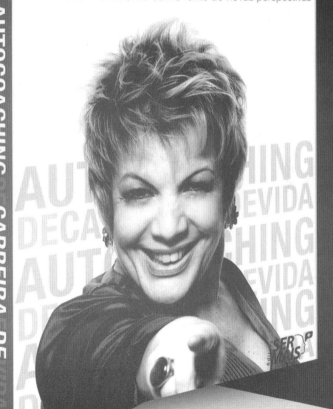

O livro **Autocoaching de Carreira e de Vida** é um recurso desenvolvido para fazê-lo entender que o hábito de elaborar perguntas é muito mais eficiente que a resposta em si.

Adquira já em **www.editorasermais.com.br**

A vida Secreta dos Profissionais

Conheça as histórias proibidas do mundo corporativo, e passe a lidar melhor com os caçadores de talentos e candidatos a vagas de emprego

Adquira em:
www.editorasermais.com.br